행복한 결혼 생활

당신에겐 '희망'입니까 '불안'입니까

님께

드림

가정은 희망의 공장

예비부부·신혼·중년·황혼부부…

가정은 희망의 공장

이 재 석 엮음

미래북
miraebook

프·롤·로·그

'함께 있음으로 해서 상대에게 힘이 되고 격려가 되어 주는 부부가 있는가 하면, 그 반대의 사람도 있다. 나는 지금 내 곁에 있는 남편에게 어떤 존재일까? 또 나는 내 곁에 있는 아내에게 어떤 존재일까?' – 본문 중에서

이 책《가정은 희망의 공장》은 기존의 '아내로 행복하게 살기 / 남편으로 행복하게 살기 / 부부라는 이름으로 행복하게 살기' 시리즈 3부작 완결편으로 내놓게 된 것입니다.

아무리 시대가 바뀌고 요즘엔 맞벌이 하는 집이 많아져서 외조와 내조의 정의가 다르게 바뀌었다고는 하지만, 어머니와 아내, 아버지와 남편의 역할을 소홀히 해서는 안 된다는 것입니다. 그러므로 이 책의 내용이 주는 메시지만큼 우리들의 결혼 생활에 도움이 되는 일은 없을 것입니다. 행복한 결혼 생활을 위한 부부 간의 소통법과 세세한 코칭 방법을 실제 이야깃거리를 통해서 일러주는 데 최선을 다한 것입니다.

또한 이 책 3부작의 완결편인《가정은 희망의 공장》은 이 분야의 대부분의 책과는 달리 특정 세대에 국한하지 않고 20대에서 60대의 전 세대에 걸쳐 그들의 연애시절부터 신혼 · 중년 · 황혼기까지의 온갖 겪

었던 사건들을 다루었으므로 우리네 결혼 생활의 속내가 자연스럽게 담겨 있습니다. 그래서 예비신부 · 신랑 / 아내 · 남편 / 부부가 함께 한 번쯤 읽어 봐야 할 '좋은책'이 아닌가 싶습니다.

그리고 이 책 행간 속의 주인공들은 일인칭 또는 삼인칭 가명을 써서 독자들로 하여금 이해하기 쉽게 하였습니다.

윌리엄 펜은 《고독한 과실》 중에서 '아내인 동시에 친구일 수도 있는 여자가 참된 아내이다. 친구가 될 수 없는 아내는 아내로도 마땅하지가 않다.' 또 괴테는 《젊은 베르테르의 슬픔》 중에서 '아내를 소중히 지킬 수 없는 남자는 아내의 사랑을 받을 자격이 없다.'라고 말한 바 있습니다. 더불어 이 책 역시 '행복은 부부가 함께 만들어 가는 것'이라는 우리들의 이야기로 점철되어 있습니다. 행복한 결혼 생활을 위해 펼쳐지는 내용 — 연애, 결혼식, 가사노동, 취업, 실직, 성 생활, 임신, 고부 갈등, 가정 폭력, 병 간호, 명절증후군, 송년회 등 일상 생활에서 부딪히는 일 외에 부부 싸움, 주말 부부, 이혼, 휴가, 생일 축하, 갱년기장애, 아내의 이메일, 아내에게 해야 할 말, 해서는 안될 말 등에 이르기까지 우리네 가정 생활에서부터 실제로 부딪히며 살아가는 갖가지 생생한 목소리가 이 책 50편의 이야기 전편에 담겨졌습니다.

주제마다 남편과 아내의 목소리가 때론 대화로…, 때론 갈등으로…, 때론 애증으로…, 때론 배려로 이어지면서 우리들 가슴을 적셔주는 내용들로 꽉 차 있습니다.

정부는 매년 5월은 가정의 달, 5월 21일을 '부부의 날'로 제정하였습니다. 이 날의 참뜻은 부부 관계의 소중함을 일깨우고 평등 부부의 문화를 확산시키기 위함에서입니다. '21일은 두 사람이 하나가 된다.'는 것입니다. 두 개의 물방울이 모여 하나가 되는 것처럼 말이지요. 하지만 이 말은 누구 하나가 일방적으로 상대방에게 맞춰 주라는 뜻이 아닙니다. 서로 간의 대화를 통해 서로의 차이를 알고 상대방의 깊은 뜻을 이해하고 아름다운 하모니를 이뤄야 한다는 것입니다.

이 책에 실린 결혼 생활에 얽힌 나누고 싶은 50가지 이야기를 읽다 보면 정부가 왜 '부부의 날'을 제정했는지를, 부부 간의 사랑의 대화가 왜 중요한가를, 부부 행복을 위해 실천할 조건들이 결코 어렵지 않음을 자연스럽게 깨닫게 될 것입니다.

이제 우리 부부도 행복할 수 있다는 자신감을 가져 보십시오. 결혼의 출발점에서 행복한 생활을 다짐했다면, 그 결혼 서약을 잊지 말고 끝가지 함께 달려 보십시오. 본문의 지문에서 발췌한 일부 내용과 본문 속의 '아내에게 주는 감사패' 문안을 소개합니다.

…(생략)… 혜선 씨의 볼에는 기쁨과 행복의 눈물이 흘러내렸다. 혜선 씨가 영민 씨의 손을 잡으며 말했다.

"신영민 씨, 내 남편! 당신 정말 존경하고 사랑해."

"김혜선 씨, 나도 당신을 존경하고 사랑합니다. 나와 결혼해 줘서 진심으로 고마워요."

이현숙 여사

20년 동안 우리 가족의 안위와 행복을 위해 애쓰고

헌신하신 데에 진심으로 감사드립니다. 세월이 흘러 당신의 모든 것이 변한다 해도 당신을 사랑하는 우리의 마음은 변함이 없습니다.

당신은 우리에게 가장 소중한 사람입니다.

사랑합니다.

남편 김성일, 아들 김동현 드림.

또한 이 책은 특별 기획 권말부록으로,

- 자녀를 망가뜨리는 말들
- 부모와 자녀 간의 효율적인 대화
- 나는 정말 좋은 아빠인가
- 우리는 몇 점의 부모인가
- 자녀 교육의 수칙
- 아동 학대… 무엇이 문제인가 등,

이처럼 자녀가 한 사회의 최소한의 규범이나 도덕률을 준수하는 아이로 커 가느냐, 그렇지 못하느냐 하는, '부모의 말 한마디에 자녀의 인생이 결정된다'는 중요한 자료를 소개했습니다.

아무쪼록 이 책 나누고 싶은 이야기가 행복한 결혼 생활을 위한 코칭과 치유의 메시지로서 길잡이가 되었으면 하는 바람입니다. 늘 여러분의 머리맡에 놓고 꼭 펼쳐 보았으면 하는 간절한 바람입니다.

이재석 씀

차 례

남편의 기를 살려 주는 아내의 내조 10가지

1. 목소리를 낮추세요

피곤에 지쳐 집에 들어서는 순간, 아내가 큰소리로 아이들을 야단치고 있다면 남편의 기분은 어떨까요? 그대로 발길을 돌려 어딘가 조용한 곳을 찾아 나가고 싶다는 충동을 느낄지 모릅니다. 남편이 집과 아내를 편안하게 느낄 수 있게 하려면 먼저 목소리를 낮추고 상냥한 말투로 말하는 게 무엇보다 중요합니다.

2. 남편의 장점을 칭찬해 주세요

남편이 성공하기를 바란다면, 남편을 왕으로 모실 수 있어야 합니다. 남편을 왕으로 모실 때 아내는 왕비가 되는 겁니다. 이제 더 이상 지위나 수입으로 남편을 평가하지 마세요. 당장 남편의 장점 10가지를 찾아내서 칭찬해 주세요.

3. 한 달에 한 번, 남편을 위한 파티를 준비하세요

남편이 갑자기 말수가 적어졌다면 그리고 왠지 침울해 보인다면, 아내는 남편의 마음이 방황하고 있다는 징표로 체크하는 것이 좋습니다. 이럴 때 아내는 가까운 남편의 친구들을 집으로 초대해 함께 식사하며 이야기를 나눌 수 있게 해 주세요. 친구들과 터놓고 이야기하는 가운데 남편은 마음의 위로를 받게 됩니다.

4. 남편을 위해 기도하세요

흔히 사람들은 어려움이 닥치면 제일 먼저 '왜?'라는 질문을 하게 됩니다. 그리고 '왜, 하필이면 나에게?'라는 물음을 던집니다. 하지만 그 '왜?' 라는 물음에 답을 얻기는 쉽지 않습니다. 이럴 때 기도가 필요합니다. 남편을 위한 무조건적인 기도는 축복이며, 그 어떤 어려움도 해결하는 열쇠가 될 수 있습니다.

5. 남편이 혼자만의 시간을 가질 수 있게 해주세요

스트레스를 극복하는 방법은 사람마다 다릅니다. 남편이 혼자만의 시간을 통해 마음에 쌓인 앙금을 털어낼 수 있게 해 주세요. 서두르지 말고 남편의 방식대로 극복하도록 격려하는 것……. 거기까지가 '아내의 역할'입니다.

6. 남편의 마음을 읽어 주세요

아내는 남편의 마음을 읽을 줄 알아야 합니다. 마음을 읽는다는 것은 남편의 기를 살리는 내조에 꼭 필요한 일 중 하나입니다. 사회생활로 지친 남편이 어떤 일로 자존심이 상해 있는지, 또 무엇 때문에 스트레스를 받고 있는지, 그 마음을 읽고 감정의 수위를 맞출 수 있다면 남편은 정신적인 안정감을 가질 수 있습니다.

7. 남편을 웃게 하세요

암세포까지도 이긴다는 웃음을 남편에게 선물해 주세요. 유머가 떠오르지 않아서 남편을 웃게 하는 일이 무엇보다 어렵게 느껴진다면 남편 앞에 앉아 먼저 웃어보세요. 웃는 사람을 보면 왜 웃는지 이유는 모르지만 저절로 따라 웃게 됩니다. 웃는 남편에게 '웃으니까 훨씬 더 멋있어요'라고 말해 보세요.

8. 남편과 둘만의 시간을 가지세요

사랑이란 두 사람이 서로의 마음을 나누는 일입니다. 회사 일로 바쁜 남편의 마음이 멀게 느껴진다면, 마음이 멀어진 게 아니냐고 화내기 전에 남편과 둘만의 시간을 가져 보세요. 이때 남편의 말을 더 많이 들어주려고 노력하는 게 중요합니다.

9. 비교하지 마세요

우리 속담에 '남의 떡이 커 보인다'는 말이 있습니다. 남의 떡이 크게 보이는 사람은 평생 불행할 수밖에 없습니다. 자기 안에 만족이 없기 때문이지요. 남의 남편과 비교해서 내 소중한 사람의 마음에 상처를 남기는 어리석은 행동은 하지 마세요.

10. 진심으로 남편을 믿으세요

사랑하는 아내가 자신을 100% 신뢰하고 있다는 사실을 아는 남편은 이 세상 그 누구보다도 행복한 남자입니다. 당신의 남편을 믿으세요. 그래서 그 사람을 세상에서 가장 행복한 남자로 만들어 주세요.

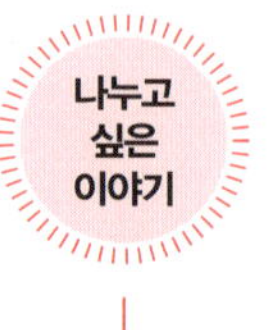

백두산에서 올린 결혼식

고난을 함께 이겨낸다면 그 이상의 행복이 어디 있을까요. 신뢰와 믿음으로 맺어진 우리는 바로 이 곳 백두산 천지에서 결혼합니다. 이 날 신부는 신랑에게 편지 한 통을 예물로 주었습니다.

"정상이다!"

백두산 정상, 거친 숨을 내쉬며 마지막 계단을 오른 두 사람은 눈앞에 펼쳐진 광경에 입을 다물지 못했다. 말로 표현할 수 없을 정도로 아름다운 절경이었다.

"해냈어! 우리가 해냈다!"

준영 씨가 수진 씨를 얼싸안으며 외쳤다.

"꿈만 같다! 꿈은 아니지?"

"볼이라도 꼬집어 줄까? 하하하."

잔뜩 흥분한 두 사람에게 현지 안내원이 재촉했다.

"빨리 서둘러야 합니다. 천지에서는 날씨 변화가 워낙 심하거든요."

안내원의 재촉에도 수진 씨는 준영 씨 품에 안겨 폴짝거리며 마냥 즐거워만 했다. 두 사람은 냉기가 싸늘한 눈 위에 벌렁 누우며 영화 〈러브스토리〉의 주제가를 흥얼거리기도 했다. 영하 10도라고 했지만 산 정상에서 부는 칼바람이 더해져 체감온도는 그보다 훨씬 낮았다. 그래도 수진 씨와 준영 씨는 '행복해'를 연발했다.

서울에서 결혼식을 마치고 백두산으로 신혼여행을 온 수진 씨와 준영 씨는 이곳 천지에서 두 사람만의 결혼식을 한 번 더 올리기로 했다. 이는 수진 씨가 먼저 계획한 것인데, 오랫동안 투병 생활을 해오고 있는 준영 씨로 하여금 새로운 희망과 의지를 갖게 하고 싶은 마음에서 준비한 것이다.

준영 씨에게 '소아형 당뇨'라는 무서운 병마가 찾아온 것은 초등학교 3학년 때였다. 평소와 달리 갑자기 먹고 싶은 게 많아졌고 닥치는 대로 많이 먹었는데 이상하게도 살은 계속 빠지기만 했다. 또 쉽게 피로하기도 했다. 이런 준영 씨를 병원에 데리고 간 부모님은 '소아형 당뇨라'는 의사의 진단에 그 자리에서 눈물을 흘렸다고 한다. 이렇게 찾아온 병마는 20년이 지난 지금까지도 그를 괴롭히고 있다. 시력이 나빠졌고 일상생활을 할 수 없을 만큼 쉽게 피곤함을 느꼈다.

그러나 준영 씨가 가장 괴로웠던 것은 육체적인 고통 때문만이 아니었다. 지병이 있다는 이유로 수진 씨와 헤어질 것을 강요받았던 아픔이 가장 고통스러웠다. 그때를 떠올리면 지금도 가슴이 저미듯 아파온다. 준영 씨와 수진 씨가 처음 만난 건 대학 1학년 때였다. 두 사람 모두 첫사랑으로 만나 곁눈질 한 번 하지 않고 사랑을 키웠다. 하지만 결혼을 결심한 두 사람은 양가 부모의 반대에 부딪혔다.

한쪽은 '신랑감이 당뇨병 환자여서 딸이 평생 짐을 지고 살아야 한다'는 이유로, 다른 한쪽은 '귀한 아들을 반대하는 집안의 딸과 결혼시킬 수 없다'는 이유에서였다.

준영 씨와 수진 씨는 부모님의 반대에도 흔들리지 않았다. 오히려 주위의 반대는 자신들의 사랑이 얼마나 소중하고 견고한 것인지를 깨닫는 계기가 되었다. 끊임없이 설득하여 결국 양가 부모님들은 마음을 돌리셨고, 둘은 결혼을 허락받았다. 어렵게 결혼 허락을 받자, 수진 씨는 준영 씨에게 신혼여행을 백두산 천지로 가서 한 번 더 결혼식을 올리고 싶다고 말했다.

병 때문에 여행을 별로 해 본 적이 없는 준영 씨는 수진 씨의 제안에 마음이 설레었다. 상상만 해도 멋진 일이었다. 그런데 현실적인 건강 때문에 걱정이 앞섰다.

"나도 그러고 싶어. 내가 백두산 천지에 오를 수 있을까? 막상 올라가는 도중에 내가 당신의 짐이 되면 어떻게 하지?"

준영 씨의 자신 없는 목소리에 수진 씨는 마음이 아팠고 백두산 천지에서의 결혼이 두 사람에게 얼마나 큰 의미를 갖게 될 것인지 다시 한번 확인했다. 그날 이후, 매일 아침 수진 씨는 준영 씨네 집으로 출근하기 시작했다. 그리고 준영 씨네 집 뒤에 있는 산을 준영 씨와 함께 오르며 체력을 길렀다. 준영 씨는 처음에는 10분도 걷기 힘들어 했지만, 석 달 후에는 산 중턱에 있는 약수터까지 오를 수 있었다.

서울에서 결혼식을 치른 후 준영 씨와 수진 씨는 두 사람만의 결혼식을 하기 위해 백두산 천지로 떠났다. 하지만 백두산 천지에서의 결혼식은 생각처럼 쉽지 않았다. 춥고 바람도 심한 백두산을 오르는 일은 건강한 수진 씨에게도, 20년째 당뇨를 앓고 있는 준영 씨에겐 더욱 어려운 일이었다. 하지만 둘은 지금까지 주변의 반대를 이겨내 결혼에 성공한 것처럼 지금 당장 힘든 것도 이겨낼 수 있다고 서로를 응원하며 힘을 냈다. 수진 씨는 등반 도중에 혈당을 재며 준영 씨의 건강상태를 확인했고, 혈당이 낮게 나오면 음료나 사탕을 건네기도 했다. 잠시 앉아서 쉴 때면 수진 씨는 준영 씨의 다리를 주무르며 마사지를 해 주었다. 수진 씨의 극진한 마음을 아는 준영 씨는 괴롭고도 힘든 순간을 견디며 등반을 계속했고, 마침내 천지에 오를 수 있었다.

현지 안내원은 비구름이 몰려올 것 같으니 빨리 식을 해야 한다고 재촉했지만, 두 사람은 백두산 천지에 함께 올랐다는 기쁨을 누리느라 정신이 없었다. 마음이 급해진 안내원이 준비해 간 하얀 천을 깔아 대충 결혼식장을 만들었다. 그리고 준영 씨에게 턱시도로 갈아입으라고 재촉했다. 안내원의 재촉에 겨우 정신을 차린 수진 씨도 웨딩드레스로 단장했다. 영하의 추운 날씨 속에서 신랑과 신부는 온몸을 부들부들 떨면서도 마냥 행복한 표정이었다. 하늘과 땅을 연결하는 통로와도 같아 보이는 백두산 천지를 배경으로 두 사람의 결혼식이 시작되었다.

"신랑, 신부 동시 입장!"

주례 겸 사회를 맡은 현지 안내원이 경쾌한 목소리로 준영 씨와 수진 씨를 향해 외쳤다. 그러자 두 사람은 함께 당신은 사랑받기 위해 태어난 사람이라는 노래를 부르며 손을 꼭 잡고 주례 앞으로 걸어 나왔다. 주변에 있던 관광객들이 축하의 박수를 쳐주었다. 결혼 서약을 하고 안내원의 혼인 선언이 이어진 후, 수진 씨는 준영 씨를 위해 준비한 예물인 마음을 담은 편지를 읽어 내려가기 시작했다.

사랑하는 나의 남편 준영 씨

지금 나는 행복하고 또 행복합니다.

당신과 결혼했다는 사실이 꿈만 같습니다. 대학 1학년 때 우리는 처음 만났지요. 벚꽃이 바람에 흩어져 빛처럼 내리던 날이었어요. 캠퍼스를 걷던 나는 벚나무 아래 벤치에 앉아 환한 미소를 짓고 있는 당신을 보고 그만 마음을 빼앗겨 버렸습니다. 부끄러운 마음에 감히 당신 앞에 다가가지 못했지요. 며칠 후 우연히 도서관에서 당신 옆자리에 앉은 나는 가슴이 두근거려 책 한 줄도 읽지 못했습니다. 당신이 이런 내 마음을 알았던 걸까요? 당신은 자판기 커피 한 잔을 내게 내밀며, 저녁을 같이 먹을 수 있냐고 물었지요. 그때, 나는 하늘을 날 듯 기쁜 마음으로 당신의 제안을 받아들였어요.

이렇게 시작된 우리의 사랑은 기쁨의 순간만큼 많은 슬픔의 고비를 넘어야 했습니다. 그래도 나는 믿었습니다. 그 누구도 당신과 나의 사랑을 깨뜨릴 수 없다고 말입니다.

20년, 참으로 오랫동안 당신을 괴롭혀온 당뇨를 당신 몸에서 떼어낼 수 없다면, 이제 당뇨를 친구처럼 생각하고 돌보면서 살아가기로 작정했어요. 싫어하고 떼어내려고 하다가 당신의 건강이 더 나빠질까봐 두렵습니다. 이제 나는 당신을 사랑하듯 당신 몸의 일부가 되어버린 당뇨까지도 사랑하겠습니다.

언제나 나는 당신에게 세상 모든 것을 다 주어도 아깝지 않다고 생각했습니다. 그러나 나에게 편지 한 통을 예물로 달라고 했지요. 내 마음이 담긴 편지 한 통이면 충분하다고 말하는 당신을 위해 나는 몇날 며칠 밤낮을 책상 앞에서 씨름했습니다. 무슨 말부터 시작해야 할지 망설이고 또 망설였기 때문입니다.

그리고 결심했습니다. 지금 이 순간부터는 당신과 나의 힘들었던 지난날은 돌아보지 않겠다고 말입니다. 지금 이 순간부터는 행복한 미래만 생각하며 살아가겠습니다.

감사합니다. 모든 것이 다 감사합니다.

부모님의 반대에도 나의 남편이 되어 주어서 감사합니다.

주변 사람들의 염려 속에서도 나를 향한 사랑을 접지 않은 것 감사합니다. 그리고 내 사랑을 받아주어서 감사합니다.

내가 당신의 아내가 될 수 있게 해 주어 감사합니다.

지금 이 순간에도 당신을 사랑할 수 있게 해 주어서 감사합니다.

당신의 행복한 아내.

수진 씀

수진 씨는 편지를 끝까지 다 읽지 못하고 눈물로 끝을 맺었다. 주변에서 두 사람의 결혼식을 지켜보던 많은 관광객들 역시 두 사람의 아름다운 결혼식에 눈물을 흘리며 응원의 박수를 보냈다. 준영 씨도 눈물을 흘렸다. 수진 씨는 그의 눈물을 닦아 주며 그보다 더 많은 눈물을 흘리고 있었다.

그 날 백두산에서 찍은 사진은 지금 수진 씨와 준영 씨의 신혼 방에 서울 예식장에서 찍은 사진과 함께 나란히 걸려 있다. 비록 면사포가 바람에 뒤집어져 엉망이고 두 사람 다 울고 난 후라 깨끗한 얼굴은 아니었지만, 그때의 벅찬 마음이 그대로 전해오는 듯했다. 두 사람은 살아가면서 힘들고 고될 때마다 백두산 천지에서의 결혼식을 떠올리며 행복한 결혼 생활을 지켜 나갔다.

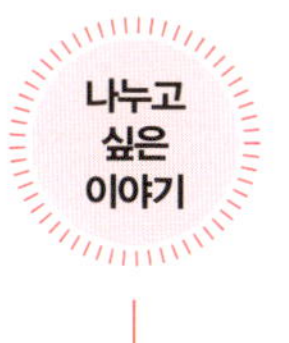

올 결혼기념일 선물은 뭘로 할까

"은지 엄마네는 아직 신혼처럼 사나 봐, 부러워라."

"그러게. 남편 정말 잘 만났어. 우리 신랑도 좀 보고 배웠으면 좋겠다."

소영 씨는 동네 아주머니들의 칭찬에 얼굴을 붉혔지만 기분은 날아갈 듯했다.

"어휴, 우리 신랑도 한 3년까지는 지극정성이었는데……. 나도 다시 신혼으로 돌아가고 싶다."

"그러게, 우리도 한 7, 8년 살다보니까 일일이 챙기기 힘들더라고. 서로 슬쩍 넘어가게 된다니까."

동네 아주머니들의 수다와 상관없이 소영 씨는 요즘 설레고 하루하루가 기쁘다. 곧 결혼기념일이 다가오기 때문이다.

소영 씨의 남편은 자상하고 다정다감한 사람이다. 집안의 대소사며 가족들의 생일을 챙기는 걸 여자에게만 미루는 다른 집과는 달리, 남편이 함께 날짜를 기억해 주고 선물과 음식을 상의하고 도와준다. 게다가 소영 씨를 챙기는 것도 잊지 않았다. 특히 결혼기념일인면 장미꽃다발과 선물을 안겨주어 소영 씨를 감동시켰다. 소영 씨는 이런 남편의 노력이야말로 자신들이 아직도 신혼처럼 지낼 수 있는 비결이라고 생각했다.

올해도 당연히 그녀는 남편이 결혼기념일을 챙겨 줄 것이라고 믿었다. 그런데 결혼 7년째가 되다 보니 혹시나 하는 의심이 들기도 했다. 어김없이 결혼기념일 아침이 돌아왔다. 그런데 남편은 아무런 말도 없었다. 소영 씨는 동네 아주머니들의 말이 생각났다.

"우리 남편도 처음엔 그랬어. 두고 봐. 점점 시들시들해지다가 나중엔 결혼기념일은커녕 생일도 기억 못 할걸."

점심시간 무렵, 남편에게서 전화가 왔다. 오늘 저녁에 어디 분위기 있는 곳에서 외식이나 하자고. '그럼 그렇지. 역시 내 남편은 달라.' 기쁜 마음에 서둘러 집안일을 마치고, 아이들 키우느라 평소엔 엄두도 내지 못했던 정장을 차려 입고 곱게 화장도 했다. 한껏 멋을 내고 거울 앞에 서니 마치 연애시절로 되돌아간 듯 조금은 긴장되고 설레기까지 했다.

약속 장소는 화려하지는 않지만 깨끗하고 조용한 레스토랑이었다. 남편이 먼저 와서 기다리고 있었다. 그녀는 자리에 앉으며 슬며시 남편의 주위를 살폈다. 꽃다발과 선물이 있어야 할 자리에 아무것도 없었다. '이상하다. 아무것도 없네. 혹시 깜짝 이벤트를 하려고 어딘가에 숨겨놓은 걸까? 그래, 그럴지도 몰라.' 소영 씨는 혹시나 하는 마음으로 웨이터가 테이블 근처로 다가오기라도 하면 웨이터를 뚫어지게 바라보았다. 그러나 후식까지 먹고 집에 가야 할 시간이 다 되었는데도 남편은 전혀 깜짝 이벤트를 할 분위기가 아니었다.

'드디어 나한테도 올 것이 왔구나. 저녁 한 끼로 때우겠다? 동네 아주머니들 말이 하나도 틀린 게 없네. 그래도 한 10년은 갈 줄 알았는데.' 서운한 마음을 가까스로 누르고 자리에서 일어나려고 했다. 그때 진지한 표정으로 남편이 흰 서류봉투를 하나 꺼내 탁자 위에 올려놓았다.

"이게 뭐야, 여보?"

남편이 차분한 목소리로 말했다.

"올 결혼기념일 선물은 무언가 의미 있는 것을 하고 싶어서 많이 생각했어. 내가 우리 가족을 얼마나 사랑하는지, 당신 알지?"

소영 씨는 뭔가 예사롭지 않은 분위기를 느꼈다. 조금은 긴장한 채로 조심스레 봉투를 열어보고 소영 씨는 너무 놀라 고개를 떨구고 말았다. 그것은 남편이 그렇게 싫어하던 보험증서였다.

"요즘같이 한 치 앞도 볼 수 없는 세상에, 행여 내가 아프거나 만일

내가 없을 경우 당신과 우리 아이들을 지켜줄 수 있는 것이 무엇인지 생각해 봤어. 그나마 물질적으로라도 지켜줘야겠다는 생각이 들었어. 며칠 고민 끝에 내린 결론이야."

남편의 말을 들은 그녀는 가슴 가득 남편의 사랑이 차오르는 것을 느꼈다. 그 깊은 속도 헤아리지 못하고 저녁시간 내내 얄팍한 계산으로 머릿속이 분주했던 자신이 너무도 부끄러웠다.

'자기 손으로 이런 보험을 들기까지 얼마나 많은 생각을 했을까. 상상하기도 싫은 극단적인 상황까지 가정해가면서 얼마나 진지하게 고민했을까…….'

소영 씨는 고맙다는 인사도 제대로 하지 못한 채 자리에서 일어나 밖으로 나왔다. 그리 길지 않은 거리를 걸으며 마음속에서는 남편에게 하지 못한 많은 말들이 샘솟고 있었다.

'여보, 정말 고마워. 나도 더 많이 노력할게. 하지만 당신이 없으면 이 세상 그 무엇이 소용이 있겠어? 당신은 그저 그 모습 그대로 우리 곁에 있어주기만 하면 돼. 그 자체만으로도 나와 아이들에게 든든한 버팀목이자 방패막이니까. 그리고 잊지 말아줘. 당신과 우리 아이들, 우리 가정은 신이 내게 주신 가장 귀한 선물이라는 걸.'

소영 씨는 굳이 말로 표현하지 않아도 꼭 잡은 두 손을 통해 자신의 이런 마음이 남편에게 전달되고 있음을 느낄 수 있었다.

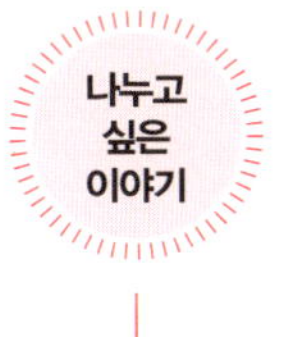

아주 특별한 신혼부부의 생일 파티

내 소중한 사람이 태어난 기쁜 날, 새해마다 달력에 동그라미 치세요. 그리하면 해마다 달콤한 사랑이 쌓여 갑니다.

신혼신부인 아내 은진 씨는 아침부터 화가 났다. 아무 것도 모르는 남편이 눈치 없는 투정을 해서 자신의 속을 긁었기 때문이다.

"내가 미역국 싫어하는 거 알면서 아침부터 웬 미역국이야? 다른 국 없어?"

"먹고 싶어서 끓였어. 다른 국은 없으니까 먹든지 말든지 해."

은진 씨는 이렇게 대답했지만 속으로는 '아니, 오늘 내 생일인 것도 기억 못하고 아침부터 미역국을 끓였다고 타박이야! 결혼한 지 10년이 지났으면 말도 안 해. 겨우 몇 개월 됐는데 벌써 내 생일을 잊어버리다니……. 당신 생일에 두고 보자고. 내가 미역국 끓여 주나 봐라!' 하고 생각했다. 은진 씨는 국에 밥을 말아 혼자 급히 먹고는 서둘러 상을 치우기 시작했다.

"뭐하는 거야? 나 아직 밥 먹고 있잖아."

"미역국 싫다며. 그래서 밥 안 먹는 줄 알았지."

자신의 생일을 기억하지 못하는 남편에 대한 섭섭한 마음에 아내 은진 씨는 화풀이를 하고 있었다.

'남들은 그래도 신혼 초기에는 남편이 끓여 준 미역국을 먹는다는데 생일날 미역국 끓였다고 구박받는 사람은 나뿐일 거야.'

은진 씨는 상을 치우는 동안 눈물이 쏟아지려는 것을 억지로 참았다. 이런 일로 속 좁게 보이고 싶지 않았다. 자존심도 상해 이를 꼭 깨물어 보았지만 속상한 건 어쩔 수가 없었다. 출근하려 함께 차에 탄 뒤에도 은진 씨의 화는 가라앉지 않았다.

"오늘 나 늦으니까 당신이 알아서 밥 차려 먹어."

"왜? 무슨 일 있어? 당신 없이 내가 어떻게 혼자 차려 먹어?"

"내가 부엌데기 하려고 당신하고 결혼한 줄 알아?"

"누가 그렇대? 아니, 아침부터 이 사람이 왜 이렇게 까칠하게 굴어? 당신 뭐 잘못 먹었어?"

"결혼 전엔 내 손에 물 한 방울 안 묻히게 해준다더니……. 암튼 나 오늘 저녁 모임 있으니까 그렇게 알아."

"무슨 모임?"

"김은진 생일 파티! 알았어?"

은진 씨는 한마디 내뱉고 휑하니 돌아서 지하철역으로 들어갔다. 그런 은진 씨를 바라보던 동희 씨는 커다란 망치로 뒤통수를 한 대 맞은 것 같았다. 동희 씨는 날짜를 꼽아 보고 아차, 싶었지만 은진 씨의 마음은 이미 상할 대로 상해 있었다. 회사에서도 동희 씨는 일이 손에 잡히지 않았다. 아내에게 전화하려고 핸드폰을 만지작거렸지만 미안하다는 말 외에는 할 말이 없어 그것도 그만 두었다.

"새신랑, 무슨 고민이 있어? 오늘은 왜 이리 기운이 없어?"

"그게……. 오늘 집사람 생일인 걸 잊어버리고 아침부터 미역국 끓였다고 투정을 했어요."

"이야, 이거 죄를 지어도 아주 큰 죄를 지었어. 여자들은 그런 거에 얼마나 민감한 줄 알아? 아마 그거 적어도 10년은 갈걸."

"어떡하죠?"

"방법이 있지. 새신랑이 생일상을 차려 주는 거야."

"저는 요리할 줄 모르는데요. 그냥 좋은 식당에 가서 먹으면 안 될까요?"

"그건 어제 생각했어야지. 지금 근사한 식당에 데리고 가는 건 엎드려 절 받기지."

"그래도 맛이 없을 텐데……."

"하하, 맛이 중요한 게 아니야. 우리 집사람은 내가 음식을 해주면 나중에 맛이 이상했다고 하더라도, 일단 그 날은 맛있다고 먹어 주더라고. 그게 아내야."

그날 동희 씨는 다른 날보다 일찍 퇴근했다. 늦었지만 아내의 생일을 챙겨 주기 위해 깜짝 파티를 준비할 생각이었다. 마트에 장을 보러 갔는데 난감해졌다. 아내가 좋아하는 음식이 떠오르지 않았다.

동희 씨는 급하게 자신이 아내와 연애하던 때에 무엇을 먹으러 다녔는지 기억을 떠올려 보았다. 대구지리, 청국장, 아구찜……. 하지만 아무리 생각해도 자신이 좋아한 메뉴밖에 기억나지 않았다. 아내가 언제나 동희 씨의 식성에 맞춰 주었기 때문이다.

'어떻게 집사람이 뭘 좋아하는지도 모르냐.'

식재료 코너를 몇 번이나 서성였지만 도무지 아내가 좋아하는 음식을 고를 수가 없어 장모님께 전화를 걸었다.

"집사람 생일상을 차려주려고 하는데, 이 사람이 뭘 좋아하는지 모르겠습니다."

"걘 꼬막 무침을 제일 좋아해. 그리고 동그랑땡도 좋아하지."

꼬막 무침, 동그랑땡. 좀처럼 식탁에 올라온 적이 없는 음식들이다. 손이 많이 가기도 하고 동희 씨가 신혼 초에 꼬막이 올라와도 잘 손에 대지 않았던 기억이 났다. 은진 씨는 연애할 때뿐만 아니라 결혼해서도 언제나 동희 씨가 좋아하는 메뉴에 맞추어 상을 차려 왔던 것이다. 동희 씨는 생색 한번 내는 일 없이 이렇게 자신을 배려를 해 주었던 아내에게 미안하고 고마웠다.

집에 도착한 동희 씨는 서둘러 요리를 시작했다. 인터넷으로 찾아낸 조리 방법대로 흉내 낸 음식들이 식탁에 하나 둘씩 오르자 동희 씨는 마음이 뿌듯해졌다. 해냈다는 성취감도 들고, 아내가 음식을 맛있게 먹는 상상을 하니 저절로 기분이 좋아졌다.

'식탁을 차리는 아내도 이런 마음이었을까?'

사랑하는 사람을 위해 정성스럽게 손수 만든 음식을 바라볼 때 느끼는 포만감. 평소에 아내가 차려 주던 밥상이 얼마나 소중하고 감사한 것인지를 동희 씨는 요리를 하면서 느꼈다.

상은 다 차려졌지만 아내는 돌아오지 않았다. 아내의 핸드폰은 전원이 꺼져 있었다. 동희 씨는 애써 만든 음식들이 식어 가는데도 아내가 돌아오지 않자 짜증이 났다. 한참 동안 거실을 서성이던 동희 씨는 갑자기 피식 웃음이 났다.

'내가 연락 없이 친구들과 술을 마실 때 집사람도 이런 느낌이 들었을까? 그럼 이 사람도 화가 많이 났을 텐데…….'

늦은 시간까지 아내가 돌아오지 않자 동희 씨는 아내를 마중하기 위해 집을 나섰다. 아파트 놀이터를 지나는데 아내가 그네에 앉아 있었다.

"당신, 안 들어오고 여기서 뭐해? 날도 추운데."

"어머, 깜짝이야. 당신이 여긴 웬일이야?"

"술 마셨어?"

"아니."

"오늘 친구들하고 술 마시다 늦게 오는 거 아니었어?"

"그러고 싶었는데 내 생일이라고 생일턱 내라고 할 거 아냐. 그렇게 되면 우리 생활비 절반은 나갈걸."

"그럼 여태 여기 있었어?"

"당신 오늘도 늦을 줄 알고 일찍 퇴근했는데 집에 불이 켜져 있잖아. 아침에 모임 있다고 늦을 거라고 큰소리쳤는데 자존심 상하게 어떻게 들어가? 그래서 여기 있었어."

아내는 뾰로통해 있었지만 어느 정도 화는 풀려 있는 것 같았다. 동희 씨는 아내의 앞으로 가서 양손을 꽉 잡고 입김을 불어넣어 주었다.

"춥지. 그럼 어디 따뜻한 곳에라도 들어가 있지 않고……."

"돈 아깝게 뭐 하러 그래."

"이러다 감기 들겠다. 얼른 가자. 내가 상 차려 놨어."

"상을 차렸다고? 당신이?"

눈이 휘둥그레진 아내의 손을 잡고 동희 씨는 집안으로 들어섰다. 식탁에는 동희 씨가 차린 음식들이 놓여 있었다. 그리고 식탁 한가운데 장미꽃 한 송이가 놓여 있었다.

"어머, 웬 장미?"

"한 다발 사고 싶었는데 당신이 '그 돈이면 고기가 몇 근인데.' 하고 잔소리 늘어놓을 것 같아서 그냥 한 송이로 내 마음을 표시했어. 당신, 빨간 장미 꽃말이 뭔지 알지? 그게 내 마음이야."

"여보……."

은진 씨는 장미처럼 활짝 핀 얼굴로 동희 씨에게 안겼다.

이후 17년이 지난 지금까지 동희 씨는 한 번도 아내의 생일을 잊지 않았다. 비록 1년에 한 번씩 하는 생일 상차림이지만, 그날만은 꼭 아내 은진 씨가 좋아하는 꼬막 무침과 동그랑땡을 빠뜨리지 않았다. 그때마다 아내는 기쁜 얼굴로 동희 씨가 해준 음식을 먹었다. 행복해하는 아내의 얼굴을 보면서 동희 씨는 내년 생일에는, 또 다음 해 생일에도 올해보다 더 기쁘게 해주어야지 하고 다짐했다.

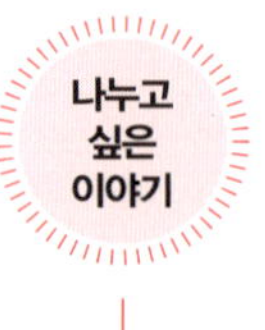

부부 사이에 아끼지 말아야 할 말 세마디

부부가 함께 생활하면서 딱히 아끼지 말아야 할 말 세 마디가 있다. '미안해, 고마워, 사랑해' — 바로 이 말이다. 이 말은 기쁠 때나 노여울 때나 슬플 때나 즐거울 때 항상….

"늦어서 미안해. 배고프지? 얼른 저녁 차려 줄게. 잠깐만 기다려요."

아내는 구두를 벗자마자 주방으로 들어갔다. 냉장고 여닫는 소리, 도마에 칼 부딪치는 소리가 들리고 푸근한 청국장 냄새가 거실까지 퍼져 내 코를 자극할 때, 아내는 식탁 의자에 던져 두었던 코트와 가방을 들고 주방에서 나왔다.

"여보, 얼른 와. 저녁 준비 다 됐어. 당신이 좋아하는 청국장 끓였으니까 식기 전에 먼저 먹어. 나는 좀 씻고 나올게."

아내는 허리를 두드리며 방으로 들어가면서도 내 기분을 살피는 듯이 말했다. 허기에 지친 나는 볼멘소리로 먹고 씻으라며 아내에게 짜증을 냈다. 이렇게 혼자 밥상에 앉을 때면 일하는 아내가 불만스러웠다. 몇 푼이나 번다고 살림도 제대로 못하고 이 고생을 하는지 아내가 원망스러웠다.

결혼 10년, 아이가 없는 우리 부부는 그동안 여러 차례 시험관아기 시술을 했다. 시험관아기 시술은 아내를 육체적·정신적으로도 지치게 했을 뿐 아니라 생각보다 많은 돈이 들어갔다. 그러나 시술은 매번 실패했고 눈덩이처럼 불어나는 빚 역시 실망한 우리 부부를 더욱 괴롭게 했다. 나는 아내에게 더 이상 아이에 대한 미련을 갖지 말자고 했고, 아내는 눈물이 그렁그렁한 눈으로 고개를 끄덕였다. 그 뒤 아내는 한동안 무기력한 나날을 보냈다. 세상 사는 재미도 없고 남편인 나를 볼 면목도 없다고 했다.

그런 아내가 어느 날, 환한 미소를 지으며 내게 말했다.

"여보, 나 오늘 면접 봤어."

"면접? 취직 면접? 말이야?"

"에이, 어디서 당신 같은 아줌마를 써준대?"

"그러게 말이야, 그런데 정말이야. 내일부터 출근하기로 했어."

"내일부터 당장? 말도 안 돼. 당신, 어디서 사기당한 거 아니야? 요즘 세상이 얼마나 무서운데. 잘 알아본 거야?"

“대형할인마트 계산원이야. 확실한 곳이고 잘 알아봤어. 사실 떨어질까 봐 당신한테 말 안했는데, 그동안 면접을 두 번이나 치르고 최종 합격한 거야.”

아내는 일하게 됐다며 마냥 들떠 있었지만, 반대로 나는 불안한 마음이 들어, 아내에게 이런저런 걱정만 잔뜩 늘어놨다.

“그거 돈 만지는 일이잖아. 당신이 그런 일을 어떻게 하려고 그래? 당신 직장생활 한 번도 안 하고 여태 살림만 했잖아. 괜히 사고치고 후회하지 말고 그냥 집에 있어.”

“걱정하지 마. 내일부터 한 달 동안 교육이래. 교육받고 일하면 나도 잘할 수 있어. 정 힘들면 얘기할게. 나 일할래. 응?”

“대체 뭐 때문에 그러는 거야? 몸도 약하면서. 돈 벌겠다고 나섰다가 괜히 병원비만 더 들어가면 어쩌려고.”

“그렇게 무리해서 일 안 할 거야. 걱정 말고 지켜봐 줘. 응?”

“밖에서 일한다는 핑계로 집안일 대충하고 밖으로만 나돌려면 아예 시작할 생각도 하지 마. 지금처럼 내가 퇴근할 때 먼저 집에 와 있고 집안일도 다 할 자신 있어? 그럴 자신 없으면 하지 마.”

나의 위협에 가까운 말에 아내가 포기하거나 주춤할 줄 알았지만 아내는 전혀 흔들림이 없었다.

아내는 한 번도 직장에 다녀본 적이 없었던 데다가 그동안 잦은 시험관 시술 실패로 몸이 많이 약해져 있을 거라는 생각에, 아내의 취직이 마음에 내키지 않았다. 그러나 사실 우리의 현실은 내 마음에 내키지 않는다고 아내의 취직을 반대만 할 형편은 아니었다. 그동안 늘어난 마이너스 통장들은 이자를 갚는 것도 벅차 원금 상환은 꿈도 꾸지 못하는 실정이었다. 나 혼자 벌이로는 생활이 벅차다는 것을 부정할 수 없었던 것이다. 그럼에도 아내가 직장을 구해 일을 시작한다는 것이 자존심 상하는 일이었다.

처음에 힘들어 하던 아내는 직장 생활에 차츰 적응해 나갔다. 성실하고 부지런한 아내는 직장에서 능력을 인정받기 시작했고 그렇게 되자 소극적이고 내성적이던 아내는 생활에 활기를 띠며 성격 또한 밝고 적극적으로 변해 갔다. 하루 종일 서서 계산을 해야 하는 노동이기에, 어떤 경우에도 친절해야 하는 서비스업이어서인지 스트레스와 육체적 피곤이 함께 겹쳐 늘 파김치가 되어 있었다. 하지만 나는 아내가 특근을 거부하지 않고 늦게까지 일하는 것이 버틸 만하기 때문이려니 하고 생각했다.

어느 날, 아내는 내게 연애시절 자주 가던 남산자락에 있는 한 경양식집에 가자고 했다. 결혼 후 처음 얼마간은 그곳을 자주 찾았지만 많은 시련을 겪으면서 몇 년째 찾아가지 않은 집이었다. 아직도 그 자리에 있을지 모르겠지만 한번 가보고 싶다는 아내의 말에 함께 외출한지 오래 되었구나, 하는 생각이 들어 고개를 끄덕였다. 퇴근 후 아내가 일하는 할인마트에 들러 아내를 차에 태우고 남산으로 향했다. 평일의 러시아워라서 차가 막혔지만 아내는 뭐가 그리 좋은지 가는 내내 싱글거렸다. 이런 하찮은 외출에도 좋아하다니 하는 마음에 아내에 대한 연민으로 코끝이 시큰해졌다.

오랜만에 찾아간 남산은 많이 변해 있었다. 그 식당이 없어졌으면 어떻게 하나 하는 불안한 마음으로 차를 모는데 아내가 흥분한 목소리로 소리를 지르며 어딘가를 가리켰다.

"여보, 저기!"

아내의 손끝이 가리키는 곳을 보니 우리가 늘 다니던 경양식집이 세월의 때가 묻은 채 그대로 남아 있었다. 아내의 손에 이끌려 경양식집 안으로 들어가 자리를 잡았다. 우리는 연애시절 즐겨먹던 돈가스를 맛있게 먹었다. 식사를 마치고 난 후, 아내는 상기된 얼굴로 가방에서 통장 하나를 꺼내어 내게 내밀었다. 마이너스였던 통장에 플러스 금액 일만 칠천팔백 원이 찍혀 있어 나는 깜짝 놀랐다. 아내는 눈을 반짝이며 말했다.

"이제 시작이야. 여보, 남은 빚들을 모두 청산하면 그땐 우리 집도 장만하자. 자식도 없는데 늘그막에 돈이라도 있어야지."

"당신, 언제 이렇게 마이너스를 플러스로……."

"내가 힘들게 번 돈으로 그렇게 만든 거야. 앞으로 더 열심히 모을 거야."

나는 무척 놀랐다. 아내를 칭찬해도 모자랄 마당에 심사가 뭇난 나는 늘 그랬듯이 볼멘소리로 아내의 흥을 깨는 소리를 하고 말았다.

"당신, 그러다 남편보다 돈을 더 좋아하겠어. 나이 들면 나 돈 없다고 괄시하는 거 아니야?"

아내의 마음을 알면서도 어쩐지 내 표현은 이렇게 삐뚤고 서툴렀다. 그 후 아내는 연말을 맞아 야근이 잦아지고 귀가 시간이 늦어져 나는 아내를 기다리다 지쳐 식사를 시켜 먹는 일이 많아졌다. 그리고 미처 아내가 손을 대지 못한 곳에 먼지가 쌓인 걸 볼 때나, 손님이 오기로 했는데 아직 그대로인 빨래 건조대 같은 것을 볼 때마다 사소한 일인데도 어쩐지 짜증이 일어났다.

그날도 내가 먼저 퇴근해 썰렁한 집안에 들어섰다. 반기는 사람 하나 없는 적막한 집안에 들어서자니 기분이 좋지 않았다. 잠시 후 전화벨이 울렸다.

"여보, 나야. 오늘 내 교대 사원이 무단결근을 했어. 그래서 좀 늦을 것 같아."

나는 다짜고짜 화를 냈다.

"뭐? 그 사람이 안 온 게 당신하고 무슨 상관이야, 빨리 와."

"어떻게 그렇게 해? 당신도 직장 다니는 사람이……."

"왜 못해? 그놈의 직장 때려치우면 될 것 아니야. 내가 당신 밥을 못 먹여. 옷을 못 사 입혀? 길거리에 나앉게 했나. 지금 당장 들어와. 알았어?"

나는 아내가 말할 틈도 주지 않고 전화를 내려놓았다. 그날 아내는 평소보다 2시간 늦게 퇴근했다. 열쇠로 현관문을 여는 소리가 들리자 나는 다시 열을 올렸다.

"당신, 내 말이 우스워? 당장 들어오라고 했지? 그놈의 직장, 당장 때려치워! 사람을 이렇게 부려먹는데 돈이 무슨 소용이야!"

"당신 정말 너무해. 나를 그렇게도 이해 못 해줘? 진짜 너무한다."

평소 같았으면 미안해요 하며 들어오던 아내가 지친 목소리로 나에게 화를 냈다. 말대꾸를 한 적이 없는 아내가 그렇게 나오니 나는 좀 놀라기도 했지만, 그래도 내 화는 쉽게 가라앉지 않았다.

"너무한다고? 그럼, 밤 열 시가 넘어서까지 남편 저녁도 안 챙겨 주는 여자는 어떻고?"

"내가 놀다가 왔어요?"

잠깐의 침묵 동안 아내의 눈에 갑자기 눈물이 그렁그렁 맺히며, 목소리가 갈라져 나왔다.

"누가 당장 돈이 없어 회사를 다녀요? 왜 생판 모르는 사람처럼 그래? 그럼 당신은 내가 하루 종일 뭘 하고 집에 있으면 좋겠어? 식구라고는 당신 하난데 당신 출근하고 아무도 없는 텅 빈 집에서 할 일도 없이 어쩌란 말이야?"

울며 방문을 탕 닫고 들어가는 아내의 모습에 당황스러웠다. 그보다는 아내의 말에 나의 옹졸함을 깨닫고 부끄러워졌다. 나는 아내가 단순히 돈을 벌어 그동안 진 빚을 갚으려 한다는 생각에 알량한 자존심이 상했던 것이다. 아내의 취업이 나의 무능력 때문이라는 콤플렉스에 시달리며, 그동안 아내를 힘들게 했던 것이다.

부끄러운 마음에 몇 번이고 방에 들어갈지 말지를 고민하다 차마 아내의 얼굴을 볼 수가 없던 나는 그날 밤 거실에서 잠을 잤다. 내일 일어나면 꼭 사과부터 하리라 하며. 다음 날 아침, 현관문을 여닫는 소리에 눈을 떴다. 아내가 출근하는 모양이었다. 나는 아내를 대할 용기가 나지 않아 그대로 잠시 더 누워 있다가 자리를 털고 일어났다.

식탁에는 아내가 차려놓은 밥상이 상보에 덮여 있었고 그 옆에는 쪽지가 한 장 놓여 있었다.

여보, 국이랑 밥이 식었으면 전자레인지에 2분만 돌려요.
연말이라 일이 많고 피곤해서 어제는 짜증을 냈어.
말은 그렇게 하지만, 몸이 약한 내가 일하러 다니는 것
늘 걱정하고 안쓰러워하는 거, 잘 알고 있어.
몸조심 잘할 테니 걱정 마.
여보, 미안해, 고마워, 사랑해.

미안해, 고마워, 사랑해……. 연애시절 아내가 언제나 편지 끝에다 습관적으로 붙이던 문구였다. 옛날에도 둘이 싸우면 아내가 먼저 이런 식으로 손을 내밀곤 했다. 그리고 나는 못이기는 척 받아주고. 그러다보니 내가 먼저 잘못을 해도 아내는 항상 참아주는 사람, 먼저 손을 내밀어 주는 사람이라는 인식이 오랜 시간 동안 내 머리 속에 박혀 있었던 것이다.

속상하고 짜증이 났을 텐데도 아침에 일어나 내 식사를 준비해주고

이렇게 편지를 써주다니……. 그때나 지금이나 아내가 나보다 더 도량이 넓다는 생각이 들었다.

며칠 뒤, 속상했을 아내 마음도 풀어주고 내 마음을 보여주고 싶다는 생각이 들어 돌아오는 아내의 생일에 멋진 선물을 하기로 마음먹었다. 하지만 아내가 무엇을 받으면 좋아할지 도통 떠오르는 게 없었다. 며칠을 고민 끝에 아내의 멋진 생일상을 차려 주기로 했다. 돈으로 무엇을 해주는 것도 좋겠지만 내 노력으로 아내를 하루쯤은 여왕님처럼 모시고 싶었다.

아내의 생일날, 나는 일찍 퇴근해서 저녁상을 차리기 위해 장을 보고 아파트 입구 꽃집에서 장미 몇 송이도 샀다. 그리고 집안 청소와 식사 준비를 했다.

저녁에는 내가 퇴근이 더 빠르니, 요리를 더 배워서 이제는 저녁 준비는 내가 해야겠다는 다짐을 하며 상을 차렸다. 아내를 위해 식사를 준비한다는 게 그렇게 기분이 좋을 수가 없었다. 이래서 사랑은 줄 때 기쁜 거라는 말도 있구나 싶었다.

저녁 준비를 마치고 아내의 핸드폰으로 전화를 했다. 전원이 꺼져 있다는 응답뿐이었다. 수명이 다 되어서 그런지 요새 자주 꺼지는 경우가 많았는데 또 그런 모양이었다. 특근을 하게 되면 어떻게든 늘 먼저 전화를 주던 아내였으니 아마 특근이 있는 건 아닐 것이고, 평소 같았으면 이미 30분 전에 도착했어야 했다. 아내의 직장 사무실로 전화를 해보았다. 아내가 벌써 한 시간 전에 퇴근했다는 말을 들었다.

들뜬 마음이 싹 가시고 불안해지기 시작했다. 왜 늦는 걸까 하고 이런저런 상상을 해 보다가 길거리에서 쓰러지기라도 했나 하는 나쁜 생각이 퍼뜩 들었다. 나의 무신경을 원망하면서 무작정 거리로 나섰다.

12월, 크리스마스 캐럴이 울리는 속에 사람들이 밤거리를 바쁘게 걷고 있었다. 손에 커다란 선물꾸러미를 든 사람들, 팔짱을 끼고 다정하게 걸어가는 연인들, 왁자지껄 떠들며 지나가는 젊은이들. 그 속에 아내의 모습은 보이지 않았다. 내 마음은 점점 초조해졌다.

'이 사람이 어디서 쓰러진 거 아니야? 몸도 약한 사람을 혼자 출퇴근하게 한 내 잘못이야. 아내가 무사히 돌아오면 매일 같이 출퇴근 시켜주고 집안일도 제가 더 많이 하겠습니다. 제발 절 용서하시고 제 아내를 무사히 보내 주세요.'

마음속에서는 저절로 기도가 솟아나왔다. 버스 멀미를 심하게 하는 아내는 주로 지하철을 타고 다녔다. 우리 집 방향의 지하철 출구에서 나는 서성거렸다. 지하철 도착소리와 함께 사람들이 계단을 우르르 올라와 어디론가 흩어져 가길 몇 차례 반복했다. 그런데도 아내의 모습은 보이지 않았다. 그렇게 몇 차례 전철을 보내고 잠시 후 인파 속에서 아내를 찾았다. 반가운 마음에 나도 모르게 조금 큰 소리로 '여보!' 하고 부르자 아내는 놀란 얼굴로 나를 맞이했다.

"당신이 왜 여기까지? 게다가 외투도 안 입고. 어머, 이 손 빨간 것 좀 봐! 귀도 얼었어. 당신 언제부터 여기 있었어?"

아내의 모습을 보고 안도감이 든 나는 괜히 머쓱해져 말을 얼버무렸다.

"특근도 안했으면서 왜 이렇게 늦었어?"

"너무 피곤했나 봐. 앉아서 잠깐 졸다가 내릴 정거장을 한참이나 지나가서 깼지 뭐야."

멋쩍게 웃는 아내, 그 사랑스러운 모습에 나는 추위도 피곤도 잊어버렸다. 안도감에 긴장이 풀어져서 나는 아내를 꼭 안아주었다.

아내는 부끄러운 듯이 말하면서도 내가 마중 나와서 기분이 좋아졌는지 후후 웃었다. 아내는 얼어버린 내 귀를 두 손으로 따뜻하게 감싸며 내 귀에 속삭였다.

'여보, 미안해, 고마워, 사랑해.'

남편과 함께 쓰는 태교 일기

친구들 사이에서 남편과 나는 '무덤덤 부부'라고 불린다. 우리 둘 다 무뚝뚝한 편에 애정 표현을 잘못하는 걸 알고 친구들이 연애 시절부터 놀리느라 붙여준 별명이다.

우리는 아이러니하게도 이런 성격이 비슷해서 4년이나 연애를 하고 결혼에 골인했지만…….

처음에는 이 남자가 정말로 나를 사랑하긴 하나 고민한 적도 있었지만 오랜 기간 사귀어 보고 같이 살아본 결과, 속이 깊고 말보다는 행동으로 보여주려는 기질이 있어서 그런 것이지, 나에 대한 정이 깊다는 것은 내 스스로가 잘 알고 있다. 내가 야근이라도 하고 들어 와서 옷도 갈아입지 않고 소파에 누워 있으면, 남편은 내가 잘 동안 소리도 안 내고 몰래 청소도 하고 빨래도 개켜 놓고 저녁을 차린다. 그냥 우렁 총각 흉내 내봤다며 씩 웃고 마는 남편이 얼마나 멋있는지 모른다.

하지만 내가 임신을 하고 입덧이 심해지고 난 뒤에는 사정이 좀 달라졌다. 쉽게 지치고 우울해져서 나도 모르게 남편에게 짜증을 내는 일이 많아진 것이다.

"여보, 오늘은 내가 회식이 있어서 당신 데리러 못 갈 것 같아. 내가 거래 잡은 회사 직원들이랑 만나는 자리라 빠지기가 어렵네. 꼭 택시 타고 집에 가."

임신한 이후에 내가 버스 냄새를 참기 힘들다고 했더니 남편은 거의 매일 나를 회사까지 데려다 주고 데리러 오곤 했다. 하지만 요즘 진행하는 계약일 때문에 이렇게 데리러 오지 못하는 때가 있었다. 사정을 알고 있는 만큼 이해를 해주어야 하는데, 나도 모르게 짜증이 나서 빽 소리를 지르고 말았다. 그러고 나서 집에 와서야 후회를 했다.

남편이 돌아오면 화를 내도 할 말이 없다고 생각하며 조마조마하게 남편을 기다렸는데, 퇴근한 남편은 화를 내기는커녕 내 배를 쓰다듬으며 나와 아기에게 다정한 말을 속삭였다.

"어휴, 콩돌아. 오늘은 왜 이렇게 엄마를 힘들게 하니? 엄마 너무 힘들게 하지 마라. 응? 아빠가 더 힘들다."

무뚝뚝한 자신의 성격까지 변화시키면서 나를 감싸주는 남편이 정말 고마웠다.

"아니야. 오늘은 우리 콩이 효도했어. 오늘은 밥 잘 먹고 토 한 번 안 했어."

"그래? 우리 콩돌! 기특하게 엄마 밥 잘 드시라고 도와줬구나. 그래. 오늘처럼 엄마 안 힘들게 네가 도와줘. 사랑해. 우리 아기."

그런 남편이 얼마나 사랑스러운지 나도 모르게 남편의 목을 꽉 끌어안곤 했다. 어떻게 보면 연애하던 시절보다 결혼해서 애정 표현이 늘어난 듯하다.

남편은 육아와 관련된 책이나 태교 음반들을 사 왔다. 그리고 내가 먹고 싶다고 한 음식들을 사 오기도 했다. 아기도 아빠의 정성을 알았던 건지 남편이 사다 준 음식들은 대부분 잘 먹었다.

내가 크게 감동을 한 일은 임신 4개월 때였다. 어느 날, 남편이 선물이라고 내민 것을 열어 보니 예쁘고 화사하게 디자인된 책이었다.

"임신에서 출산까지, 행복한 부부를 위한 태교 일기?"

"응. 우리 아기한테 좋은 추억 선물할 수 있는 게 뭐 없을까 싶어서…….나랑 같이 써 보자."

"당신, 어떻게 이런 생각을 했어?"

"요즘 당신은 입덧 때문에 지쳐서 힘들고 정신이 없잖아. 엄마가 힘드니 아빠가 정신 바짝 차리고 챙길 건 챙겨야지."

"고마워, 여보. 정말 고마워."

내가 미처 생각지도 못했던 것까지 생각해 주는 남편이 고마웠다. 우리는 그날 일단 첫 페이지에 병원에서 받은 아기 초음파 사진을 붙여 두었다. 그리고 돌아가면서 아기에게 편지를 쓰기로 했다. 편지를 쓰면서 남편의 숨겨진 면을 또 하나 알게 된 것이 있는데, 남편은 말투는 무뚝뚝하지만 편지글은 더 없이 다정하고 따뜻했다.

건강하게 무럭무럭 자라는 우리 아기, 고맙다.
그런데 우리 아기가 오늘도 엄마를 좀 힘들게 하더구나.
나중에 얼마나 효도를 하려고 그러니?
엄마도 편안하게 해 주면 좋으련만.
힘들어 하는 엄마를 보면 아빠 가슴이 아프거든.
아가야, 아빠는 우리 아기랑 엄마를 생각하면 가슴이 벅차단다.
가끔 우리 아기와 엄마 아빠의 첫 만남을 상상하기도 하지.
상상만으로도 얼마나 가슴이 뛰는지 모른단다. 그리고 늘 생각한단다.
우리 아기랑 엄마를 위해 아빠가 뭘 해야 할지.
아빠는 우리 아기하고 엄마 모두 행복하게 해 줄 거야.
아빠만 믿고 건강하게 자라렴.
사랑한다. 우리 아기.

또박또박 깔끔하고 시원스런 글씨체로 쓴 편지에는 남편의 자상함과 사랑이 가득 담겨 있었다. 아기에게 쓴 글이었지만 거기에는 나에 대한 사랑도 함께 묻어났다. 나는 감동에 젖어 남편의 편지를 읽고 또 읽었다.

남편의 정성과 사랑 덕분인지 아이는 건강하게 태어났다. 나도 건강을 회복했고 정이 넘치는 세 식구가 되었다.

남편은 아이를 정말 좋아했다. 주위의 몇몇 친구들은 출산 뒤에 남편의 무관심과 산후우울증으로 힘들어했는데, 나의 경우는 그런 게 전혀 없었다. 임신 초기에 그랬던 것처럼 남편이 좀 더 애정을 표현해 주고 나를 배려해 주었기 때문이다. 아이를 씻겨 주고 재워 주고 하는 일을 나보다 더 좋아해서 오히려 내가 서운할 지경이었다.

남편이 변하니 나 역시 남편에게 감사와 사랑을 더 많이 표현하게 되었다. 고마울 때는 고맙다고 말하고, 사랑한다고 말하고, 남편의 넓은 가슴에 안기고. 좀 쑥스럽기도 하지만 기분은 좋았다.

이제 우리 부부의 별명은 더 이상 '무덤덤 부부'가 아니라 '살랑 살랑 애교 부부'다. 친구들이 입을 다물지 못하고 놀란다. 어떻게 하면 그렇게 변하냐고 비결을 묻는 친구들의 말에 나는 남편과 함께 태교 일기를 써 보라고 조언했다.

나와 남편은, 지금은 육아 일기를 쓰고 있다. 사랑이 담긴 남편의 일기글은 오늘도 계속되고 있다.

아내의 이메일

그 날도 남수 씨는 컴퓨터 앞에 앉아 시간을 보내고 있었다. 그때 아내가 다가와 물었다.

"여보, 인터넷이라는 거 배우기 힘들죠?"

남편은 갑작스런 아내의 질문에 조금 당황했다.

"왜? 당신 배워보고 싶어?"

"아니, 내가 어떻게……. 당신이 하도 재미있어 하길래. 그냥 궁금해서요."

아내가 인터넷에 관심이 있을 거라고는 꿈에도 생각하지 못했던 남편은 아내의 말에 적잖이 놀랐다. 아내는 중고등학교에 다니는 두 아이의 교육비라도 벌어보겠다며 파출부 일을 하느라 책은커녕 신문을 보는 일도 별로 없고 세상 돌아가는 일에 어두운 편이었다. 기계를 무서워하는데다가 영어를 몰라서 인터넷과는 벽을 쌓았다. 그래서 당연히 아내는 인터넷을 할 수 없을 거라고 단정지었고, 인터넷이 아내와의 사이에 두터운 벽으로 존재한다는 사실을 깨달았다. 회사에서 돌아와 집에 있는 시간에도 자신은 인터넷을 하느라고 아내와 이야기를 나누는 시간이 별로 없었던 것이다.

'그래. 집사람도 인터넷과 친해질 수 있게 해주자.'

남수 씨는 다음 날 아침부터 행동에 옮겼다. 아내가 아침을 준비하는 동안 인터넷에서 주부에게 필요한 정보와 중요한 뉴스를 프린트해서 전해주었다. 그날 날씨라든가, 제철인 생선의 가격이나 레시피, 황사에 대비해 피부를 보호하는 방법 등 아내가 흥미로워 할 만한 내용을 뽑았다. 아내는 어떻게 이런 걸 공짜로 얻을 수 있느냐며 눈이 커져서 신기해했다.

남수 씨는 한 걸음 더 나아가 아내에게 인터넷을 가르쳐 주기 시작했다. 일요일 오전마다 두 사람만의 인터넷 수업이 계속되었다. 하지만 영어도 모르고 컴퓨터도 다룰 줄 모르는 아내에게 인터넷을 가르쳐 준다는 것은 쉬운 일이 아니었다. 아내는 마우스 왼쪽 버튼과 오른쪽 버튼, 더블 클릭의 차이가 뭔지를 몰라 쩔쩔 맸다. 남수 씨는 그런 아내가 답답할 때도 있었지만, 그럴 때면 자신이 처음 컴퓨터를 배울 때를 떠올렸다. 자신에 비하면 아내는 진도가 두 배 이상 빠른 편이었다.

아내는 정말 열심히 배웠다. 수첩에 알려주는 것을 받아 적어 놓기도 하고 영어 단어가 나오면 외울 때까지 받아쓰는 연습을 했다. 특히 기호가 섞여서 어려운 웹주소를 일일이 받아 적어서 외웠다. 그렇게 6개월이 지나자 아내는 조금씩 인터넷 항해를 할 수 있게 되었다.

남수 씨는 아내에게 일단 아이디를 만들게 하고 메일을 주고받는 방법을 알려 주었다. 처음에 아내는 그 과정을 이해하지 못했다. 이 컴퓨터에서 쓴 내용을 어떻게 밖에 있는 다른 컴퓨터에서 볼 수 있느냐는 거였다. 그리고 로그인해서 들어간 메일함은 이런저런 메뉴가 많아서 아내는 뭐가 뭔지 헷갈려 했다. 남수 씨는 언젠간 다 이해가 될 거라고 아내를 위로했다. 그리고 남수 씨는 일주일에 2, 3번 정도 아내에게 이메일을 보냈다. 편지는 항상 '지혜로운 아내에게' 또는 '사랑하는 자기', '귀여운 당신' 같은 조금 낯간지러운 제목으로 시작했다. 평소에 얼굴을 맞대고 말해 본 적이 없는 호칭을 이메일에서는 왠지 마음껏 사용할 수 있었다.

내용은 그날그날 기분에 따라 다르게 썼다. 아내가 힘들어 한 날은 '여보, 오늘도 수고 많았어요. 우리 둘이 조금만 더 고생해서 넓은 집 마련하자'라는 응원과 약속의 말을 적었다. 별 일이 없을 때는 그냥 '오늘 회사에서 이런 일이 있었어'하며 사소한 이야깃거리를 적었다. 말다툼을 한 날은 회사에 가서 '아까는 화내면서 말하는 게 아니었는데 미안하오. 이해해줘. 오늘 저녁에 당신 좋아하는 카스텔라랑 주스 사서 갈게' 하며 사과의 말을 썼다.

아내는 하루하루 남수 씨의 메일을 읽는 게 참 재밌다고 했다. '오늘 낮에 된장찌개를 사먹었는데 당신 솜씨보다 못해서 돈이 아깝더라. 당신 요리가 최고야' 하고 칭찬의 글을 쓴 날은 싱글벙글 웃으며 남수 씨를 맞아 주었다.

그러던 어느 토요일 저녁, 연장 근무 때문에 회사에 남아 있던 남수 씨는 이메일 한 통을 받았다. 보내는 사람은 '누구게?' 였고, 제목은 '사랑하는 님에게' 였다. 누군가 광고 메일이나 장난 메일을 보냈나, 하고 지우려다가 혹시나 해서 편지함을 열었다.

그런데 뜻밖에도 그것은 아내가 보낸 이메일이었다.

여보!

나도 이메일 보낼 줄 안다. 아들한테 물어보고

내가 직접 쓰는 거야. 이메일이라는 거 참 신기하네.

애들이 나보고 '독수리 타법'이라고 막 놀렸어.

손가락 두 개로만 자판을 친다고 말이야. 그래도 기분은 참 좋다.

그동안 당신 메일 읽으면서 답장하고 싶어서 답답했어.

이제 당신한테 메일 받으면 꼭 답장 쓸게. 우리 연애할 때보다

편지 더 많이 씁시다.

오늘 기분 정말 짱이다! 여보, 어서 들어와요.

내가 맛있는 된장찌개 끓여 놓을게요.

당신의 아내가.

남수 씨의 입가에 웃음이 번졌다. 이런 게 사는 재미구나 싶었다. 이렇게 재밌고 기쁜 것을 왜 진작 알려주지 않고 나 혼자만 쓰고 아내는 심심하게 놔두었을까 하고 미안한 마음도 들었다.

남수 씨는 아내의 이메일을 프린트해서 곱게 투명 파일에 끼워 책상 서랍에 넣어두었다. 아내의 첫 메일이니 힘들 때마다 꺼내서 봐야지 하는 생각에서였다. 그 후에도 두 사람의 메일은 계속되었다. 이제는 아내도 능숙하게 메일을 쓸 수 있게 되었다. 어느 날은 멋진 시를 적어 보내기도 하고, 또 어느 날은 감미로운 음악 파일을 화면에 링크해서, 메일을 열면 글을 보면서 멋진 음악을 들을 수도 있었다.

아내는 친구들의 컴퓨터 선생님이 되었다. 아내가 남수 씨가 보낸 메일을 몇 개 보여주었더니 부럽다고 난리였다, 그 후에 아내 친구들은 각자 남편들과 메일을 주고받겠다며 열심히 배우고 있다고 한다.

남수 씨는 요즘 시집이나 에세이집을 열심히 읽고 있다. 아내에게 좀 더 멋진 사랑의 말을 들려주고 싶어서다. 남수 씨는 문득 옛날 생각이 나서 혼자 웃었다. 아내에게 처음 고백 편지를 쓰려고 밤새 끙끙대던 젊은 날이 떠올라서였다. 이젠 두 사람은 이메일을 통해 부부 생활의 기쁨을 발견하는 방법을 배웠다고 전한다.

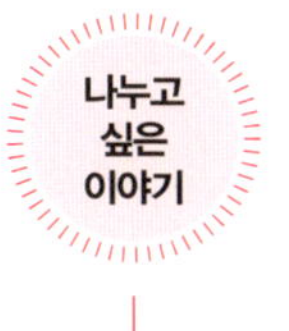

첫 번째 결혼기념일 왕소금 남편의 사랑

"어휴, 이왕소금한테 기대한 내가 바보지!"

아내 혜선 씨는 혼잣말처럼 중얼거리고 재킷을 휘두르며 동네 세탁소로 향했다. 재킷에는 단추가 두어 개가 없었다.

혜선 씨는 며칠 전에 근처 대형 마트에서 세일을 한다고 진열대에 개지도 않고 구깃구깃하게 널려져 있던 옷들 중에서 이런 옷을 본 기억이 났다.

"그냥도 아니고 결혼기념일이니까 예쁜 옷 한 벌 있었으면 좋겠다고 했더니, 이런 걸로 사와. 그것도 단추 없어서 싸게 샀다고? 세상에 저런 남자를 믿고 결혼을 했어요, 내가!"

오늘은 혜선 씨와 영민 씨의 결혼기념일이다. 그것도 첫 번째 맞이하는 소중한 날이다. 첫 번째 결혼기념일을 앞두고 혜선 씨는 얼마나 많은 기대를 했는지 모른다. 근사한 레스토랑, 창가 자리에서 멋진 한강 야경을 바라보며 와인 잔으로 건배하며, 영민 씨의 사랑이 가득 담긴 눈길을 온몸으로 받을 만반의 준비를 했다. 하지만 영민 씨는 혜선 씨의 기대를 비웃기라도 하는 듯 첫 번째 결혼기념일 선물로 비닐 봉투로 아무렇게나 싼 이 옷을 내밀었다. 영민 씨는 황당해 하는 혜선 씨에게 말했다.

"자, 선물이야. 당신한테 잘 어울릴 것 같아서."

영민 씨가 원래 검소한 사람이었다면 혜선 씨는 그렇게 놀라지 않았을 것이다. 영민 씨는 미혼 시절 정말 세련되고 멋진 남자였다. 머리끝부터 발끝까지 완벽하게 신경 쓰는 모습에 반했던 것이다. 거기다 프로포즈만 해도 얼마나 멋이 있었던가?

풍선과 촛불로 장식된 레스토랑에서 손수 피아노를 치며 노래를 불러 사랑을 고백하고, 무릎을 꿇고 빨간 장미꽃다발과 반지를 내밀며 결혼하자고 말했다. 이처럼 근사한 프로포즈를 했던 남자가 첫 번째 결혼기념일 선물로 이런 옷을 사다 주다니. 혜선 씨는 정말로 믿을 수가 없었다.

사실 영민 씨의 왕소금 짠돌이 행각이 시작된 것은 신혼여행을 하고 온 직후부터였다. 친정에 가서 하룻밤 자고 돌아오는 차 안에서 그는 갑자기 최대한 아끼며 살자는 얘기를 했다. 그때는 그냥 다짐 삼아 하는 말이겠거니 했다.

첫 번째로 아끼기 시작한 것은 담뱃값이었다. 사실 결혼하면 담배를 끊기로 약속했지만 신혼여행 가서도 그는 담배를 끊지 못했다. 혜선 씨의 잔소리가 쏟아지는 데도 영민 씨는 줄담배를 피우곤 했다. 그랬던 그가 금연 선언을 하더니 몇 달 후 정말로 완벽하게 담배를 끊은 것이다. 그것도 돈을 아끼겠다는 일념으로.

두 번째는 차비였다. 영민 씨는 매일 회사까지 자전거로 출퇴근을 하기 시작했다. 그렇게 하면 한 달에 6만 원 정도의 돈을 아낄 수 있다며 좋아했다. 필요한 물건이 생기면 영민 씨는 인터넷 중고시장을 뒤지거나 구청 재활용센터로 달려가기 시작했다. 그리고 그것도 모자라 이제는 누군가 버린 물건을 주워 오기까지 했다. 책장을 주워 와서는 직접 페인트를 칠해서 쓰기도 했다. 혜선 씨는 영민 씨의 이런 태도가 이해가 되지 않았다. 대체 이렇게 돈을 아끼고 모아서 뭘 하려는 건지. 가끔 지나치다 싶을 때는 화가 나기도 했다.

세탁소에서 단추를 달고 나니, 그럭저럭 입을 만하다는 생각이 들어 혜선 씨는 어느 정도 마음이 풀렸다. 세탁기에 넣어 돌리고 있는데 전화벨이 울렸다. 받아보니 영민 씨였다. 혜선 씨는 영민 씨가 자신에게 한 행동에 대해 반성하고 분위기 좋은 호텔 레스토랑에서 저녁을 사주려는 건가 싶어 마음속으로 기대하며 콧소리를 냈다.

"왜애, 뭐 때문에 전화한 거야?"

"오늘 저녁에……."

내 그럴 줄 알았지, 하며 혜선 씨는 밝은 목소리로 물었다.

"몇 시? 어디로 가면 돼?"

"무슨 소리야? 그게 아니라, 오늘 저녁에 장모님이랑 장인어른 오시라고 했으니까 저녁 준비할 때 신경 좀 쓰라고."

"뭐?"

전화를 끊고 혜선 씨는 눈물이 날 뻔했다. 그토록 기대를 했건만 남편과의 특별한 저녁식사는 물 건너 간 것이다. 게다가 오늘 같은 날 엄마랑 아버지는 왜 오신다고 하는 건지. 나이드시더니 눈치까지 없어지셨다는 생각이 들어 부모님께도 서운한 마음이 들었다.

하지만 화를 내고만 있을 수는 없었다. 결혼 초, 집들이 때 다녀간 이후로 부모님이 혜선 씨의 신혼집을 찾는 것은 처음 있는 일이었다. 일이 있으면 혜선 씨 부부가 먼저 친정으로 발걸음을 했고, 친정어머니가 무릎 관절염 때문에 거동이 쉽지 않았기 때문이다.

혜선 씨는 기분이 별로 좋지 않았지만 부모님이 오신다는데 준비를 하지 않을 수 없어 창문을 활짝 열고 청소부터 시작했다. 탁탁 먼지를 털어내고 청소기를 돌리고 걸레질까지 한참 동안 정신없이 하고 나니 온몸이 뻐근했다. 몸이 피곤하니 마음까지 우울해져, 남편에 대한 서운함이 다시금 밀려들었다.

'아무리 그래도 그렇지……. 오늘이 무슨 날이야? 첫 번째 결혼기념일이잖아. 어쩌면 나한테 이럴 수가 있지?'

혜선 씨는 입을 뾰루퉁하니 내밀었다. 하지만 마음은 장을 봐서 저녁상 준비를 해야 했기 때문이다. 장바구니를 들고 혜선 씨는 집 앞에 있는 재래시장으로 뛰어갔다. 결혼 전에는 재래시장은 근처에도 가지 않았다. 물건이 제각각 포장돼 있고 쇼핑하기도 편리한 마트를 이용했다. 하지만 남편이 시장으로 다니자고 하도 성화를 하는 바람에 혜선 씨의 발걸음이 저절로 시장으로 향하게 되었다. 그러다 보니 재래시장에 다니면서 저렴한 값에 싱싱하고 질 좋은 물건을 살 수 있다는 걸 알았다. 남편의 덕을 본 게 없다고는 할 수 없다.

가진 돈이 넉넉하지는 않았지만 부모님이 좋아하시는 돼지고기와 야채를 푸짐하게 샀다. 집으로 달려온 혜선 씨는 돼지고기를 반으로 나누어 하나는 고추장 양념을 하고, 나머지는 소금만 뿌려 밑간을 해 두었다. 바쁘게 부모님 맞을 준비를 하는 사이 남편에게 서운했던 마음은 조금씩 누그러져 갔다,

저녁 준비가 거의 마무리되어 가는데 부모님이 남편보다 일찍 집에 도착했다. 무릎을 손으로 짚고 힘들게 걸음을 옮기는 엄마를 오랜만에 보니 혜선 씨는 그동안 자신이 친정에 무심했구나, 하는 생각이 들어 얼른 가서 부축해 드렸다.

"오늘 너희 부부 결혼기념일 맞지? 그런데 무슨 일로 우리를 불렀다니?"

"엄마, 오늘 우리 결혼기념일인 거 알고 있었어?"

"그럼, 알지. 그래서 오늘은 둘이 재밌게 보내라고 했는데도 한사코

우리가 와야 한다고 야단이잖니. 신 서방이 너한테 뭐라고 얘기한 거 없어?"

"아무 말도 없었어. 그냥 엄마랑 아버지 오신다고 저녁 준비 신경 쓰라고 하던데."

"그래? 무슨 일이라니. 너희들 혹시 싸웠니?"

"싸우긴……. 우리가 뭐 애들인가? 싸웠다고 부모님을 오시라 하게." 친정어머니와 이런저런 이야기를 하고 있는데 영민 씨가 평소보다 일찍 집에 도착했다.

"어, 오늘은 웬일이야? 어떻게 이렇게 빨리 왔어?"

"오늘은 버스 타고 왔어."

"결혼기념일이라서? 아님 오늘 해가 서쪽에서 떴나?"

혜선 씨의 말에 대꾸도 않고 영민 씨는 혜선 씨 부모님 앞으로 달려가 인사를 했다. 그리고 장모님의 다리를 주물러 드리며 살갑게 대했다.

저녁으로 준비한 돼지고기를 구울 때도 영민 씨는 혜선 씨를 챙기기보다는 장인 장모님을 챙겼다. 익은 고기를 상추쌈으로 싸서 권했다. 혜선 씨는 영민 씨가 부모님에게 잘하는 게 좋으면서도, 한편으론 결혼기념일을 이렇게 보내야 한다는 서운함이 완전히 가시지는 않았다. 저녁을 다 먹고 설거지까지 마치고 나서 영민 씨는 결혼기념일을 맞아 장인 장모님께 큰절을 하겠다고 했다. 큰절을 올린 후 영민 씨는 하얀 봉투 하나를 내밀었다.

"아니, 이게 뭔가?"

아버지가 물었다. 그러자 영민 씨는 조금 쑥스러운 듯 뒷머리를 긁적이며 말했다.

"장모님이 관절염 때문에 고생하시잖아요. 그걸로 수술하시는 데 보태시라고요."

"아니, 아닐세. 이걸 왜 자네가……?"

"저한테 이렇게 예쁜 딸 보내주셨으니까 저도 뭔가 해드려야 된다는 생각이 들더라고요. 그래서 집사람한테는 왕소금, 짠돌이 소리 들어가면서 1년 동안 열심히 모은 거예요. 그래도 좀 모자라기에 집 사람 결혼기념 선물 사려고 했던 돈도 보탰습니다. 그러니까 이건 제가 드리는 게 아니라 집사람이랑 제가 함께 드리는 거예요. 장인어른, 장모님, 예쁜 딸 곱게 길러주셔서 감사합니다. 혜선 씨는 놀란 듯 영민 씨 얼굴을 바라보았다. 그러다가 이내 남편에 대한 감동으로 눈시울이 붉어졌다. 한사코 받지 않으려 하던 혜선 씨의 부모님도 영민 씨가 직접 장모님의 손에 쥐어드리는 바람에 받고 말았다. 부모님은 사위를 정말 잘 얻었다며 좋아하셨다. 혜선 씨 부모님이 집으로 돌아가고 난 뒤, 혜선 씨가 입을 열었다.

"고마워. 자기가 그런 생각하고 있는지 몰랐어."

"고맙긴, 내가 미안해. 결혼 전에는 돈이 생기면 다 써 버리고 기분을 내곤 했잖아. 그래서 막상 장모님 무릎 수술비를 드리고 싶은 데 돈이 없는 거야. 그래서 짠돌이가 돼서 돈을 모으기로 했지. 당신이 따라

주지 않았다면 나도 끝까지 해내지 못했을 거야. 고마워, 앞으로도 잘 할 게."

혜선 씨의 볼에는 기쁨과 행복의 눈물이 흘러내렸다. 혜선 씨가 영민 씨의 손을 잡으며 말했다.

"신영민 씨, 내 남편! 당신 정말 존경하고 사랑해."

"김혜선 씨, 나도 당신을 존경하고 사랑합니다. 나와 결혼해 줘서 진심으로 고마워요."

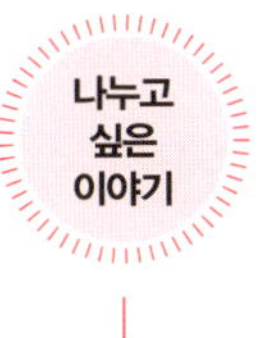

아내에게 밥상을 차려 주는 남편

우리 부부는 결혼 생활 2년차 부부로 신혼의 즐거움을 만끽하기도 전에 허니문 베이비를 가졌다.

결혼 직후 직장을 바꾼 나는 오히려 가정에 신경 쓸 시간이 그리 많지 않았다. 바깥일에만 신경 쓰는 내게 아내 입장에서는 서운한 점이 한두 가지가 아니었겠지만 나는 그때마다 무심히 넘어갔다. 이 정도로 무심한 남편이었으니 '결혼하자마자 아기를 가진 아내가 얼마나 정신적·육체적으로 힘들었을까?' 하고 생각하기에는 더더욱 미치지 못했던 것이다.

그런데 근래에 와서야 나는 이전까지 몰랐던 여러 가지 것들을 조금씩 알게 되고 깨닫기 시작했다. 그 계기는 아내의 두 번째 임신이었다. 속 몰랐던 나는 아내가 입덧이란 걸 모르는 줄 알았다. 그런데 이상하게도 유난히 입덧이 너무 심해 아무것도 못 먹는 것이 아닌가.

"첫 애 때는 안 그렇더니 왜 그러지?"

무심코 말을 던지자, 갑자기 아내가 무서운 눈빛으로 나를 노려보았다.

"첫 애 때도 마찬가지였단 말야. 지금보다 더했으면 더했지, 덜하지는 않았어."

'그랬구나……. 그땐 왜 몰랐을까?'

미안한 마음에 나는 아무 대꾸도 할 수가 없었다.

냄새가 괴롭다며 부엌에도 들어가지 못하는 아내를 지켜보니, '첫애를 가졌을 때는 어떻게 나에게 밥상을 차려 주었을까?' 하는 생각이 들었다.

너무도 미안한 마음이 든 나는 내 자신의 생활을 바꾸기로 마음먹었다. 매일 새벽마다 인터넷 신문을 보던 습관을 잠시 미루고 부엌으로 들어가 정성들여 아침을 준비했다. 그리고 자신이 할 줄 아는 것이 고작 밥 짓는 것과 한두 가지의 반찬이 전부라는 사실을 알고, 다시 한 번 아내의 위대함을 느꼈다. 아내는 마치 요리사처럼 사시사철 각종 밑반찬과 손님 접대 음식 등을 잘했기 때문이다.

어설픈 솜씨로 처음 내가 차린 밥상을 받아든 아내는 그냥 어쩌다 한 번이라고 생각하는 것 같았다. 하지만 그런 생각을 깨주기 위해 입덧이 가실 때까지 계속 아침과 저녁을 준비하기로 결심했다.

'우리 남자들이 이 세상에 태어나서 누군가에게 따뜻한 밥상을 차려 준 적이 몇 번이나 있을까?'

결혼하기 전까지는 내내 부모님께 받으며 살아왔고, 결혼 후에는 힘들어하는 아내의 밥상을 아무 생각 없이 습관처럼 받고 지내왔다. 이제 손수 아내의 밥상을 차리다 보니, 이것만큼 행복한 일도 없다는 것을 깨닫게 되었다.

"차려 주는 밥이 이렇게 맛있는 줄 몰랐어."

보잘 것 없는 내 밥상을 받고도 행복해하는 아내의 이 말이 나에게도 행복한 기분을 느끼게 해주었다.

'사랑은 새로운 체험이다.'

남편은 아내의 신발을 신어 봐야 하고, 아내는 남편의 신발을 신어 보아야 하는 것이다.

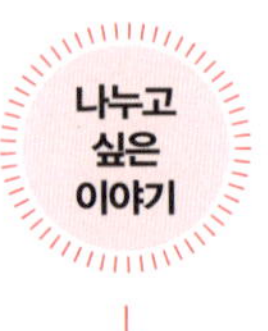

재혼 커플
우리 다시 시작해요

태훈 씨와 선숙 씨 부부는 2년이라는 연애 기간을 통해 서로를 잘 알고 충분히 사랑하고 있다고 생각했지만, 결혼 후에는 사사건건 다투는 일이 많았다.

"남자들은 정말 이상해. 변기 뚜껑 좀 올리고 일 보면 어디가 덧나? 이게 뭐야, 사방에 다 튀었잖아!"

"치약이 이게 뭐냐? 중간부터 눌러 쓰고. 치약은 맨 끝부터 써야지. 여자가 손끝이 야물지 못해서 원."

"그렇게 술이 좋으면 술하고 살지 그래? 내가 미쳤지. 이렇게 살려고 결혼하다니!"

"집안 꼴이 이게 뭐야? 좀 치우고 살아라."

"휴일 날 그렇게 게임으로만 보낼 거야? 당신네 회사는 승진 시험도 안 봐? 사람이 자기 계발을 해야지. 하루 종일 그게 뭐야?"

"살 좀 빼라. 그게 뭐냐? 돼지도 아니고……."

"당신이 나한테 해준 게 뭐가 있어?"

"당신이 아는 게 뭐야? 뉴스는 봐? 무식해 가지고."

"남들은 처가에 얼마나 잘하는데 당신은 뭐야?"

"그런 당신은 시댁에 얼마나 잘하는데? 지난 달 시어머니 생신도 잊었잖아."

"그거야 첫 해고, 잘 몰라서 그랬지."

"성 생활뿐 아니라 당신은 매사에 나한테 너무 무성의해."

"내가 미쳤지. 이런 남자랑 결혼했다니."

결혼 초기에 태훈 씨와 선숙 씨는 누구나 하는 기득권 쟁탈전으로 부부싸움을 시작했다. 각자 주변인의 말만 듣고 내가 먼저 지고 들어가면 평생 지고 살까 봐 걱정했던 것이다. 기 싸움은 어느새 서로에게 얼마나 상처를 주느냐 하는 경쟁으로 바뀌었다. 서로 너무나 닮았던 두 사람은 지기 싫어하고 사과할 줄 모르는 것까지 닮아서 한 번 시작된 싸움은 가볍게 끝나는 법이 없었다. 그렇게 격렬한 싸움 끝에 두 사람은 지칠대로 지쳐 극단적인 결정을 내렸다.

"아무래도 우리, 이혼하는 게 좋겠어."

"그래. 더 이상 후회하기 전에 하루라도 빨리 각자 인생 살자."

태훈 씨와 선숙 씨는 그렇게 쉽게 이혼하고 말았다. 선숙 씨는 이렇게 태훈 씨와의 인연이 끝나나 보다 했다. 하지만 이혼하고 얼마 지나지 않아 자신이 임신 중임을 알게 되었다. 처음에는 혼자 아기를 낳아 기를 생각이었지만 주변의 만류가 심했다.

"너야 남편 없이도 살겠지만, 애는 무슨 죄가 있어서 아버지 사랑도 못 받으면서 크니? 잘 생각해."

"그래. 아이를 위해서 네가 먼저 굽히고 들어 가."

태훈 씨가 자신과는 잘 맞지 않아 헤어지게 됐지만 아이에게 아버지의 존재는 필요한 것 같아 임신 사실을 알리기로 했다. 선숙 씨는 태훈 씨에게 전화를 걸었다. 사실 몇 번 태훈 씨에게 전화가 왔었지만 마음을 다잡으려고 무시해 왔었는데, 이번에는 먼저 전화를 하려니 새삼스럽게 쑥스러운 기분이 들었다. 선숙 씨의 전화임을 확인한 태훈 씨가 의외로 반가운 목소리로 전화를 받았다.

"오랜만이지?"

"그래. 이혼하고 처음이지. 내가 몇 번 전화했는데 안 받아서 나랑 이제 연락도 하기 싫은가보구나 생각했는데, 웬일이야?"

"그냥……. 저녁 때 시간 어때?"

"뭐, 별로 중요한 일은 없어. 왜?"

"그럼 만날 수 있을까?"

"그러지 뭐. 내가 그리로 갈까, 아니면 당신이 이쪽으로 올래?"

"미안하지만 당신이 이쪽으로 왔으면 좋겠어. 내가 몸이 좀 불편하거든."

"알았어. 내가 갈게."

태훈 씨는 오랜만에 연락 온 선숙 씨의 전화가 무척 반가웠다. 사실 태훈 씨는 이혼하고 나서 매일같이 후회하고 있었다. '내가 한발 양보했다면 이혼하지 않았을 텐데……. 속 좁게 군 내가 어리석었지' 하고 자책했다. 태훈 씨는 서둘러 퇴근하고 선숙 씨의 회사 근처로 향했다.

"나, 꼭 해야 할 말이 있어."

"그렇게 나오니까 무섭네. 뜸 들이지 말고 얘기해 봐."

"나…… 임신했어."

"정말?"

선숙 씨는 고개를 끄덕였다.

"우리 아기가 생긴 거야? 아하하, 이런……."

태훈 씨는 이혼했다는 사실도 깜빡 잊은 채 기쁨을 감추지 못하고 흥분했다. 하지만 선숙 씨의 표정이 밝지가 않아서 잠깐 당황했다.

"당신, 낳을 거지?"

"응, 당신이 싫다고 해도 낳을 생각이야. 사실 당신 발목 잡는 것 같아서 말 안 하고 낳으려고 했어. 태훈 씨도 아버지니까 최소한 자기 자식이 세상에 태어나는 것은 알고 있어야 할 것 같아서 말하는 거야. 그러니까 부담 갖지 마."

"하하…… 아하하."

"놀라지 않았어?"

"놀라긴 했지만 기분은 좋다. 당신이 날 인정해 주니까. 출산 예정일은 언제래?"

"6월이야."

"그럼 여섯 달 남았네."

태훈 씨는 선숙 씨의 두 손을 꼭 잡았다. 선숙 씨는 태훈 씨가 지우라고 하거나 혹은 싫어하면 어떡하나 걱정하며 말을 했는데, 뜻밖에도 무척 기뻐해주어서 마음이 한결 가뿐해졌다. 이혼하기 전에는 자기 고집만 부리고 속이 좁은 남자라고 생각했는데, 아버지가 된다는 말에 순수하게 기뻐해 주는 모습을 보니 그동안 자신이 태훈 씨의 나쁜 점만 보고 기억하고 있었나, 하는 미안한 마음이 들었다.

태훈 씨 역시 항상 짜증만 내고 뭐하나 제대로 하는 일 없이 서툰 여자라고만 여겼던 선숙 씨가 몸에 새 생명을 품고 곧 한 아이의 엄마가 된다는 생각에, 이렇게 대단하고 소중한 사람이라는 것을 그동안 왜 잊고 살았나 하는 후회를 했다.

그 다음 날부터 태훈 씨는 퇴근 후에 선숙 씨 회사로 와서 선숙 씨를 퇴근시켜 주고 귀가했다.

"이러면 미안한데……."

"무슨 소리야. 나도 아버진데 이 정도는 해야지. 뭐 먹고 싶은 건 없어? 있으면 말만 해. 내가 다 사줄게. 족발? 순대?"

"음……. 떡볶이."

"당신 밀가루 음식 잘 안 먹었잖아. 야, 이 놈 신기하네! 아빠가 좋아하는 음식을 찾고."

"그러게, 입맛은 당신하고 붕어빵인가 봐."

"그런 말 들으니 기분 좋다! 세상에 날 닮은 2세가 존재하다니."

선숙 씨의 배는 점점 불러 오고 두 사람은 결혼 생활에서 느끼지 못했던 유대감이 생기기 시작했다. 만날 때마다 기분 좋게 대화를 할 수 있었다.

"이래서 사람들은 결혼해서 아이를 낳나 봐."

"그러게 요즘 나는 당신하고 연애하던 때가 생각나. 그때는 언제나 나한테 친절했는데 결혼하고 나서 너무 달라졌지."

"그건 나도 마찬가지야. 당신도 결혼한 후에 너무 달라졌어."

"그래. 우리 둘 다 이기적으로 변했던 것 같아. 그래도 난 그렇게 싸우다 말 줄 알았지. 이렇게 이혼까지 하리라고는 생각 못했어."

"사실 나도 그래."

"우리 오랜만에 대화다운 대화를 해 본다. 그치?"

"맞아. 결혼해서 살 때는 왜 그렇게 불만이 많았는지 모르겠어. 툭하고 짜증내고 꼬투리잡고, 지나고 보니 별 거 아니었는데 말이야."

"그동안 계속 생각했는데……. 내가 정말 많이 잘못했더라. 좀 더 참았으면 지금쯤 우린 행복하게 잘살고 있었을 텐데……."

"손바닥도 부딪쳐야 소리가 난다고, 어떻게 당신 혼자 잘못이야. 나도 잘못 많이 했지. 나도 그런 생각했어. 아무래도 이혼한 건 우리가 성급했어.”

두 사람은 아직 서로가 필요하고 그립다는 것을 확인하고 감동과 쑥스러움이 교차하는 표정으로 서로를 바라보았다. 두 사람이 원하는 것은 한 가지였다.

태훈 씨는 예전에 프로포즈했을 때보다 더 떨리는 마음으로 선숙 씨의 손을 잡고 말했다.

“난…… 당신하고 다시 시작하고 싶어.”

선숙 씨는 일순 놀랐지만 그 말을 기다렸다는 듯이 함박 웃으며 대답했다.

“나도.”

태훈 씨와 선숙 씨는 쉽게 재결합에 동의했다. 살림을 다시 합치고 아이를 낳고 키울 준비를 해갔다. 그리고 가족들을 모아서 조촐하게 파티를 했다. 그냥 둘이 별일 없었다는 듯이 은근슬쩍 다시 사는 것보다는 지난날을 반성하고 앞으로 더 잘살겠다는 다짐도 하고 싶었기 때문이다.

“오늘 양가 어른들을 모시고 재혼식을 하게 된 것을 죄송스럽게 생각합니다.”

“죄송합니다. 어리석은 저희의 결정으로 심려를 끼쳐드렸어요.”

“저희는 지난날의 잘못들을 되짚어 보았습니다. 반성도 많이 했습니다. 지난날의 잘못을 거울삼아 저희 부부는 새로운 마음으로 다시 출발하겠습니다.”

"섭섭한 게 있다고 해서 마음에도 없는 말들로 남편에게 상처를 주지 않겠습니다."

"저는 아내를 이해하려 더 노력하겠습니다. 쉽게 짜증내거나 화내지도 않겠습니다."

태훈 씨와 선숙 씨는 눈물을 흘렸다. 양가 어른들은 물론 형제자매들도 잘 생각했다며 두 사람을 다독이고 박수쳐 주었다.

두 사람은 그동안 서로의 약점을 보듬지 못하고 오히려 상처를 주었던 것을 반성하고, 다시는 같은 실수를 되풀이하지 않겠다고 다짐했다. 물론 사람들 앞에서 자기 잘못을 인정하고 용서를 구하는 것은 쉬운 일이 아니었다.

그러나 두 사람은 용기를 내서 해냈다. 태훈 씨와 선숙 씨 부부가 이처럼 용기를 낸 것은 다시 시작하는 결혼 생활에 전과 같은 고비가 찾아오면 지금 순간을 기억하며 위기를 넘기자는 약속을 했기 때문이다. 그렇게 두 사람은 다짐을 되새기며 전보다 행복한 결혼 생활을 할 수 있었다.

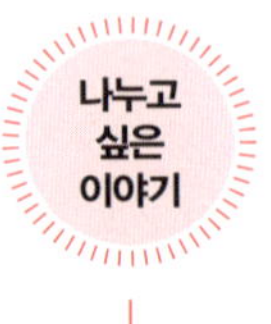

남편의 인생을 바꾼 아내의 말 한마디

사회에서 성공한 남자의 뒤에는 언제나 말없이 내조하는 훌륭한 아내의 말 한마디가 있다.

'너무 걱정하지 말아요. 망하면 어때요, 우리 다시 방 한 칸에서 시작하면 되지요.'

일본에서 MK택시의 신화를 만들어낸 재일동포 MK그룹의 창업자인 유봉식 회장은 종종 이런 말을 했다.

"아침에 자리에 누운 채 남편을 출근시키는 아내는 절대로 그 남편을 성공시킬 수 없다."

자리에 누운 채로 남편을 출근시키는 아내가 남편을 존경할 리 없다는 것이다. 아내에게 존경받지 못하는 사람은 밖에 나가서도 그 누구의 존경도 받지 못한다. 아내의 존경을 받지 못하는 사람은 어디를 가도 당당하지 못하고 비굴하고 나약하다.

반면, 아내에게서 격려와 응원을 받고 집을 나서는 남자는 자신감과 일에 대한 자부심이 표정에 드러난다. 가정에서의 따뜻한 기운이 밖에까지 이어져 남자의 하루를 빛나게 만들어 주는 것이다. 이렇게 남자들에게 가정이란 지치고 피곤한 육체와 정신을 편하게 쉬면서 새로운 힘을 충전할 수 있는 곳이다.

세상이 바뀌고 요즈음에는 맞벌이를 하는 집이 많아져서 외조와 내조의 정의가 많이 바뀌었다고는 하나, 어머니와 아내의 역할을 소홀히 하면 안 된다는 것이 유봉식 회장의 생각이다. 왜냐하면 여성들이 가정의 분위기를 만드는 사람, 가정 내의 행복과 평화를 창조하는 사람이기 때문이다. 이런 가정의 분위기는 남편과 자녀들의 사회 활동에 지대한 영향을 미치기 마련이다.

한창 MK그룹이 일본에서 성장할 때의 일이다. 어떤 연유에서인지 다른 회사에서 노골적으로 방해를 일삼았다. 또한 노조와의 관계도 좋지 못해서 그들이 회사 앞에서 시위를 벌이기도 했다. 그들이 들고 있는 피켓에는 '조센진을 쫓아내자'라는 문구가 있었다. 유봉식 회장은 좋은 일을 하는데 한국인이면 왜 안 된다는 것인지, 왜 이렇게 방해를 하는지 알 수 없었다. 도대체 이런 법이 어디 있느냐고, 억울해 화가 나 못 견디겠다며 이불을 뒤집어쓰고 엉엉 울기까지 했다.

좋은 일을 하다 보면 장애물을 만나게 마련이라는 식의 말로 스스로를 위로했지만 점점 상황은 유 회장을 구석으로 몰아가고 있었다. 유 회장의 마음이 흔들렸다. 사업을 포기해버리고 한국으로 돌아가고만 싶은 심정이었다.

이때, 밤새 고민을 하느라 초췌해진 유봉식 회장에게 용기를 준 사람은 바로 그의 아내였다. 풀이 죽어 있는 남편에게 아침상을 차려 주면서 아내가 말했다.

"너무 걱정하지 말아요. 망하면 어때요? 다시 방 한 칸에서 시작하면 되지요. 당신이 옳다고 생각한 일을 하세요. 늘 그래 왔던 것처럼요. 정당한 수단으로 열심히 하면 언젠가는 반드시 인정을 받게 되어 있어요. 나는 당신을 믿어요."

유봉식 회장은 평소에 말이 없고 순종적이기만 하던 아내의 말에 정신이 번쩍 들었다. 여기서 약해지면 안 되겠다는 생각이 솟구쳤다.

그날 유 회장은 출근하자마자 전 사원을 모아 놓고 그들이 제시한 안건에 대해서 더 이상 타협할 수도, 포기할 수도 없다는 의지를 천명했다. 그리고 다시 힘을 내어 장애물과 싸워서 위기를 넘기고 MK의 신화를 만들어 내었다. 항복을 결의하는 자리가 되었을 그날의 회의장이 결전의 자리가 된 것은 남편을 격려한 아내의 바로 그 따뜻한 한마디 말 때문이었다.

남자의 마음은 강한 것 같지만 사실은 약하다. 잘 버티다가도 유연하지 못해서 부러지곤 한다. 정말로 강한 것은 여자들의 유연한 힘이다. 마치 갈대가 강한 바람 속에서 흔들리면서도 자리를 지키는 것처럼 시련을 이기는 비법을 여자들은 갖고 있다.

남자는 겉으로 강하지만 여자는 안으로 강하다. 그런데 언제나 부드러운 것이 강한 것을 이기고, 유연한 것이 경직된 것을 이긴다. 진정한 힘은 안에서 나오는 것이다. 여자들이 강한 것은 그 때문이다.

여자의 따뜻한 격려의 말 한마디가 위축되어 있는 남자의 기를 살린다. 중요한 결정을 하는 것은 남자지만, 그 결정을 하도록 만드는 것은 대체로 여자이다. 약한 것 같지만 강한 것이 바로 여자, '아내'라는 이름의 위대함이다. 시련의 순간, 그대 곁엔 아내가 있다는 사실을…….

괴테는 《파우스트》 제5막 마지막 장에서 여성의 위대함에 대해 노래한다. '영원히 여성적인 것이 우리를 구원한다'라고 하지 않았던가.

여성의 부드러운 힘은 가정의 행복을 이루는 근원이다. 그리고 아내의 말 한마디는 남편의 인생을 결정할 만큼 귀중한 것이다.

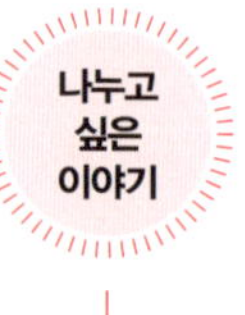

실직한 남편을 위하여

몇 달 전 집안에 큰일이 생겼다. 남편이 실직하게 된 것이다. 아이들은 어린데 아직 한창 일해야 할 젊은 가장의 실직은 아내인 나와 남편 본인에게 큰 상처가 되었다.

아내는 처음엔 당황스럽고 어떻게 살아가야 할지 막막한 마음이 들기도 했지만, 이 시간을 재충전의 기회로 삼아 다시 일어서겠다는 남편의 말 한마디에 힘을 내기로 했다. 남편의 재충전 시간은 생각보다 길어졌고, 서너 달 이상 집에서 쉬게 되자 나도 남편도 대놓고 표현하지는 않았지만 많이 불안해했다.

아이들은 유치원에 보내 놓고 집안 청소를 끝낸 후 설거지를 하고 있는데 고등학교 동창으로부터 전화가 왔다. 오랜만에 반가운 친구와의 전화 통화는 마음의 시름을 잊게 해 주었다. 뿐만 아니라 며칠 후 있을 동창회 소식을 전해 주며 꼭 나오라는 것이었다. 나는 흔쾌히 나가겠다며 약속했다.

하지만 전화를 끊고 나니, 하루 종일 혼자 집에서 시간을 보내야 할 남편이 걱정되었다. 실직 이후 매일 집에만 있는 남편에게는 전화 한 통 걸려오지 않았다. 매일 술을 마시던 친구들은 다 어디로 갔는지 내가 생각해도 야속할 정도였다. 특별한 취미도 없던 남편은 내가 차려 주는 밥을 먹고 신문과 책을 읽고 가끔씩 동네 산책을 하곤 했다. 이런 남편에게 미안한 마음이 들기도 했지만, 이미 약속을 했기 때문에 용기를 내어 입을 뗐다.

"여보, 나 목요일 점심에 동창 모임 있는데 나가도 될까? 내가 나가면 당신 점심은 어떡하지?"

"어떻게 하긴. 밥 있고 반찬 있는데 내가 차려 먹으면 되지."

"정말? 당신 혼자서 심심하진 않겠어?"

"이 사람이……. 내가 어린애야? 아무 걱정하지 말고 나가서 친구들이랑 오랜만에 맛있는 점심도 먹고 수다도 떨고 오라고."

"고마워, 여보. 가서 점심만 먹고 바로 올게."

"그럴 거 없어. 오랜만에 만나는 친구들인데 점심 먹고 커피 마시면서 남편 흉도 보고 그래야지. 마음 놓고 놀다가 들어와."

친구들과 만나기로 한 목요일은 아침부터 부산을 떨었다. 아이들을 유치원에 보내고 나서 집안 청소에 설거지까지 바쁘게 마무리한 후 남편 점심상까지 챙겨 놓고 집을 나섰다. 결혼 후 아이 낳고 육아에 매달리느라 만나지 못했던 친구들과의 만남은 참 즐거웠다. 대부분 아이들이 유치원에 다니고 있었지만 나보다 일찍 결혼한 몇몇 친구들은 벌써 초등학교 학부형이 되어 있었다.

하지만 친구들과의 만남이 즐겁기만 한 것은 아니었다. 아이들 자랑으로 시작된 이야기가 남편 이야기로 이어지면서 나는 꿀 먹은 벙어리처럼 그녀들의 이야기를 듣고만 있었다. 처음에는 남편 흉으로 시작했던 이야기가 서서히 자랑으로 바뀌어 간 것이다. 남편 소식을 묻는 친구들에게 아무런 말도 할 수 없었던 나는 그 자리가 불편해지기 시작했다. 그렇다고 자리를 박차고 일어설 수는 없었다. 오랫동안 소식이 끊겼던 단짝 친구들과 만났기 때문이기도 하고 '집에 꿀 바른 떡 붙여놨냐'며 놀리는 친구들이 붙잡는 바람에 자리를 지킬 수밖에 없었다. 밖이 어둑어둑해져서야 다음 만남을 기약하며, 나는 서둘러 귀가했지만 남편의 얼굴은 밝지 않았다.

"여보, 점심은 먹었지?"

"먹었지. 지금 몇 신데 이제 들어오는 거야?"

"친구들이 하도 붙잡아서 자리를 뜰 수가 있어야지. 당신이 마음 놓고 다녀오라고 해 놓고 왜 화를 내?"

"아무리 그래도, 점심만 먹고 오겠다던 사람이 이렇게 늦으면 돼, 집에 있는 사람도 생각해야지. 애들하고 얼마나 씨름했는지 알아?"

"애들하고 씨름했다고? 난 매일 그렇게 살아. 겨우 반나절 동안 아이들하고 놀아준 걸 가지고 지금 나한테 생색내는 거야?"

"누가 생색냈어? 빨리 저녁이나 줘. 배고파."

"정말 기분 나빠서. 내가 이 집 식모야? 왜 나만 보면 밥을 달라는 거야. 당신은 손이 없어? 왜 밥 한 끼도 못 차려 먹어?"

"이 사람이 왜 큰소리야?"

"왜? 나는 큰소리치고 살면 안 돼? 언제나 당신한테 기죽어 지내야 하는 거냐고."

"잘나가는 친구 남편 얘기 들으니까 집에서 노는 남편이 우습게 보여? 그래서 이렇게 큰소리치는 거야?"

" 누가 그렇대? 그거 다 당신 자격지심이야."

"자격지심? 그래. 못나서 자격지심밖에는 남은 게 없다!"

화가 난 남편은 저녁도 먹지 않고 문을 쾅 닫고 방으로 들어가 버렸다. 평소 같으면 내가 먼저 사과를 했겠지만, 이번에는 그러고 싶지 않았다. 한편으론 무슨 일이든지 잘 풀리는 친구 남편의 이야기를 들으면서 집에서 놀고 있는 남편의 심정이 지금 어떤 것인지 생각해 보았다.

나는 결혼 후 지금까지 남편과 아이들만 바라보고 살았다. 그런데 몇몇 친구들은 자신의 꿈을 이루기 위해 직장생활을 하고 있다고 했다. 직장생활이 힘들기는 했지만 남편의 외조 덕분에 어려운 고비를 넘겨 가고 있다는 말을 들으면서 '재는 나보다 공부도 못했는데 대체 무슨 복이 많아 저렇게 좋은 남편을 만나고 자기 일도 하면서 지낼까? 하는 생각까지 들었다. 그런데 나는 실직해서 집에 있는 남편의 점심을 걱정해야 할 상황이라는 게 너무도 속상했다. 그래서 남편에게 사과할 마음도 생기지 않았다.

나는 남편이 원망스러웠다. '남편을 만나지 않았다면, 나는 지금 어떤 모습으로 살고 있을까? 아이를 하나만 낳았다면? 그리고 쌍둥이인 작은 애들이 없었다면, 내 인생은 어땠을까?' 하는 생각과 함께 지금까지 남편을 만나 일궈온 결혼 생활과 나 자신이 초라하게 느껴졌고 지난 시간이 아쉽기만 했다.

하지만 곧 남편과 화해를 해야겠다는 생각이 들었다. 방금 우리의 싸움은 내가 먼저 화해를 청하지 않으면 남편의 자존심이 크게 상처를 입을 것 같아서 먼저 용서를 청하리라 마음먹고 화를 삭였다. 남편과 대화를 하려면 남편의 입장을 이해해야겠다는 생각에 남편의 기분을 상상해 보았다. 남편이 원해서 실직한 것도 아니고 무능하다는 이유로 실직한 것도 아니었다. 회사가 구조 조정을 너무 크게 해서 운 없게 걸린 것이고, 그 전까지 우리 가족을 위해 열심히 일하다 그렇게 된 것인데……. 남편의 속도 속이 아닐 것인데 내 감정의 무게만 생각한 것 같아 미안해졌다.

나는 한참 후에 커피를 두 잔 타서 조용히 방으로 들어갔다. 남편은 속상했는지 침대 끝에 우두커니 앉아 있었다. 내가 다가가 커피를 건네고 옆에 앉자 남편이 쓴웃음을 지으며 받아주었다. 나는 그런 남편이 고마워 어깨에 기대고 내가 먼저 사과를 했다.

"여보, 미안해. 원래는 들어오면서부터 늦어서 미안하다고 말하려고 했는데 타이밍을 놓쳤어. 당신 화난 모습에 좀 얼기도 했고."

"괜찮아. 내가 못난 놈이지 뭐. 오랜만에 놀러나간 마누라 기분도 몰라주고."

"아냐, 재미 하나도 없더라. 그냥 일찍 와서 당신이랑 애들이랑 밥 먹는 게 좋을 뻔했어."

남편은 자신의 속마음을 털어 놓았다.

"나는 아까 들어오는 당신 눈빛이 좀 서먹하더라. 틀림없이 친구들이랑 남편 얘기를 하고 왔으려니 하니 기분이 상하더라고. 안 그래도 실직한 남편 원망스러운데 친구들이 거기다 불을 질렀나보다 했어."

"무슨 말을 그렇게 해? 내가 언제 당신 무시했다고. 지금까지 당신이 우리 가족 위해서 얼마나 고생했는지 아는데……. 난 정말 당신 무시한 적 없어. 당신이 그렇게 생각하면 내가 너무 억울해."

"알아. 그냥 화가 나서 말해 본 거야."

"미안해. 앞으로는 일찍 들어올게."

"아까 화난 건 당신이 늦게까지 놀아서가 아니야. 점심만 먹고 온다더니 늦는다는 전화도 없이 안 들어오니까 걱정이 돼서 그랬지. 요즘 세상이 얼마나 흉악스럽냐? 이 여자가 어디서 교통사고를 당했나, 강도를 만났나, 별의별 생각이 다 들더라. 그런데 당신은 늦어서 미안하다는 말 한마디 없이 어이없는 말들만 하니까 이 여자가 나를 무능하게 여기는구나, 하고 화가 벌컥 나더라. 당신이 내 마음을 몰라줘서 화가 났던 거야."

나는 남편의 깊은 마음을 몰랐던 것이 부끄러워 남편의 손을 잡으며 한 번 더 사과했다. 남편도 나의 손을 꽉 쥐어주었다.

남편과 나는 앞으로도 이렇게 싸우는 일이 생기면 누가 먼저랄 것도 없이 나서서 대화를 나누자고 약속했다. 옛날에는 먼저 말을 붙이는 사람이 지고 들어가는 듯한 느낌이 들어 망설일 때가 있었다. 하지만 이렇게 대화할 수 있고 화해한 후에는 전보다 더 서로를 아끼고 배려하는 부부가 되는데 이기고 지는 게 무슨 상관이 있겠는가? 남편도 같은 생각인지 먼저 다가와 주어서 고맙다고 했다.

나는 먼저 남편에게 대화를 청하기를 참 잘했구나 생각했지만, 만약 그러지 않았다면 우리 부부는 오랫동안 서로를 오해하고 서로 화만 냈을 것이다.

그래서 대화는 참 중요하다. 내가 미처 알지 못했던 상대방의 생각을 이해할 수 있게 해 주고, 닫힌 마음을 열어주는 열쇠이기 때문이다.

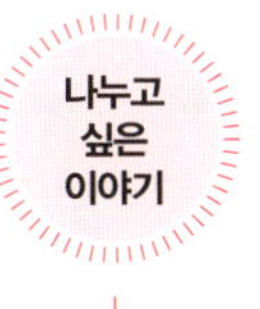

아내에게 해야 할 말 VS 해서는 안될 말

아내 미선 씨는 남편 영수 씨가 자신의 말투를 가지고 뭐라고 할 때마다 답답했다. 남편이 가끔 생각 없이 말을 툭 뱉어서 자신에게 상처를 준다는 것이다.

오늘은 '당신과는 성격이 안 맞아.' 라고 한 말 때문에 싸웠다. 서로 살짝 의견이 안 맞을 뿐인데, 왜 그런 말을 하며 등을 돌려 버리느냐는 것이다. 영수 씨는 내가 내 집에서마저 이렇게 신경을 쓰고 살아야 되는지 이해를 할 수가 없었다.

미선 씨는 요즘 자신이 좋아하는 배우가 출연한 드라마에 푹 빠져 있었다. 영수 씨는 오늘 개막한 프로야구 결과가 궁금해서 리모컨을 들고 채널을 돌리기 시작했다.

"어, 왜 그래? 한참 재미있게 보고 있는데……."

"재밌긴 뭐가 재밌어?"

"기다려 봐. 다른 채널에서는 뭐 하나 보게."

"아이 참! 왜 그래? 빨리 채널 돌리라니까."

프로야구 뉴스를 볼 수가 없어 심통이 난 남편이 한마디 했다.

"어떻게 저렇게 유치한 걸 좋아하냐? 뉴스나 시사프로도 좀 보고 살아라."

이 말에 미선 씨는 또 남편이 자신에게 상처를 줬다며 삐쳐서 안방으로 들어가 버렸다.

다음 날, 미선 씨는 부지런히 아침 식탁을 차렸다. 어제 다툼도 풀 겸, 평소와 달리 피곤해 하는 남편을 위해 국까지 새로 끓여서 상에 올렸다. 그런 것도 모르고 남편은 아내를 보더니 말했다.

"당신, 그 밥 다 먹을 거야?"

"왜? 밥 더 줘?"

"아니, 그게 아니라, 당신 요즘 너무 먹는 거 아냐? 몸 생각 좀 해. 살 좀 빼라고."

"누군 살이 찌고 싶어서 찐 줄 알아? 당신한테 시집 와서 고생하고 스트레스 받아서 찐 살이야."

"핑계는, 어쨌든 이제부터라도 양을 조절해서 먹어. 그리고 운동을 해야 살이 빠지지."

"이것도 안 먹고 어떻게 애보고 집안일 하고 그래? 하루 종일 얼마나 힘든 줄 알아? 그리고 내가 운동할 시간이 어딨어?"

"됐다. 내가 말을 말아야지."

"나도 살 빼고 싶어. 그러니까 운동하러 가게 일찍 와서 예림이 좀 봐줘."

'내가 지금 회사에서 얼마나 바쁜지 알면서…….' 남편은 그냥 아무 대꾸도 없이 집을 나와 버렸다.

며칠 후 아내의 친정아버지 제사에 다녀오던 날, 두 사람은 또 말다툼을 했다.

"당신 집안은 왜 그래?"

"뭐? 우리 집안이 뭐가 어떤데?"

"사위는 백년손님이야. 어떻게 그렇게 함부로 대할 수 있어?"

"그게 무슨 소리야? 좀 알아듣게 얘기해."

"제기를 꺼내 와라, 이거 올려다 놔라, 저거 갖고 와라. 그런 일을 꼭 나한테 시켜야 되냐고. 일부러 나한테만 일을 시키고 말이야."

"그때는 집에 남자가 당신밖에 없었잖아. 그런 힘쓰는 일은 당연 남자가 해야 되는 거 아냐? 그리고 당신 어쩜 그런 일로 우리 집을 욕할 수 있어? 정말 너무한 거 아냐?"

"우리 어머니는 안 그러셨어."

그 날 말다툼은 집에 도착해서까지 이어졌다.

어느 날부터 미선 씨는 남편이 옆에서 뭐라고 해도 꼭 필요한 말이 아니면 대꾸를 하지 않게 되었다. 먼저 말을 거는 횟수도 줄었다.

영수 씨는 처음에 아내가 자신의 말투에 트집을 잡지 않아서 속이 시원하다고 생각했다. 하지만 집에 돌아와 같이 밥상에 앉아 있는데도 적막하기만 한 분위기가 며칠 동안 계속되자 마음이 이상하게 허전하고 가라앉았다. 자신을 바로 보지 않는 아내의 옆모습을 보니 덜컥 불안한 마음이 들었다.

"당신, 요즘 왜 그래? 찬바람이 쌩쌩 불잖아."

"겨울이라 그런가 보지."

"농담 아냐. 당신 정말 왜 그래?"

"나도 당신하고 농담할 기분 아니거든."

"나, 정말……. 당신이 요즘 그러니까 내가 마음이 편치 않잖아. 회사에서 일도 손에 안 잡히고 당최……, 대체 왜 그래?"

"정말 몰라서 물어?"

"알면 내가 이렇게 묻겠어. 이유가 뭐야? 나 때문이라는 거야?"

"내가 정말 자존심 상해서 말 안 하려 했는데……. 당신 왜 나한테 말을 그렇게 함부로 해?"

"내가? 언제?"

"툭하면 넌 왜 그러냐, 너랑은 안 맞는다, 살 좀 빼라, 심지어 당신 집안은 왜 그러냐. 그런 말 들으면 내 기분이 어떨 것 같아?"

"그런 걸 아직까지 담아 두고 꽁하고 있었던 거야?"

"당신은 아무렇지도 않겠지만 나는 당신이 그런 말을 하면 하루 종일 우울하고 기운이 빠져서 일이 손에 잡히지도 않아. 나를 있는 그대로 사랑하지 않고 이렇게 비판하려고만 드는 이런 남자를 내가 믿고 살아야 하나, 하는 생각마저 들어."

"뭐야? 겨우 내 말투 가지고 사네마네 생각한단 말이야?"

"말투 때문만이 아니야. 당신이 나를 무시하고 존중해주지 않으니까 그게 말로 표현되는 거잖아."

"어휴, 알았어. 당신이 그렇게 큰 상처를 받은 줄은 나도 몰랐어. 이제부터는 내가 조심할게."

그 뒤로 영수 씨는 아내에게 말을 함부로 하지 않으려고 신경을 썼지만 전과 같이 즐겁고 정이 넘치는 분위기는 다시 찾을 수가 없었다. 어떻게 하면 예전처럼 미선 씨가 진심으로 웃는 얼굴을 하게 만들 수 있을까 고민했다.

어느 날 두 사람은 같이 동창회 모임에 나갔다가 돌아왔다. 오랜 만에 만난 친구들에 대한 이야기를 나눴다. 그러다가 남편은 무심코 이런 말을 했다.

"그래도 오늘 나온 부인들 중에서 당신이 제일 예쁘더라."

"정말?"

그 순간 미선 씨는 갑자기 얼굴이 확 빨개지며 눈에 띄게 좋아하는 게 아닌가. 영수 씨는 아내의 그런 반응이 신선했다.

"정말 나 오늘 괜찮았어, 여보? 안 그래도 오늘 입고 나간 옷도 유행이 지난 거고 화장도 마음에 안 들었는데."

"아니야, 당신 세련돼 보이고 좋았어. 다음에도 그렇게 입어."

미선 씨는 그날 기분이 좋아 남편에게 커피도 타다 주고 회사일 힘들지 않느냐며 어깨도 두드려 주었다. 미선 씨의 얼굴이 활짝 펴진 것을 보고, 영수 씨는 그제서야 미선 씨가 원했던 대화가 무엇인지 깨닫고 혼자 빙그레 웃었다.

"아야, 여보, 이리 와서 이것 좀 빼 봐."

"왜 그래?"

영수 씨는 퇴근하자마자 양말을 벗고 발을 들이밀었다.

"발바닥에 가시가 박혔나 봐. 걸어 다니는데 너무 아프더라. 어디 박힌 건지 보이지가 않아서 내가 뺄 수가 있어야지. 그렇다고 누구한테 빼달라고 하기도 그렇고."

미선 씨는 '하긴, 나 말고 누구한테 빼 달라고 하겠어.' 라며 손톱깎이와 돋보기를 가져와 가시를 빼주었다.

"됐다! 이제 괜찮아, 여보?"

"응. 고마워, 이제 안 아프네. 어디 봐. 그게 박혀 있던 거야?"

아내가 손끝에 올려놓은 가시는 머리카락처럼 가늘고 작았다. 눈을 가늘게 뜨고 보지 않으면 잘 보이지도 않을 정도였다.

"이야, 이렇게 가늘고 작은 것이 박히니까 엄청 아프네."

영수 씨는 자신이 말해 놓고 자신이 작은 충격을 받았다.

'가늘고 작은 것이 살에 박히니까 엄청 아프다고?'

혹시 지금까지 자신이 했던 말이 아내에겐 가시가 되었던 것이 아닐까 생각해 보았다. 영수 씨의 입장에선 정말 작고 사소한 말이었지만, 그게 마음에 박힌 아내는 너무나 아팠던 것이다. 영수 씨는 아내에게 새삼 미안한 마음이 들었다.

그 뒤로 영수 씨는 가끔 뜬금없는 말로 아내를 기쁘게 했다.

"여보, 쟤가 요즘 뜨는 아이돌 가수래. 귀엽다, 그렇지? 우리 예림이도 나중에 저렇게 귀엽게 컸으면 좋겠다."

"당신 젊었을 때보단 못한데?"

"어머, 당신도 참. 호호호."

물론 아내도 객관적인 기준으로 자신이 더 예쁘지 않다는 걸 알고 있었다. 하지만 남편이 예쁘다고 해주는데 기분 나쁠 여자가 어디 있겠는가.

"정말이야. 당신은 특히 이렇게 웃을 때 예뻐. 게다가 나를 위해 살림해 주지, 우리 딸 키워주지, 난 진짜 복 터진 남자야."

미선 씨는 말 한마디로라도 자신을 기쁘게 해주려고 하는 남편의 마음이 느껴져서 고마웠다.

"당신도 웃을 때 멋있어, 특히 눈매가. 우리 예림이 아빠 눈 닮아 크고 예쁘잖아."

이들 부부는 말 한마디의 힘이 이렇게 크다는 것을 깨달았다. 세 치 밖에 되지 않는 혀로 한 가정이 불행하고 우울해지기도 하지만, 반면에 이렇게 사랑이 넘쳐흐름을 깨달았다.

행복은 부부가 함께 만들어 가는 것

늦게 퇴근한 정태 씨는 술 냄새를 진하게 풍기고 있었다.

"아휴, 술 냄새! 무슨 술을 이렇게 떡이 되게 마셨어요?"

"미안해. 당신한테 정말 미안해요."

이 날 아내 순영 씨는 남편 정태 씨에게 알았으니까 방에 들어가라고 부축했다.

"알았으니까 방에 들어가."

"여보, 정말 미안해!"

"뭐가 그렇게 미안해요?"

"당신 데려다 호강 한번 못 시키고 고생만 시켜서 정말 미안해요!"

정태 씨는 바닥에 쓰러져 잠이 들었다. 아내 순영 씨는 그런 남편을 힘들게 방으로 끌고 들어갔다. 평소에 술을 잘 마시지 않는 남편이 이렇게 술에 취해 인사불성으로 들어오는 일은 드문 일이었다. 남편에게 무슨 일이 있음을 감지한 순영 씨는 밤새도록 잠을 이루지 못하고 뒤척였다.

아침을 준비하며 순영 씨는 조심스럽게 남편과 대화를 시도했다.

"당신, 어제 일 기억해요?"

"어제? 무슨 일? 아, 속 쓰리다. 밥이나 좀 줘요."

"당신? 무슨 일 있죠? 혹시…… 회사에서 무슨 일 있었어요?"

정태 씨는 어렵게 말을 꺼냈다.

"명예퇴직 신청했어요. 더 이상은 눈치가 보여서 못 다니겠어."

"승호 졸업은 시키고 그만 둬야 하는데……. 이제 겨우 두 학기 남았어요."

"명예퇴직 신청하면 학자금은 그대로 준대. 그래서 신청했어."

"그래요. 잘했어요. 그동안 당신 고생했는데 승호 학비도 나오고 하면……. 당신 퇴직금으로 우리 두 식구 못살겠어요? 이번에 이 집 정리해서 조용한 시골로 내려가요. 가서 텃밭이나 일구며 살아요."

의외로 담담한 아내의 반응에 정태 씨는 긴장이 풀어진 듯 표정이 밝아졌다.

"허허, 하여간 당신 배포 큰 건 알아줘야 해."

"이미 결정된 일…… 되돌릴 수 있으면 매달리겠지만, 이건 그럴 수가 없잖아요."

"당신이 이해해줘서 고마워요."

"이제 당신도 낼 모레면 예순이에요. 요즘은 오륙도라는 말도 있잖아요. 5, 60까지 회사 다니면 도둑놈이라는데, 당신은 다닐 만큼 다녔어요. 고생 많았어요. 당신."

사실 순영 씨는 이런 날이 오리라는 걸 알고 있었다. 얼마 전 밖에서 친구들과 점심을 먹고 헤어진 뒤 근처에 있는 남편의 회사에 찾아갔던 것이다. 사무실에는 남편의 책상이 보이지 않았다. 의아했던 순영 씨는 같은 사무실에 있는 잘 아는 후배 직원에게 남편의 자리를 물었다.

"저어, 김 대리님, 오랜만이에요. 다른 게 아니라 근처 지나다가 남편 좀 보러 왔는데 남편이 안 보이네요. 제 기억에 남편 자리가 저쪽이었던 것 같은데. 사원들 자리가 바뀐 건지, 아니면 제 기억이 잘못된 건지……."

"아, 안녕하세요. 사모님. 저기…… 부장님은 지금 물류창고에 계세요."

그 말 듣고 순영 씨는 큰 충격을 받았다. 다리에 힘이 빠져 무릎이 떨렸다. 순영 씨는 자신이 왔다 간 사실을 남편한테는 비밀로 해달라고 김 대리에게 당부하고 회사를 나왔다. 집으로 오는 길, 순영 씨는 그렇게 되도록 남편 혼자 얼마나 속을 끓였을까 생각하니 남편이 안쓰러워 눈물이 흘렀다. 그렇게 순영 씨는 이미 상황을 다 알고 있으면서도 남편의 자존심을 생각해서 남편이 먼저 얘기를 꺼내기까지 묵묵히 기다렸던 것이다.

정태 씨가 퇴직한 후 이들 부부는 경기도 어느 시골마을에 작은 주택을 얻었다. 퇴직금으로 장사를 시작하거나 주식이나 펀드에 투자할까 생각도 했다. 한번도 해 본 적이 없는 일에 손을 대기 부담스러워 살림 규모를 줄이기로 했다. 시골에서 시작한 삶은 두 사람의 생활을 오히려 윤택하게 했다. 아침이면 집 근처 산을 올랐고 집 앞 공터에 조그만 텃밭도 일구며 소일거리로 삼았다. 이웃의 도움을 얻어 차근차근 농사일을 배워 가는 재미가 쏠쏠했다. 식탁에 오르는 온갖 채소들은 두 부부가 직접 밭에서 길렀거나 산에서 캐낸 것, 이웃에서 얻은 것들이었다. 도시에서의 생활과 달리 외식도 쇼핑도 하지 않고, 소박하게 살다 보니 생활비가 많이 줄었다. 자연을 감상하기도 하고 꽤 먼 거리까지 온종일 산책을 다녀오기도 했다. 도시 생활에서 느껴보지 못했던 마음에 여유까지 생기게 되어 시골 생활이 만족스러웠다.

어느 날, 정태 씨는 버려진 사과상자 세 개를 집어 들고 집으로 들어왔다.

"이건 뭐에 쓰게요?"

"당신 화장대 하나 만들어 주려고요."

"당신이요? 아니, 망치질 한번 안 했던 사람이……. 괜히 고생만 해요. 그만둬요."

"이번 당신 생일에 선물로 근사한 화장대 하나 만들어 줄 거예요."

정태 씨는 인터넷을 뒤져 사과상자로 만든 소품들을 찾았다. 그리고 마음에 드는 모양을 골라 분석해 보고 나름대로 새로 디자인을 했다. 망치질에 익숙하지 않은 정태 씨에게 탁자 만드는 일은 배로 힘들었다. 아내의 생일에 직접 설계해서 만든 세상에서 하나뿐인 화장대를 선물하고 싶어 밤이고 낮이고 열심히 망치질을 했다. 순영 씨도 사과상자들이 어느 정도 모양새를 갖춰 가는 걸 보고 어린아이처럼 기뻐했다.

"어쩜, 모양새를 갖추니 가구점에서 파는 것보다 훨씬 예쁘네."

"이거 완성하면 다음엔 뭘 만들어 줄까?"

"또 만들어주게요? 말이라도 고마워요. 내가 남편은 정말 잘 만났지. 이거면 충분해요."

이렇게 행복하게 지내던 어느 날, 산책하고 돌아오던 순영 씨가 넘어져 허리를 다치는 바람에 입원하게 됐다.

"골다공증이 있어서 넘어지기만 해도 금방 뼈에 손상이 갑니다. 낫는 데도 시간이 남들보다 배로 걸리고요."

"선생님, 그래도 걷는 데는 지장이 없지요?"

답답해진 순영 씨가 물었다.

"그건 수술을 해 봐야 알 수 있습니다."

"수술이요?"

"네. 깁스를 하고 6개월 정도 누워 있어야 뼈가 아물지만, 그동안 꼼짝 못하고 누워 계셔야 하기 때문에 저희 병원은 수술을 권해드립니다."

"그럼, 수술하면 바로 움직일 수 있나요?"

"그래도 한 달은 힘드실 겁니다."

"그래도 수술해 나을 수 있다면 다행이죠. 선생님, 잘 부탁드리겠습니다."

부부는 수술하면 걸을 수 있다는 한 가닥 희망을 갖고 병실로 돌아왔다.

"살다 보니 별일이 다 있네."

"그러게. 평생 내 뒷바라지만 해온 사람을 내가 뒷바라지하게 될 줄 누가 알았겠어요."

"당신 괜찮겠어요? 그러지 말고 간병인을 부를까 봐."

"당신 없는 빈집에서 나 혼자 뭐 하고 있으라고 간병인을 써요?"

"나 꼼짝도 못하잖아. 당신이 목욕도 시키고 대소변도 다 받아야 한대요."

"누군 귀가 없나? 나도 들었어요. 어떤 사람들은 마누라한테 장기도 떼어 준다고 하는데 내가 그깟 대소변쯤 못 받아낼까 봐요?"

그날부터 정태 씨는 병원의 좁은 의자에 누워 잠을 자며 아내의 수발을 들었다. 아침에 일어나 씻기는 일부터 시작해 잠자리에 들 때까지 움직이지 못하는 아내를 위해 한시도 자리를 뜰 수가 없었다. 그런 남편에게 순영 씨는 한없이 미안했다. 정태 씨는 아내가 미안해 할 때마다 이렇게 말했다.

"당신, 내가 쓰러지면 당신은 간호 안 해줄 거예요?"

"무슨 소릴 해요. 왜 당신을 간호 안 해주겠어요? 당연히 해주죠."

"나도 마찬가지예요. 내 마누라 아파서 누워 있는데 누가 간호를 하나, 내가 해야지. 당신은 아무 생각하지 말고 마음 편하게 있어요. 당신은 나를 위해 30년을 애써 줬는데, 내가 당신 위해서 30일도 수발 못 들면 그건 당신 인생 밑지는 장사지."

"그래도…… 당신한테 고마워요. 당신 젊었을 때 아프다는 말에 난 질색이었거든요. 난 나중에 병 걸리면 간병해 줄 사람이 없어서 요양원 가야 할 거라고 친구한테 그렇게 얘기한 적도 있는데, 자꾸 그때 생각이 나요."

"쓸데없는 소리……."

"그땐 당신이 이렇게 자상한 줄 몰랐어요. 나 너무 호강하는 것 같아서 아프지만 않아도 된다면 좀 더 누워 있고 싶을 정도예요."

"퇴원해서 집에 가도 잘해 줄 테니 어서 일어나요. 당신이 누워 있으면 내가 힘이 안 나. 당신 주려고 만든 화장대에 앉아서 책도 보고 화장도 하는 모습 얼른 보고 싶어요."

정태 씨는 순영 씨의 손을 꼭 잡았다. 언제나 든든하게 버팀목이 됐던 아내라서 때론 자신보다 강하다고 믿었는데, 그런 아내가 누워 있는 모습을 보면서 정태 씨의 마음은 아렸다.

사실 정태 씨는 뒤늦게 회사 동료에게서 아내가 찾아온 적이 있다는 말을 들었다. 아내가 자신의 자존심을 지켜 주려고 명예퇴직을 신청했던 그 날까지 아무 말 없이 자신을 지켜봐 주었다는 사실을 안 것이다.

젊은 시절에는 성질에 못 이겨 내뱉은 심한 말들을 참아 주고, 나이 들어서는 편하게 살게 해주지도 못하는 못난 남편을, 그래도 사랑해 주는 아내는 이제 정태 씨에겐 세상에서 제일 귀하고 소중한 사람이 되었다.

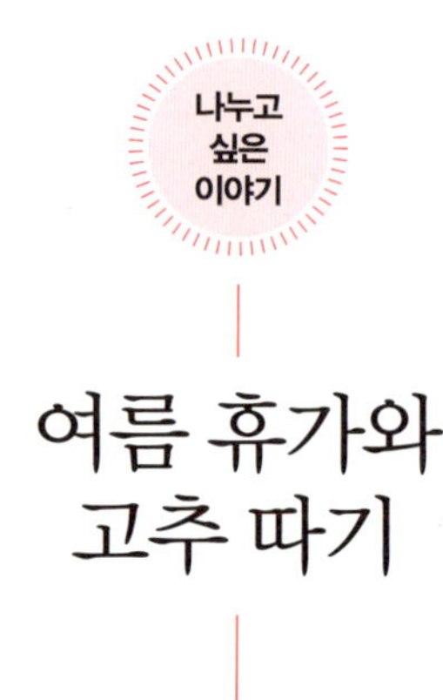

여름 휴가와 고추 따기

어머니께서 산에 나물을 캐러 갔다가 넘어져 허리를 다치셨다. 어머니는 병원에 입원하셨다. 거동이 불편하신 어머니를 돌보기 위해서 아버지는 어머니 곁에서 24시간 붙어 계셔야 했다.

부모님이 농사일을 할 수 없는 입장이 되자 우리 시골집의 농사는 엉망이 되어 갔다. 이런 상황이 되니 어머니께서는 아들과 며느리가 와서 집을 지켜주고 농사일을 거들어 주길 바라셨다.

결혼을 해야 어른이 된다는 말이 있듯, 나는 결혼하고 난 뒤 가장으로서의 책임감과 부모님에 대한 은혜를 깨우쳤다. 어머니께서 아프시고 아버지도 어머니 곁을 지키셔야 했기에 휴가 기간 내내 고향 집에 가서 부모님을 돕고 아들 역할을 해야겠다고 생각했다. 하지만 아내는 전부터 한가로운 바닷가에서 휴가를 보내자고 노래를 불렀던 터라 내 의견을 쉽게 받아들이지 않았다.

여름철 풋고추가 주렁주렁 열린 고추 모종을 생각하며 병원에서 발을 동동 구르던 어머니는 나에게 전화를 거셨다. 어머니의 절박한 심정이 전화기 너머로 느껴졌다.

아내는 도시에서만 생활해 왔다. 가까운 친척들도 모두 서울에 사는 관계로 아내는 농사라는 것을 해본 적이 없다. 그런 아내에게 시골집에 가 농사를 거들자니 아내는 당황할 수밖에 없었다.

"결혼하고 처음 가는 휴가라 내가 얼마나 기대했는데……. 당신도 알잖아. 신혼 첫 휴간데 시골집에서 일하며 보내는 건……."

"어쩔 수 없잖아. 병원에 계시는 어머니한테 알아서 하시라고 해? 아버지도 어머니 곁에서 간호하셔야 하고. 미안하지만 이번 휴가는 당신이 좀 양보해."

"밭일을 당장 해야 하는 거야? 좀 나중에 하면 안 돼?"

"…… 당신이 농부의 마음을 몰라서 그래."

"농부의 마음?"

"그래. 농사짓는 사람들은 자식 키우듯이 농작물을 기르고 수확을 기다려. 그리고 열매는 제때 따 주지 않으면 썩어 버려. 그건 자식을 낳고서 키우지 않고 그대로 방치하는 것하고 똑같은 거야."

"그럼 일하는 사람들을 사서 따라고 하면 안 돼?"

"시골에 일하는 사람이 서울처럼 많은 줄 알아? 다 동네 어른들이 서로 돌아가면서 일해 주는 거야. 그런 어른들께 전화 한 통 넣어 '우리 집 고추 좀 따주세요. 돈 드릴게요.' 하라고?"

"그럼 어떻게 해? 난 몰라."

우리는 며칠 동안 냉전 상태였다. 서운함에 삐친 아내를 풀어줄 생각을 하지 못한 채 나 역시 냉랭한 태도로 며칠을 보냈다. 그러다 마침 내 휴가가 다가왔고 아내는 마지못해 함께 시골집으로 가게 됐다.

"얼굴 좀 펴. 어디 죽으러 가? 내년에 하와이 갈 테니까 이번엔 당신이 좀 양보해라."

"하와이를 가도 그건 내년이지. 지금이 아니잖아. 에휴, 이제 와서 어쩌겠어?"

"그럼 어머니는 병원에 누워 계시고 아버지는 어머니 간호하시느라 같이 병원에 계셔야 하는데 뻔히 알고도 우리가 하와이 마음 편히 갈 수 있었겠어? 당신도 마음 불편했을 것 아냐? 입장 바꿔서 생각해 봐. 만약 장모님이 그렇게 되셨는데, 내가 여행 못 간다고 불평만 하고 있으면 당신 어떨 것 같아? 안 섭섭하겠어? 나 많이 참는 거다."

아내는 농사라는 것을 책이나 텔레비전을 통해서만 알았지 실제로 가까이서 본 적이 없었다. 병원에서 고추 썩는다고 걱정하시는 부모님의 마음을 아내가 이해하기는 힘들었을 것이다. 하지만 나는 자식된 입장에서 부모님이 병원에 계시는데 휴가를 즐기러 떠난다는 것은 상상도 할 수가 없었다. 아내 역시 그것은 마찬가지였을 것이다. 아무리 시부모님이라 하더라도 아프시다는 부모님을 두고 맘 편히 휴가를 갈 만큼 뻔뻔한 사람이 못된다. 다만 휴가에 대한 기대가 워낙 컸던 터라 실망도 커서 서운함에 그렇게도 내 속을 불편하게 하는 표현을 했던 것이다.

시골집으로 가는 길에 먼저 읍내에 들렀다. 부모님이 계신 병원에 들르기 위해서였다. 시골 읍내에 있는 병원은 서울에 있는 병원들처럼 규모가 크거나 편리하지 않았다.

좁고 낡아 보이는 병원 복도를 지나 어머니가 계신 병실로 향했다. 6명이 함께 써야 하는 방, 한쪽 구석의 낡은 침대 위에 어머니가 누워 계시고 그 아래 긴 의자에 아버지가 앉아 계셨다. 아버지는 어머니의 다리를 주무르고 계셨다.

"아버지, 저희 왔어요."

"오, 그래. 쉬어야 하는 휴간데 이렇게 됐구나."

"어머니께서 다치셔서 병원에 계시는데 어떻게 저희가 놀러갈 수 있어요. 어머니, 불편하고 힘드시죠?"

"힘들어도 별 수 있나. 내가 잘못하다 넘어졌는데 어디 원망할 데도 없어. 나 때문에 아버지랑 너희까지 이게 뭔 고생이니, 정말 미안하다."

어머니는 허리에 딱딱한 받침을 끼고 아버지께 의지해 몸을 가누고 계셨다. 혼자서 몸을 가눌 수 없는 어머니를 하루 종일 간호하고 좁은 간이의자에서 쪽잠을 주무셔야 하는 아버지 얼굴엔 피곤이 역력했다.

"차 타고 오느라고 힘들었을 테니 오늘은 어서 들어가 쉬어라. 고추는 낼부터 따면 될 거야. 이장님이 사람을 네 명 붙여 주신다고 하더라."

다음날 새벽 5시, 시골의 아침은 서울보다 빨리 시작되었다. 이장님과 마을 어르신 네 분과 함께 우리 부부도 한 고랑씩 맡아 고추를 따기로 했다.

한 번도 농사일을 해본 적이 없는 아내가 제일 느렸다. 허리를 잔뜩 구부리고 힘들게 고추를 따도 고추밭은 끝이 보이지 않았다. 나는 아내가 당장이라도 고추 바구니를 집어던지며 짜증을 내거나 울어버릴까 봐 내심 조마조마했다. 의외로 아내는 입을 꾹 다물고 목을 타고 뚝뚝 떨어지는 땀을 닦으며 묵묵히 일을 해 나갔다.

해가 뜨기 전 일찍부터 일을 시작해서 잠시 휴식을 취하는 낮 시간이 되었다. 아내는 낮잠을 자려는지 나무에 몸을 기대고 앉아 눈을 감았지만 힘들어서 잠도 안 온다며 잠을 포기했다. 나도 힘들기는 마찬가지였다. 농사일이 워낙 힘든 일이기도 하거니와 너무 오랜만이고 체력이 많이 약해진 탓이었다. 땀이 비 오듯 쏟아졌다. 오후에 이장님이 다시 오셔서 일을 재촉하셨다. 우리는 겨우 몸을 일으켜 고추를 따러 갔다. 나는 간간이 아내의 눈치를 살폈다.

고추를 따서 주머니에 넣고 그 주머니가 가득 차면 허리를 한 번 펴고 커다란 자루에 넣는다. 고추는 다시 상중하로 나누어 박스에 담았다. 고추를 따는 일은 아무나 할 수 있지만 박스에 담는 것은 요령이 필요했다. 그 일은 우리 부부가 할 수 없는 것이다. 아내가 아주머니들이 일하는 모습을 보더니 말했다.

"나도 박스에 고추 넣는 일 하고 싶다."

"저건 아무나 하는 게 아니야. 고추의 상품 가치를 올리려면 잘하는 사람이 해야 하는 거야."

"고추 따는 건 허리가 너무 아파."

"나도 허리가 끊어질 것 같아. 하지만 나이 드신 어머니, 아버지께서 이런 힘든 일을 계속해 오셨다고 생각하니 마음이 아프다."

"그래. 나도 그런 생각했어. 나는 젊은데다가 오늘 잠깐 일한 건데도 이렇게 힘들고 몸이 쑤시는데 어머님, 아버님께서는 매일같이 이런 고생을 하신다 생각하니……. 어머님께서 담아주시는 김치, 고추장, 참기름, 이런 것들이 정말 많은 수고를 거쳐 만들어진다는 생각도 들고 더 소중히 해야겠다는 생각도 들어."

"유혜련, 철들었네!"

"치. 올해는 툴툴거리며 왔지만 내년에는 내가 먼저 오자고 할 거니까 기대해."

"아니야. 내년엔 하와이는 못 가도 경포대는 가자."

우리 부부는 고추를 따면서 늙으신 부모님께 농사일이 얼마나 벅찬 일인지 깨닫게 되었다. 나는 아내가 첫 휴가를 한 번도 해본 적 없는 농사짓는 일에 써 버린 것이 참 미안했다. 그 때문에 내년 휴가는 꼭 좋은 곳으로 가리라 결심했다.

1년 뒤, 다시 휴가철이 돌아왔고 나는 어디로 갈까 여행 책자를 훑어 보고 있었는데 아내가 말했다.

"올 여름 휴가도 시골집 가자."

아내의 예상 밖의 말에 나는 깜짝 놀라 물었다.

"왜? 작년에 휴가 제대로 못 가서 아쉬워했잖아. 올해는 바다나 산에 가야지."

"고추 따러 가자."

"뭐? 고추?"

"응!"

올해는 오히려 작년과 반대 입장이 되어 내가 먼저 반대를 했다.

"이 사람이……. 작년에 한 번 했으면 됐지. 여름휴가는 일 년 내내 일하는 회사원들 쉬라고 주는 거야. 게다가 작년에 그렇게 휴가 보내고 아쉽지 않았어 ? "

"작년에 정말 힘들었어. 그런데 어머님, 아버님 두 분이서 그걸 어떻게 다 따시려는지 생각하면 걱정돼서."

아내는 정말로 마음이 안 좋은지 말끝을 흐렸다. 어느새 나보다 더 부모님을 챙기고 마음 써주는 아내를 어찌 사랑하지 않을 수 있을까. 오늘따라 예쁘고 아름답게 보이는 아내를 말없이 꽉 안아주었다.

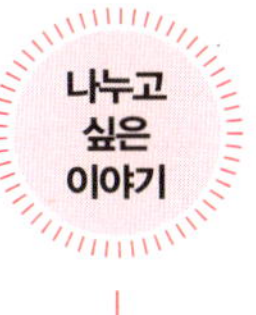

행복한 결혼 생활 서로 칭찬 일기 쓰기

신혼 시절의 달콤함이 끝나고 서로에게 슬슬 실망감을 느끼는 한 부부가 있었다. 남편 석이는 처음으로 아내 시은에게 불만스런 어조로 말을 건네고 있다.

"꼼꼼한 여자인 줄 알았는데 돈 쓰는 게 좀 헤픈 것 같아."

"남자가 어떻게 형광등 하나 못 달아주니. 물 한 방울 안 묻히고 살게 해 준다더니."

"말투 좀 사근사근하게 해 주면 안 되나? 어휴, 사나워."

"자기 부모님한테는 저렇게 잘 하면서 어쩌면 우리 집에는 한 번 가는 것도 싫어할까."

"왜 맨날 이 반찬만 하는 거야. 점점 아침을 안 차리는 날이 늘어나고. 나를 소중하게 대하지 않는 것 같아."

"늦게 들어오고, 주말에 애랑 놀아주지도 않고 잠만 자고. 실망이다, 실망이야……."

이들 부부는 서로 소리 높여 싸우진 않았지만, 그런 마음이 얼굴에 드러나다 보니 점점 대화가 줄어들고 냉담한 기운이 흘렀다. 화목하고 웃음이 피어나야 할 집안에는 서로에 대한 냉정한 평가와 실망감이 가득했다.

이러다 안 되겠다 싶었는지, 어느 날 아내는 두 권의 노트를 사 들고 와서 남편에게 내밀었다.

"이게 뭐야? 칭찬 일기?"

"어제 부부 프로그램에서 봤어. 그냥 정말 사소한 거라도 좋대. 하루에 한 가지씩 쓰자."

"사소한 것도 괜찮다고?"

"응. 자, 내가 쓴 것 봐."

아내가 쓴 남편 칭찬 노트에는 이렇게 적혀 있었다.

'오늘 남편이 스스로 양말을 챙겨 신고 나갔다. 그리고 어제는 양말을 잘 정리해서 흰 빨래통에 넣었다. 참 잘했어요.'

"하하, 이게 뭐야. 어린애 일기 같다."

"뭐, 어때. 처음이니까 재미있게 시작하려고 이랬지. 당신도 하나 써 줘."

남편은 곰곰이 생각하더니 이렇게 적었다.

'오늘 된장찌개가 내 입맛에 딱 맞았다. 여보, 잘했어요.'

"와, 정말 사소하다."

"하하, 내일은 다른 거 칭찬해 줄게."

부부의 칭찬은 그렇게 작은 것으로부터 시작되었다.

'오늘은 남편이 저녁을 먹고 그릇 정리를 도와주었다.'

'아내가 어머님께 전화할 때 사근사근하게 말하는 게 참 좋았다.'

'아이와 함께 목욕을 하면서 욕실 청소도 해주었다.'

'일주일 치 와이셔츠를 정성스럽게 다려주었다.'

'일찍 온다고 약속했는데 정말로 일찍 왔다. 내가 좋아하는 떡볶이도 사 왔다.'

'출근할 때 아이와 함께 배웅해 주었다.'

칭찬 일기를 쓰면서부터 깨달은 바가 있었다. 그 깨달음이 그대로 일기에 전해져, 이들 부부의 칭찬은 점점 정답고 따뜻하게 발전했다.

'남편의 든든한 어깨와 등이 고맙다. 언제든 기댈 수 있는 나만의 남자!'

'내 아이를 낳아 주고 이렇게 행복한 가정을 꾸려 주는 소중한 여자.'

'힘든 회사일 마치고 들어와서 오히려 내게 오늘 하루 수고했다며 손을 만져주는 사랑이 넘치는 사람.'

'자기 몸 아프고 괴로운데도 끝도 없는 집안일에 매여 쉬지도 못하는 가엽고 고마운 사람.'

이들 두 사람은 서로의 존재 자체가 고마운 선물이라는 걸 깨달은 것이다. 서로 흠집만 보고 실망만 했던 그 시간들이 얼마나 불행했는지, 그리고 서로의 좋은 점을 칭찬해주고 고마워하는 이 시간이 얼마나 행복한지, 마음속 깊이 느낄 수 있었다.

이들 부부는 칭찬을 해서 변화한 건지, 변화를 해서 칭찬을 하게 된 것인지 순서는 알 수 없게 되었지만, 오늘도 행복한 결혼 생활을 위해 서로에 대한 칭찬 일기를 쓰고 있다.

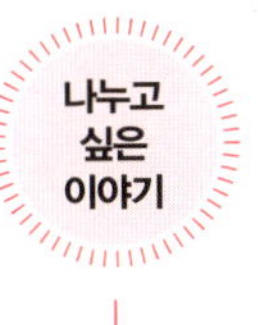

시장은 바꿀 수 있어도 남편은 바꿀 수 없지요

사랑은 아름답다. 희생을 동반한 사랑은 더욱 아름답다. 일본 오사카부 다카스키시의 시장이었던 애무라 도시오 씨는 그런 사랑을 몸소 실천함으로써 세상 사람들의 심금을 울려 주었다.

77세의 고령인 애무라 씨는 직선제로 시장에 선출되어 훌륭히 임무를 수행하고, 1년 후에 치를 시장 선거에 다시 출마하기로 되어 있었다. 그러나 8년 전에 무릎에 인공관절을 넣는 수술을 받은 아내가 파킨슨병까지 앓게 되면서 갈등하기 시작했다.

애무라 씨보다 1살 많은 아내 도미코 여사는 8년 동안 투병 생활을 해 왔다. 남편이 시장직을 수행하느라 바빠지자 우울증 증세를 보이기 시작했다. 기력도 날로 쇠약해져 거의 식물인간 상태로 누워서 지내게 되었다. 애무라 씨는 시간이 날 때마다 아내 곁에 있어 주었지만, 그것만으로는 아무런 도움이 되지 않았다.

그러던 어느 날 애무라 씨는 아내가 집중치료실에서 치료를 받는 동안 주치의와 이런저런 이야기를 나누다가 중요한 이야기를 듣게 되었다.

"의식이 없는 아내 중에 부모나 자식의 목소리에는 반응하지 않다가도 남편이 말을 걸면 반응하는 경우가 많습니다."

그 순간 애무라 씨의 뇌리에 아내의 얼굴이 번개처럼 스쳤다.

'내 아내도 나의 말에는 반응을 보일 가능성이 있다. 하지만 나는 일을 위해 아내를 돌볼 시간을 뺏기고 있다. 나의 일을 희생해서라도 아내를 위해 살자.'

애무라 씨는 시장 직을 그만둘 결심을 했다. 동료와 주위 사람들은 시장으로서의 직분을 충분히 수행하는 것이 아내를 돌보는 것보다 사회를 위해 더욱 중요하지 않느냐며 애무라 씨를 말렸다. 하지만 애무라 씨의 결심은 확고했다.

애무라 씨는 정식으로 시장 직을 그만두는 날, 시민들에게 고개 숙여 사과했다.

"시장은 바꿀 수 있어도 남편은 바꿀 수 없지요. 시민 여러분, 부디 저를 너그럽게 용서해 주시기 바랍니다."

애무라 씨의 이 말은 대중매체를 통해 알려지게 되었고, 특히 여성들이 뭉클한 감동을 받았다. 애무라 씨는 시장으로 근무할 때보다 더 인기를 누렸다.

'시장은 바꿀 수 있어도 남편은 바꿀 수 없다'는 메시지는 한 카피라이터에 의해 텔레비전의 광고 카피로 인용되어 전국적인 유행어가 되었다.

시장 직을 그만둔 애무라 씨는 하루 24시간을 아내와 함께 보냈다. 아침 6시에 일어나 아내의 기저귀를 갈아주고, 세면대로 가서 얼굴을 씻겨주는 것으로 하루 일과가 시작되었다. 손수 아침을 준비하고 1시간 30분 동안 아내에게 천천히 밥을 먹여주고, 책을 읽어주며 대화를 나누고 아내를 휠체어에 태우고 산책을 하기도 했다.

그러던 어느 날, 아내에게 줄 간식을 만들어 아내가 누워 있는 방으로 들어간 애무라 씨는 아내를 보고 너무 놀라서 쟁반을 떨어뜨리고 말았다. 식물인간이나 마찬가지로 말도 못하고 웃지도 못하던 아내가 애무라 씨를 향해 웃고 있었다.

그리고는 "여, 여보, 고-마우어." 하고 말을 하기 시작했다. 그 순간 애무라 씨는 감격에 북받쳐 눈가에 굵은 눈물방울이 맺혔다. 애무라 씨의 눈물을 본 도미코 여사 역시 얼굴이 눈물로 얼룩졌다.

'내 죽음을 지켜봐 줄 사람, 내 곁에서 최후를 맞이할 사람!'

자식이 아무리 많아도 죽는 날까지 결국 진정으로 의지할 수 있는 사람은 배우자뿐이다. 지금 내 곁에 있는 사람은 내 마지막 순간에 힘이 되어줄 사람이며, 또 나는 그 사람의 힘이 되어 주어야 한다. 나이

든 부부에겐 늘 사랑하며 사는 일만 남았다.

요즈음 노인 인구가 증가하고, 또 개인의 행복이 중요한 가치로 등장하면서 행복한 노후에 대한 관심이 높아지고 있다. 과연 행복한 노후 생활은 무엇일까? 최고급 시설이 마련된 부자들을 위한 실버타운, 성공한 자식들이 보내주는 해외여행, 화려한 보석이나 옷, 돈…….

이런 물질적 여유를 누리며 여생을 보내는 것은 분명 행복한 일이다. 하지만 아무리 초라한 살림이더라도 평생을 함께 사랑해 온 사람과 서로 보듬어 주며 여생을 보낼 수 있는 삶이 더 행복하다고 할 수 있지 않을까?

사랑은 이유를 묻지 않고 아낌없이 주고도 혹시 모자라지 않나 걱정하는 것이다. 사랑이 없으면 아무것도 할 수 없다.

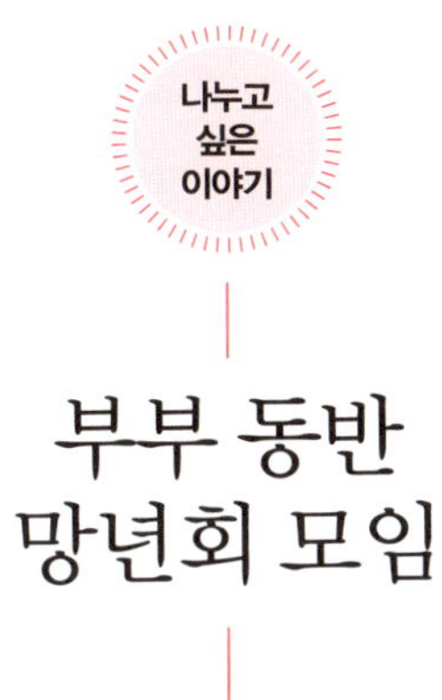

부부 동반 망년회 모임

미연 씨는 옷장 문을 연 채로 앞에 앉아서 벌써 몇 시간째 한숨을 내쉬고 있었다. 친하게 지내는 상우 엄마에게서 전화가 왔다. 매년 있는 부부 동반 모임에 대한 전화였다.

이제까지는 망년회를 늘 미연 씨 집에서 서로 음식과 마실 것을 갖고 모여서 했는데, 올해는 두 집 다 아이들을 스키 캠프에 보낸 김에 밖에서 외식하자는 것이었다. 바로 이 망년회가 미연 씨의 걱정거리였다.

미연 씨는 결혼하자마자 집에서 전업주부로서 살림을 시작한 터라 외출복이라고 할 만한 옷이 별로 없었다. 미혼 때 입었던 정장들은 별

써 유행이 많이 지나서 입을 수 없게 되었고 몇 년 전 봄, 아들의 초등학교 입학식 때 새로 맞춰 입었던 정장이 좀 얇긴 해도 입을 만했다. 미연 씨는 그 옷을 꺼내 입고 거울 앞에 섰다.

"이까짓 부부 모임 한 번 때문에 새로 살 수도 없고 좀 얇지만 이걸 입지. 뭐."

미연 씨는 옷장 문을 닫고 뭔가 허전함을 느꼈다. 하루 종일 새로 살까말까를 고민했다. 남편 경수 씨의 퇴근을 기다렸다. 경수 씨가 퇴근하여 집에 들어오자 미연 씨는 망년회 얘기를 꺼냈다.

"상우 엄마가 장소는 알아본대."

"당신 올해는 편하겠네."

"뭐가?"

"매번 우리 집에서 하느라고 당신 고생 많았잖아."

"그래도 음식은 각자 집에서 한 가지씩 해 와서 좋았어. 돈도 덜 들고. 나는 올해도 그냥 집에서 했으면 좋겠는데……."

"왜?"

"그냥, 집이 편하잖아. 늘 밖에서 사먹는 남편들인데 또 외식하는 것도 특별하지도 않고. 음식 장만해서 서로 나눠 먹는 게 정이 쌓이는 것 같아."

"당신이야 그렇게 생각하지만 상우네 딴에는 우리 집에서만 해서 당신한테 미안하니까 밖에서 하자고 한 거일 수도 있잖아. 이번에는 애들도 없으니까 분위기 좀 내보자고."

"그래요. 그런데 장소를 어디로 하려나? 거기에 맞게 옷을 입어야 되겠지요?"

"뭐, 꼭 그럴 필요 있겠어? 모르는 사람들도 아닌데. 그냥 편하게 입어."

남편이 이 기회에 한 벌 사라고 했다면 등 떠밀리는 기분으로 하나 샀을 텐데……. 편하게 입으라는 말에 미연 씨는 사볼까 했던 마음을 깨끗하게 접었다.

미연 씨도 밖에서 하는 망년회가 더 좋기는 했다. 편안하게 가져다 주는 음식 먹으면서 이야기하는 것이 훨씬 좋다는 것을 누가 모르겠는가. 미연 씨가 주저하는 건 순전히 옷 때문이었다.

한참 아이들이 자라는 상황에서 좋은 옷을 사 입는 건 경제적으로 부담스러운 일이었다. 사실 좋은 옷을 사도 마땅히 입고 갈 데도 별로 없었다.

모처럼 외출할 때는 코트에 구두까지 여간 신경이 쓰이는 것이 아니었다. 그렇다고 입을 일도 별로 없는데 비싼 옷을 사는 건 내키지 않았다.

하지만 남들은 제대로 차려 입고 나올 텐데 혼자만 초라한 모습으로 나가는 것도 여자로서 몹시 우울한 기분이었다. 며칠을 옷을 장만할까 말까 고민하다가 미연 씨는 결국 한겨울에 입기에는 좀 얇은 옷이지만, 가진 것 중에서 그래도 분위기에 어울린다고 생각되는 제일 괜찮은 투피스 정장을 입고 나가기로 했다.

미연 씨는 오랜만에 외출 준비를 했다. 정성 들여 화장을 하고 옷을 챙겨 입고 남편이 미리 기다리고 있던 차에 올랐다.

"당신, 춥지 않겠어? 코트라도 입고 오지 그랬어?"

"차 타고 움직이는데 춥긴요. 늦겠어요. 서둘러요."

"그렇게 얇게 입으면 감기 걸릴 텐데……."

"괜찮습니다. 이 기사님. 어서 가시지요."

남편은 미연 씨의 옷이 마음에 몹시 걸리는지 운전하면서 계속 힐끔거렸다. 약속 장소에 도착하니 민규 씨 내외만 먼저 와 있었다.

미연 씨는 민규 씨의 아내 주희 씨를 별로 좋아하지 않았다. 사치도 심하고 말투가 직선적이어서 통 정이 가지 않는 타입이었다. 아니나 다를까 주희 씨는 미연 씨를 보자마자 한마디 했다.

"어머, 아직도 청춘이시네요. 봄옷을 입으셨어요? 그러다 감기 걸리겠어요."

이 여자가 남이 여름옷을 입건, 겨울옷을 입건 무슨 상관이라고 콕 찍어 봄옷이라고 강조를 하나……. 미연 씨는 속으로 이렇게 생각했지만 입에서 나온 건 전혀 다른 말이었다.

"요즘은 겨울이라고 꼭 칙칙하게 입으란 법 있나요? 차 가지고 다니는데 굳이 꽉꽉 껴입고 다닐 필요도 없고요."

"네에, 화사하고 좋아보이세요."

민규 씨가 한마디 거들어 두 사람의 신경전은 끝이 났다. 일행들이 들어오기 시작했다. 모처럼 아이들로부터 해방되어 우아한 저녁 시간을 보내고 포도주로 흥이 돋워지자 누군가 오랜만에 노래방을 가자고 제안했다.

"2차는 노래방 어때?"

"노래방 좋지!"

"그럼 2차 갑시다."

미연 씨는 사뭇 긴장하고 있었다. 젊었을 때도 원래 노래하는 것을 별로 즐기지 않았던 데다가 결혼한 뒤로는 노래방에 와 본 횟수를 손가락으로 꼽을 정도였기 때문이다. 게다가 미연 씨가 와보지 못한 몇 년 사이에 노래방은 너무나 화려하고 근사하게 변해서 눈이 휘둥그레질 정도였다. 대형 화면과 눈부신 조명, 조작 방법을 알 수 없는 처음 보는 리모컨의 형태 등에 미연 씨는 어색하고 적응하기가 힘들었다.

하지만 다들 흥에 겨워 있어 미연 씨는 분위기를 깨고 싶지 않아 조용히 앉아 있었다. 사람들이 너나 할 것 없이 노래책을 들고 예약 버튼을 누르고 자기 곡이 나오면 신나게 노래를 불렀다. 미연 씨는 구석 자리에 앉아 박수를 쳐주고 탬버린을 흔들며 분위기를 맞추려 노력했지만 긴장은 풀어지지 않았다.

"미연 씨도 한 곡 부르세요. 잘하시면서 왜 안 부르세요?"

"아니요. 전 그냥 앉아서 따라 부르는 게 더 재밌어요."

"그러지 말고 한 곡 하세요."

"괜찮아요."

"당신도 한곡 불러봐. 내가 탬버린 쳐 줄게."

사람들의 성화에 못 이겨 노래책을 받아든 순간 미연 씨는 난감해졌다. 무슨 노래를 불러야 할지 도무지 생각이 나지 않았다. 심지어는 결혼 전에 즐겨 부르던 노래 제목조차 떠오르지 않았다.

"하도 오랜만에 왔더니 아는 노래가 없네요."

미연 씨는 슬그머니 노래책을 내려놓았다.

돌아오는 길에 경수 씨는 뭔가 못마땅한 얼굴이었다.

"왜 그래? 어디 아파?"

"아니……."

"혹시 당신 나한테 화났어?"

"왜?"

"내가 당신한테 화날 일이 뭐가 있어?"

"우리 재성이 낳고는 노래방에 한 번도 안 갔지?"

"재성이 데리고 어떻게 그런 데를 가."

"나 결혼해서 당신한테 옷은 몇 벌쯤 사줬지?"

"뜬금없이 무슨 소리야?"

"그냥, 친구들 마누라랑 당신을 비교하니까 당신이 너무 안쓰러워서."

"내가 왜?"

"옷도 그렇고 노래방도 그렇고 그동안 내가 너무 못해준 게 티가 너무 많이 나서 미안해 죽겠다."

“피, 새삼스럽게 왜 그래.”

“당신 옷 보고 처음에는 속이 좀 상했어. ‘내가 옷을 못 벌어다 줘서 겨울옷 한 벌 살 돈이 없나? 마누라가 친구들 앞에서 내 체면도 생각 안하고 궁상을 떠네.’ 이런 생각도 했는데……. 당신이 옷을 왜 안 샀을까를 생각하니 당신한테 너무 미안하더라. 내가 박미연을 이게 고생만 시키려고 데려왔나 하는 생각도 들고.”

경수 씨는 정말로 미안한지 입을 다물자 미연 씨는 오히려 남편에게 미안해졌다.

“난 당신이랑 살면서 한 번도 고생스럽다고 생각한 적 없어. 사실은 이번에 한 벌 살까 했는데 입을 일이 별로 없잖아. 오늘 하루 입으려고 사다 보면 낭비고 허세라는 생각이 들어서. 그래서 안 산 거야.”

“그래. 올해는 지나갔으니 어쩔 수 없고. 내년 망년회에는 제일 예쁘게 입고 나가자. 내가 다른 사람처럼 밍크는 못 사줘도 겨울 코트는 비싼 걸로 하나 사줄게.”

“아직은 애들이 어려서 싸고 편한 옷이 좋아. 나중에 애들 다 크고 나면 비싼 걸로 하나 사줘.”

“그리고 이제 우리 둘이 가끔 노래방 데이트 하자.”

“그건 좋아. 당신한테 요즘 유행하는 노래도 배우고 당신 노래도 듣고 싶어. 와, 기대되는데?”

“…… 고맙다. 박미연.”

“뭐가?”

"나랑 불평 없이 살아줘서."

"나야말로 당신이 나랑 살아줘서 고마운 걸. 궁상맞다고 구박 안 하고 살아주니까."

경수 씨는 변함없이 검소하고 착한 아내가 너무나도 고마웠다. 미연 씨 역시 자신을 위해 주는 남편의 마음이 느껴져서 마음이 따뜻해져 옴을 느꼈다. 세상의 모든 밍크코트를 다 가져도 이보다 더 기쁜 일은 없을 거라고 생각했다.

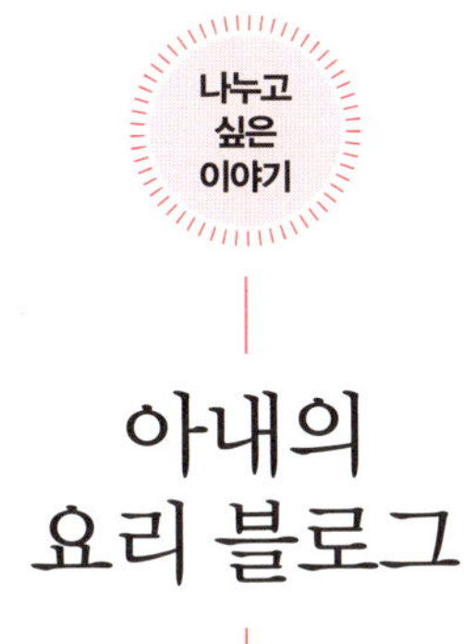

아내의 요리 블로그

지원 씨의 블로그는 요리를 좋아하는 사람들 사이에서 꽤 알려져 있다. 그녀가 소개하는 레시피는 쉽고 간단해서 요리에 취미가 없거나 서툰 사람들도 잘 따라할 수 있도록 요리의 문턱을 낮춘 것이다.

지원씨가 처음부터 요리를 잘한 건 아니었다.

결혼 초기에 지원 씨의 음식 솜씨는 정말 먹기 힘든 정도였다. 그 동안 요리다운 요리를 해 본 적이 없었기 때문이다. 지원 씨의 어머니는 시집가면 죽도록 할 일이라며 지원 씨에게 부엌일을 시키지 않았다. 지원 씨 역시 귀찮고 시간이 없다는 이유로 부엌일을 배우려 하지 않았다. 혼수로 그릇이며 냄비들을 살 때만 해도 '부엌일이야 닥치면 다

하게 되는 거겠지.' 하는 마음이었다. 그런 그녀가 신혼여행을 다녀오고 처음으로 요리를 하겠다고 나섰으니 잘될 리가 없었다.

난생 처음으로 아침밥을 준비하러 들어간 주방은 지원 씨에게 너무나 낯선 곳이었다. 밥은 어떻게 해야 하는지, 국은 또 어떻게 끓여야 하는지 몰라, 식빵과 잼을 꺼내 출근하는 남편의 아침을 준비했다.

"나 빵 싫어하는 거 알면서……. 이거 먹고 어떻게 일하라고."

"내가 할 줄 아는 게 없는 걸 어떡해?"

"그럼 전화를 해서 물어보든가 하지 않고."

"새벽부터 누구한테 전화를 해서 밥 차리는 법을 물어?"

"어휴, 알았어. 오늘은 그냥 먹을게. 그런데 내일도 빵 줄 거면 그냥 차리지 마. 난 빵 먹으면 하루 종일 속이 안 좋아."

"알았어. 저녁에는 밥 해 놓을게. 한 번만 봐 주세요. 서방님."

지원 씨는 투덜거리는 성우 씨를 달래 출근시키고 부엌으로 들어갔다. 쌀을 씻어 전기밥솥에 넣고 취사 버튼을 눌러보았다. 물을 어느 정도 넣어야 될지 몰라서 많으면 좋지 하고 가득 넣었더니 멀건 죽이 되어 버린 게 아닌가! 밥을 옮겨 담고 물을 아주 조금만 넣어서 다시 시도해 보았더니 이번에는 푸석푸석한 밥이 되어 버리고 말았다.

두 밥을 대충 섞어 놓고 이번에는 미역국을 끓여보려고 미역을 물에 담가놓았다. 미역이 어느 정도 불어나는지 몰랐던 지원 씨는 미역 한 봉지를 다 물에 넣어 버렸다. 그랬더니 얼마 후 냄비 한가득 미역이 넘쳐 났다. 그날 저녁 남편이 퇴근할 때까지 지원 씨는 하루 종일 부엌에서 씨름을 했다. 오기도 생기고 남편에게 맛있는 음식을 만들어 주고 싶다는 생각에 하루 종일 부엌에 있었던 것이다.

"언제 이렇게 많이 만든 거야?"

"당신 먹이려고 내가 오늘 하루 종일 만들었지. 먹어 봐. 나는 맛보느라 하도 먹었더니 이젠 맛도 모르겠어. 이럴 줄 알았으면 결혼하기 전에 좀 배워 놓을 걸."

현우씨는 지원 씨가 하루 종일 만들었다는 음식을 맛보았다. 푹 퍼져 식감이 없는 밥, 짜기만 하고 무슨 맛인지 알 수 없는 국, 얼마나 무쳐댔는지 대가리가 다 떨어진 콩나물 무침, 푹 익혀 젓가락으로 집자마자 뚝뚝 끊기는 시금치 무침…….

하지만 성우 씨는 아무 말도 하지 않고 묵묵히 음식을 먹었다. 애써 미소도 지어 보였다. 음식은 삼키기 힘들 정도로 너무 맛이 없었지만 자신을 위해 부엌에서 하루 종일 씨름한 훈장으로 손가락마다 밴드를 붙이고 있는 지원 씨의 또랑또랑한 눈망울을 보고 있으려니 차마 뭐라고 할 수가 없었다.

"맛있다. 이거 하루 종일 준비하느라고 힘들었지? 맛이 괜찮은데! 자기 정성 때문인가?"

"정말이야? 힘들긴……. 난 첫날부터 싫어하는 빵 먹여 보내 놓고 마음이 너무 아팠어."

"밥도 할 줄 모른다는 사람이 무슨 수로 갑자기 맛있는 음식을 해 주겠다고 했어?"

"사실 요리는 어떻게 되겠지 생각했어. 그런데 막상 해 보니 생각만큼 쉽지가 않더라고, 그래서 엄마한테 전화해서 설명을 대충 듣고 했어. 그리고 이거 봐."

지원 씨가 작은 수첩을 보여 주었다, 반찬이나 요리 이름이 귀여운 글씨체로 빼곡히 적혀 있었다.

"꼬막 무침, 고등어 찜, 잡채, 계란말이……. 이게 뭐야?"

"오늘 어머님께 전화해서 당신이 잘 먹는 반찬 여쭈어 봤지. 여기 적혀 있는 거 내가 다 만들어 줄게. 처음엔 좀 힘들겠지만. 기대해."

"그래. 당신은 똑똑하고 손재주도 있으니까 요리도 금방 배울 거야. 오늘 음식도 처음 한 사람치고 정말 잘했어."

지원 씨는 뛸 듯이 기뻤다. 사실 자신의 요리가 엉망임을 왜 모르겠는가. 얼굴을 찡그리고 요리를 못한다며 타박할 남편의 모습을 상상하며 하루 종일 기가 죽어 있었다. 하지만 오히려 칭찬과 응원을 해주는 남편이 고맙기만 했다.

지원 씨는 남편의 격려의 말에 용기를 얻어 친정어머니와 시어머니에게 요리를 배우러 다녔다. 양가 어머니는 각자 잘하시는 요리가 달랐다. 친정어머니는 찜이나 국을 잘하시고, 시어머니는 전과 무침을 맛있게 만드셨다. 지원 씨는 두 집 요리의 장점을 열심히 배웠다. 그러다보니 자연히 요리 솜씨가 늘게 되었다.

이제 만족스럽게 아내의 요리를 즐기게 된 남편 성우 씨가 어느 날 지원 씨에게 제안을 했다.

"당신도 블로그 만들래?"

"블로그?, 응. 거기다 뭘 쓰지?"

"당신 요리 일기를 싣는 거야. '초보 주부를 위한 요리특강', 뭐 이런 거 해 보면 좋을 것 같은데, 당신 요리 솜씨도 알리고, 요리 초보자들에게 도움도 주고 말이야."

"좋긴 한데, 내 실력으로 가능할까?"

"당신은 요리만 해. 내가 관리해 줄게. 옆에서 요리 중간 과정 사진도 찍어 줄게. 사진이랑 글을 함께 올리면 반응이 좋을 거야."

"그대로 따라했는데 맛없다고 하면 어떡하지?"

"당신 음식이 얼마나 맛있는데 그래. 맛은 내가 보증할게."

성우 씨는 지원 씨에게 다시 용기를 북돋아줬다. 마침내 지원 씨는 블로그를 개설했다. 블로그에 자신이 만든 요리들의 사진과 요리 순서, 남편의 음식 평을 올리기 시작했다. 자신과 같은 초보들에게 힘을 주기 위해 처음에 요리를 망친 이야기나 조언도 함께 써 내려갔다.

"여보! 이거 봐! 댓글이 이렇게 많이 달렸어!"

"어디, 정말이네."

두 사람은 저녁마다 함께 블로그에 달린 답변과 질문을 확인하며 기뻐했다.

'맛있어 보여요.'

'오늘 남편과 애들이랑 도전해 봐야겠네요.'

'주인장님이 요리 초보였다는 게 믿기지가 않네요. 저도 곧잘 할 수 있을 것 같아요.'

그러다가 지원 씨는 댓글 하나에 시선이 갔다.

'남편 분을 사랑하시는 마음이 느껴져서 음식이 더 맛있어 보이는 것 같네요.'

"그래! 이거야!"

지원 씨는 자신의 블로그를 '남편을 위한 사랑의 레시피'라는 방향으로 잡았다. 남편에게 해준 요리의 레시피와 함께 그날 있었던 일, 싸웠다가 화해한 일 등을 함께 써 나갔다. 지원 씨의 사는 이야기가 더해진 요리 블로그는 주부들의 공감을 얻어 금세 유명해졌다.

"오늘 잡지사에서 전화 왔어."

"왜? 뭐라고?"

"내 블로그에 실린 요리와 글을 한 달에 한 번씩 잡지에 싣자고 하더라고. 반응이 좋으면 출판까지도 생각해 볼 수 있다던데."

"정말? 와, 잘됐다!"

"이게 다 당신 덕이야. 당신이 내 음식을 타박하지 않고 잘 참아 줘서 내가 즐거운 마음으로 요리를 계속할 수 있게 해줬어."

"당신이 매일매일 그렇게 열심히 만드는 음식을 가지고 어떻게 뭐라고 해? 당연히 맛있게 먹어야지. 내 여자가 나를 위해 음식을 만들려고 노력하는 모습이 얼마나 예쁘고 감동적이었는데."

지원 씨는 성우 씨의 어깨에 머리를 기대고 칭찬의 기쁨을 만끽

했다.

"여보, 이제는 사실대로 말해 봐. 내 맨 처음 요리 어땠어?"

"사실 이제 와서 하는 이야기지만, 처음에는 정말 별로였어. 하지만 하루 종일 부엌에서 씨름해 피곤한 당신이 눈을 반짝이면서 나를 바라보는데 어찌나 고맙던지. 그 모습 보면서 차마 못 먹겠다는 말은 더더욱 할 수 없었고."

지원 씨는 자신의 요리가 서툴렀던 그때, 만약 성우 씨가 칭찬과 응원을 해주지 않고 화를 냈다면 어땠을까 상상해 보았다. 물론 지원 씨는 이제 가정주부가 되었으므로 어찌됐든 요리를 잘하려고 노력은 했을 것이다. 하지만 남편을 사랑해서 맛있는 음식을 먹여주는 예쁜 아내가 아니라 남편의 잔소리를 면하느라 하루하루 눈치를 보고 스트레스에 시달리는 아내가 되어 있었을 것이다, 그런 신혼 생활을 상상하니 너무 슬프고 끔찍했다.

'칭찬은 고래도 춤추게 한다'는 말이 있다. 성우 씨의 아낌없는 격려와 지지가 없었다면, 지원 씨의 요리 솜씨는 물론 블로그도 존재할 수 없었을 것이다. 지금 당장 아내의 장점을 찾아 칭찬하자. 칭찬은 칭찬을 낳고 결혼 생활을 행복으로 가득 채워줄 것이다.

이혼 위기를 맞은 부부 딱 한마디 말이 어려워

부부 사이에 '에플 데이'를 정해 보면 어떨까. 이 날은 둘이서 서로 사과하고 화해하는 날이다. 마음의 빗장을 서로 열어 놓는다면 이혼하는 부부는 절대 없을 것이다.

'우리 부부는 어쩌다 이렇게 됐을까?'

미선 씨는 자신의 손에 들린 하얀 종이를 하염없이 바라보았다. 자신과 남편의 도장이 찍힌 이혼 서류. 그녀는 이런 일 때문에 이혼을 할 수 있다는 사실에 기가 막히기만 했다.

한 달 전, 그들 부부는 기분 좋게 텔레비전을 보고 있었다. 뉴스를 보던 남편이 여성 앵커를 보며 한마디 했다.

"여자들 눈에도 저 앵커가 예쁜가?"

"글쎄……."

"예전에 나 따라다니던 여자랑 많이 닮았어."

"당신을 따라다녀, 누가? 언제?"

남편은 미선 씨의 약을 올리고 싶었다.

"당신이랑 한창 연애할 때지. 거래처 여직원이었는데 하루에도 몇 번씩 전화를 하더라고."

"그래서?"

"그래서는 무슨 그래서야. 만나서 잘 타일렀지. 근데 얼마 전에 결혼한다는 것 같던데."

"뭐! 아직도 연락하는 거야?"

"연락은 무슨……. 다른 사람들한테 들었지."

"흥, 마음이 아팠겠네?"

"무슨 소리하는 거야? 당신 약 올리려고 장난 좀 쳤어."

"괜찮아. 나한테는 그런 사람 없는 줄 알아? 나 좋다고 따라다니던 사람 많았어. 내가 그때는 왜 당신을 택했는지 모르겠네."

"뭣, 당신 진심이야?"

"그럼 진심이지."

이렇게 별 거 아닌 일로 시작된 말다툼이 어처구니없이 그들 부부를 이혼 위기로 내몬 것이다. 이유라고 할 수도 없는 정말 사소한 말다툼이었다. 그런데 다툼이 길어지다 보니 감정이 상한 두 사람은 서로의 자존심을 상처내기 위한 말만 골라서 했고, 결국 이혼 이야기까지 나온 것이다. 하지만 둘 다 이혼하자고 큰소리치면서도 정말 이혼을 하고 싶은 마음은 추호도 없었다. 사과하지 않는 남편에게 본때를 보여주고 싶어서 그녀는 이혼 서류를 내밀었고, 남편 역시 지고 들어가기 싫어서 이혼 서류에 도장을 찍었다. 하지만 두 사람은 마음속으로 간절히 빌었다.

'여보, 어서 사과해…….'

그렇게 안타까운 시간이 흘러 가정법원에 가기로 한 날이 되었다. 여전히 두 사람은 먼저 사과해주기를 기대하면서도 먼저 말을 붙이지 않고 쌀쌀맞게 대했다. 지하철을 타고 법원으로 향하는 내내 말이 없었다. 6, 5, 4, ……. 법원까지 정거장 수가 하나씩 줄어들었다.

그때 연인으로 보이는 두 남녀가 지하철에 탔다. 대학생 커플인지 청바지에 가벼운 차림이었는데, 뭐가 그리 재미있고 신나는지 서로가 말 한마디만 해도 웃어주고 귀를 기울여주는 게 참 싱그럽고 귀여워 보였다.

'우리도 저런 때가 있었는데…….'

미선 씨는 어느새 남편과 처음 연애하던 시절을 떠올리고 있었다. 그때는 서로에게 어떻게 하면 잘 보일까, 어떻게 하면 더 기쁘게 보일가를 고민했었지, 지금처럼 서로 어떻게 하면 더 상처를 줄까를 생각한 적은 없었다. 미선 씨는 다시 그때로 돌아가고 싶었다.

젊은 커플은 한참을 이야기하다가 뭐가 잘못되었는지 약간 언성을 높였다. 하지만 두 사람은 곧 서로가 먼저 사과를 하기 시작했다.

"내가 잘못했어. 화 풀어."

"아니야, 내가 잘못했어."

"내가 잘못했으니까 사과할 게."

"아니야, 내가 먼저 잘못했으니까 먼저 사과할 게."

그리고선 다시 서로에게 기대어 정답게 이야기하는 두 사람을 보고 미선 씨는 그 순간 고개를 옆으로 돌렸다. 남편 역시 미선 씨를 바라보고 있었다. 미선 씨는 작은 소리로 말했다.

"여보, 미안해."

"아니야, 여보. 내가 더 미안해."

"내가 잘못한 거 같아. 당신이 농담한 거 가지고……."

"아니야, 내가 너무 심하게 굴었어."

이들 부부는 손을 꽉 잡고 집으로 가는 반대편 지하철에 올라탔다.

매해 10월 24일은 '애플 데이'라는 날이라고 한다. 둘(2)이서 서로 사과(4)하고 화해하는 날이다. 사과를 하는 것은 생각처럼 쉬운 일이 아니다. 하지만 자존심이라는 마음의 빗장을 열어놓는다면 정말 쉬운 일이 바로 사과를 하는 일이다.

부부 사이에도 '애플 데이'를 정해보면 어떨까. 일주일에 한 번, 아니면 한 달에 한 번, 그동안 못했던 미안하다는 말을 하고 지낸다면, 가정법원으로 향하는 지하철을 탈 일은 절대 없을 것이다.

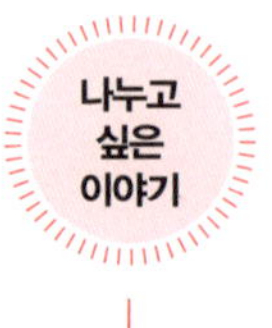

남편과 함께 보내는 처가의 명절

명절을 맞이할 때마다 은희 씨는 머리가 아팠다. 며느리기 때문에 당연히 명절은 시댁에서 보내야 한다는 남편과, 무남독녀인 자신을 시집보내고 외로이 계실 부모님을 생각하면 몸을 둘로 나누고 싶은 심정이었다.

결혼 이후 은희 씨에게 명절은 즐거운 날이 아니었다.

"올 추석은 우리 집으로 가자. 당신 집은 형제가 많으니까 명절에 가면 잘 곳도 없이 북적이지만, 우리 부모님은 나 하난데, 나 시집보내고 두 분이서 얼마나 쓸쓸하시겠어?"

"그래서 제사만 지내고 명절 당일 오후에는 바로 출발하잖아. 그런데 뭐가 불만이야?"

"추석 전에 엄마 일 도와드리고 당신이 아버지 말벗도 해 드리면 얼마나 좋아? 당신 집이야 동서에 형님들, 아가씨까지 다 오잖아."

"다들 모이는데 어떻게 우리만 빠져?"

"그날만 모이는 거 아니잖아. 한 달에 한 번씩 모여서 점심 먹잖아. 그러니 이럴 때는 당신이 먼저 우리 집 좀 배려해 주면 안 돼?"

"한 달에 한 번 모여 밥 먹는 거하고 명절하고 어떻게 같아?"

남편은 은희 씨의 생각은 조금도 이해해주지 않았고 양보하지도 않았다. 은희 씨는 남편의 태도에 서운함을 넘어 점점 화가 났다. 하지만 다시 꾹 참고 말을 이어갔다.

"조금만 생각을 달리 해 봐. 내가 명절마다 우리 집에 먼저 가자는 얘기는 아니잖아. 추석에는 우리 집에 먼저 가고, 설에는 당신 집에 먼저 가면 어때? 그 정도는 괜찮잖아."

"몰라. 당신 알아서 해. 나는 우리 집 갈 테니까."

은희 씨의 화가 결국 터졌다.

"당신이 안 가면 나 혼자라도 우리 집 갈 테니까 그렇게 알아. 어머님도 너무하셔. 우리 집에 두 분만 계시는 거 알면서 그 정도 배려는 해 줘야 하는 거 아니야? 알아서 먼저 다녀오란 말씀 좀 해 주시면 어때서."

"당신 그렇다고 우리 어머니한테 뭐라고 하는 건 내가 듣기 기분 나빠. 그렇게 가기 싫으면 가지 마."

"그래. 알았어."

은희 씨 부부는 해마다 명절 때면 이런 식으로 말다툼했다. 무남독녀인 은희 씨가 결혼을 한 뒤로 은희 씨 부모님은 두 분이서만 명절 준비를 하신다. 해마다 명절 때면 두 분이서 썰렁하게 명절 준비를 한다고 생각하니, 은희 씨는 가슴 한쪽이 무거웠다. 부모님 두 분만 계신 줄 뻔히 알면서도 배려해 주지 않는 남편이나 시부모님이 못내 야속했다.

은희 씨와 남편 동우 씨는 며칠 동안 서로 등을 돌리며 찬바람이 휭휭 부는 생활을 했다. 어쩐지 서로 양보할 마음이 생기지 않았다. 은희 씨는 남편이 자신과 부모님의 마음을 이해해 주기를 바라는 마음으로 말을 시작했지만, 남편은 은희 씨의 마음을 전혀 이해하려고 하지 않았다. 남편은 그저 아내가 시댁에 가기를 꺼린다 생각하고 기분이 상해 아내의 속마음을 이해하려 하지 않았다. 한 번이라도 은희 씨 입장에서 생각해 보고 대화했다면, 두 사람 사이가 이렇게까지 냉랭하게 되지는 않았을 것이다.

"정말 안갈 거야?"

"당신 혼자 가."

"그럼 당신은? 나는 우리 집에 간다니까."

은희 씨는 이번만큼은 자신의 뜻을 굽히지 않았다. 친정을 배려해 달라는 은희 씨의 말을 시댁에 가고 싶지 않다고 여긴 남편은 은희 씨만 남긴 채 뒤도 돌아보지 않고 나가 버렸다. 은희 씨는 이번에 굽히면 절대로 친정에 먼저 갈 수 없다는 생각으로 자신의 고집을 밀고 나가기로 했다. 하지만 남편이 차갑게 뒤돌아서자 서럽고 속상한 마음에 눈물이 흘렀다. 은희 씨는 곧 옷소매로 눈물을 쓱쓱 닦고 친정으로 나섰다. 친정에 도착하니 은희 씨 부모님은 갑작스러운 딸의 방문에 놀라면서도 반가워했다.

"엄마, 우리 시장에 가자."

"그런데 김 서방은?"

"김 서방은 내일 온대."

"뭐? 너희 싸웠니?"

"아니. 그 사람이 나 보고 먼저 집에 가서 음식 준비하는 것도 도와드리고 있으래. 엄마 아빠 두 분만 계시면 적적하다고."

"그래? 시부모님 허락은 받았고?"

"응. 당연하지. 내가 일찍 오니까 좋지?"

"그래. 너 시집간 뒤로 아빠랑 둘이서 준비하자면 그렇게 쓸쓸해서 너희 내외 오기만 기다리고 그랬지. 너라도 이렇게 오니까 사람 사는 것 같아서 좋다."

은희 씨가 시장에서 돌아오니 아버지와 남편 동우 씨가 바둑을 두고 있었다.

"어? 당신…… 왜 이렇게 빨리 왔어?"

"바늘 가는 데 실 가라고 하시더라."

동우 씨가 눈을 찡긋하며 은희 씨에게 말했다. 은희 씨는 반가움과 걱정이 교차했다.

"당신, 나 좀 잠깐 봐."

은희 씨는 동우 씨를 데리고 현관 밖으로 나갔다.

"어떻게 된 거야? 내일도 안 올 것처럼 나가버리더니?"

"어떻게 되긴. 어머니가 바늘 가는 데 실 가라고 하셨다니까."

"어머님한테 뭐라고 말했는데 그렇게 말씀하셔?"

"사실 집으로 차를 운전하고 가면서 생각해 보니까 내가 너무 이기적이었더라고. 나는 단순히 당신이 우리 집에 가는 것 자체가 싫어서 그런 거라고 여기고 서운했는데 생각해 보니까 장인, 장모님이 그동안 명절 때 참 적적하셨을 것 같더라고."

"……."

"그래서 당신 마음 생각해 보니까 너무 미안해지더라고, 그래서 차 돌려서 이리로 왔지."

동우 씨는 뒤늦게나마 미안한 마음에 차를 돌렸고 집에는 전화로 알렸다.

"어머니, 올 추석은 장인 장모님 댁에 먼저 갈게요."

"왜? 무슨 일 있냐?"

"일은 없고요. 명절인데 처가에 장인 장모님 두 분만 적적하게 계셔서 저희라도 먼저 가 보려고요."

"그래. 그렇게 해라. 진작 그렇게 했어야 하는데, 내가 생각을 못 했구나. 잠깐만, 아버지가 바꿔 달라신다."

"동우냐?"

"네, 아버지, 올 추석은 처가에 먼저 다녀오겠습니다. 죄송해요."

"뭘 그런 게 죄송해. 요즘 세상에 당연하지. 갈 때 빈손으로 가지 말고 과일이라도 한 박스 사 가라."

동우 씨의 얘기를 들은 은희 씨가 놀란 듯 물었다.

"어머님, 아버님이 정말 그렇게 말씀하셨어?"

"응."

"부끄러워서 어떡하지? 난 두 분이 우리 부모님 배려해 주시지 않는다고 원망만 하고 있었잖아. 말씀드리고 상의했으면 충분히 이해해주셨을 텐데, 내가 두 분을 오해하고 있었어. 당신한테도 미안."

"당신이 그러니까 내가 더 민망하잖아. 당신이 미안할 게 뭐야? 내가 좀 더 넓게 생각했다면 당신이 명절마다 힘들지 않았을 텐데. 내가 미안하지."

"고마워. 여보."

은희 씨는 동우 씨 품에 안겼다. 남편의 가슴이 더없이 따뜻하게 느껴졌다. 동우 씨도 팔을 뻗어 아내를 세게 껴안았다. 행복은 이렇게 서로 이해하려는 노력이 있을 때 찾아오는 것이다.

월화수목금 아내의 맛있는 레시피

영한 씨와 미란 씨는 주말부부다. 남편 영한 씨는 지방에 있는 연구소에서 일하고, 미란 씨는 광고 회사 디자이너다. 떨어져 있는 시간이 많은 이들 부부는 결혼 5년이 지났지만, 늘 신혼처럼 알콩달콩 살아가고 있다.

영한 씨는 평일에 혼자 아이를 기르는 미란 씨에게 늘 미안한 마음이다. 아이들이 어려 아빠의 손길이 많이 필요한 시기라는 것을 알면서도, 육아를 아내에게 맡겨 놓았기 때문이다. 미란 씨 역시 혼자 지내는 남편의 식사를 챙길 수 없다는 점이 늘 마음에 걸렸다. 영한 씨는 위가 좋지 않아서, 식당에서 조미료가 많이 들어가거나 너무 매운 음식을 먹으면 쉽게 탈이 나서 며칠씩 고생했다. 이런 사실을 잘 아는 미란 씨는 어떻게든 남편이 스스로 밥을 지어 먹을 수 있게 해야겠다는 생각이 들었다.

처음에는 밑반찬을 만들어서 잔뜩 싸 보내기도 했지만 입이 짧은 남편은 밑반찬을 많이 먹지 못하고 남기는 게 더 많았다. 번번이 남은 반찬을 버리는 게 아깝다며 만들지 말라고 했다. 그래서 며칠 동안 궁리를 한 미란 씨는 스스로 요리를 할 수 있게 도와야겠다는 생각을 했다.

그래서 간단하면서도 맛있는 음식을 만들 수 있는 레시피가 담긴 요리 편지를 쓰기로 했다.

월요일

여보, 많이 피곤하죠?
이른 새벽 집을 나서서 곧바로 연구실로 출근했나요?
지금까지 눈코 뜰 새 없이 바쁘게 일을 했겠죠?
배는 고프지만 손 하나 까딱할 힘도 없어서 오늘 저녁은 라면이나 끓여서 때워야지……. 혹시 이런 생각을 하고 있지는 않나요?
간편하긴 하지만 라면을 먹고 나면 속이 편치 않아 고생하게 되잖아요.
이 편지를 읽고 5분쯤 가만히 누워서 쉬다가 일어나서 쌀을 씻으세요.
그리고 전기밥솥에 넣고 취사 버튼을 누른 다음에,
보글보글 된장찌개를 끓여 드세요.
냉장고에서 양파, 감자, 호박, 두부를 꺼내 납작납작하게 썰어 놓고요.

쌀뜨물에 멸치와 다시마를 넣고 끓이다가 끓기 시작하면 다시마는 건져내세요. 그런 후 된장을 풀어주세요.
국물이 끓기 시작하면 썰어 놓은 야채들과 두부를 넣어 보글보글 끓이세요. 어때요? 금방 구수한 된장찌개가 완성됐죠?
당신의 솜씨에 저의 사랑이 더해진 된장찌개라면
월요일의 피로도 싹 풀릴 거예요.

화요일

여보, 오늘은 어떤 하루였나요?
지친 몸을 이끌고 맞아주는 사람 없는 빈 집에 들어갈 당신을 생각하면 마음이 아파요. 그래도 바로 지은 밥에 얼큰한 김치찌개를 먹고 나면 조금은 기운이 나실 거예요.
김치찌개를 끓일 때는 김치 양념을 조금 덜어내는 게 더 맛있답니다.
송송 썰어 놓은 김치와 돼지 목살을 넉넉히 넣어 고기가 익을 때까지 달달 볶은 다음에 물을 붓고 끓이기만 하면 된답니다.
싱거우면 소금을 조금 넣어 간을 맞추고요.
그리고 물에 불려 놓은 당면을 넣어 한소끔 끓여내도 맛있답니다.
당신을 그리워하는 저와 아이들의 마음까지 넣어서 맛있게 드세요.

수요일

여보, 저는 일주일 중 수요일이 가장 좋아요. 왜냐고요?

당신과 제가 처음 만나 미팅한 날이 수요일이잖아요.
당신 잊고 있었죠? 그래도 괜찮아요. 제가 기억하고 있으니까요.
오늘은 감자조림을 만들면 어떨까요?
감자로 만든 음식을 좋아하는 당신께 바로 만든 감자조림이 얼마나 맛있는지 알려드리고 싶어요.
감자는 껍질을 깎아서 큼직큼직하게 썰어 놓으세요.
냄비에 감자를 담고 간장과 설탕을 넣고 감자가 잠길 때까지 물을 부어서 끓이세요. 국물이 졸면 고소한 깨소금도 듬뿍 뿌리세요.
당신은 별일도 아닌데 까르르 잘 웃는 저를 의아해 하면서도 좋아했잖아요. 그래서 이번 감자조림에는 제 웃음소리도 넉넉하게 넣었어요.
감자조림과 함께 갓 지은 밥 먹고 오늘도 활력 충전……. 잊지 마세요!

목요일

요즘은 우리의 인생이 비빔밥 같다는 생각을 한답니다.
고소한 콩나물에 쌉싸래한 도라지와 취나물.
아삭거리는 무생채 같은 나물에 고추장과 참기름, 깨소금까지 듬뿍 넣어 먹는 비빔밥에서는 정말 다양한 맛이 나잖아요.
그래서 저는 비빔밥을 먹을 때면, 당신과 만나 지금까지 살아온 날들을 되돌아보곤 해요.
처음 만난 날의 느낌과 서로의 사랑을 확인하고 기뻐했던 일.
또 결혼을 약속했던 카페, 우리의 결혼식과 소중한 아이들이 태어나던 순간까지도 말이에요. 당신과 살면서 힘든 일도 많았지만 뒤돌아보면 좋았던 기억만 떠올라요. 힘들었던 순간이나 행복했던 날이나, 다 마찬가지로 제게는 소중하고 귀한 시간이랍니다. 그 시간이 있기에 당신과 떨어져 지내는 오늘을 씩씩하게 견딜 수 있으니까요.

여보, 오늘 저녁은 비빔밥, 어떠세요?

괜찮기는 한데 나물을 만드는 건 어렵다고요?

아무 걱정 마시고 냉장고를 열어보세요. 당신이 떠나는 날 아침 싸드린 반찬통 있지요? 거기에 콩나물, 취나물, 도라지 무침, 고사리 나물이 조금씩 남아 있을 거예요.

오늘 메뉴를 위해 넉넉히 담았거든요. 자, 큰 그릇에 밥을 담고 남은 나물을 모두 넣어서 고추장과 참기름, 깨소금을 넣어 비벼서 한 입 가득! 우리가 살아온 날들이 생각나지요?

금요일

드디어 금요일입니다. 저와 아이들은 금요일이 되면 아빠를 맞이할 준비로 바쁘답니다. 아이들은 아빠에게 들려줄 이야기를 준비해 놓고 당신을 기다리지요. 저 역시 당신과의 만남을 생각하면 가슴이 설렙니다. 당신 역시 내일 오후면 만나게 될 가족을 생각하면 행복해지지요?

월요일부터 오늘까지 당신은 참으로 많이 지쳐 있겠지요.

몸도 마음도 스트레스에 절어 있을지도 모르겠다는 생각이 듭니다.

오늘은 당신의 몸과 마음을 시원하게 풀어줄 북엇국 끓이는 법을 알려

드릴게요. 북엇국을 맛있게 끓이려면 먼저 북어에 참기름과 마늘을 조금 넣고 볶아야 해요. 그 다음에 물을 부어야 뽀얀 국물이 우러난 답니다. 국물이 끓어오르면 달걀을 풀어 넣는 것과 소금으로 간을 맞추는 것도 잊지 마세요. 소금이 없다면 이처럼 맛있는 북엇국을 맛볼 수 없을 거라는 생각이 듭니다.

그래요. 당신은 우리 가족에게는 소금과 같은 사람입니다.

당신이 건강해야 우리 가족 모두 행복할 수 있다는 거 아시죠?

북엇국 맛있게 드시고 내일은 저와 아이들이 기다리는 집으로 한 걸음에 달려오세요.

그럼, 우리 내일 만나요. 사랑해요.

미란 씨의 월화수목금 — 맛있는 레시피는 지금도 계속되고 있다. 남편 영한 씨는 편지에 담긴 아내의 마음이 고맙고 예뻐서 귀찮고 어려워도 레시피대로 혼자 음식을 해먹기 시작했다. 위의 통증이 사라진 것은 물론이고 부부의 사랑도 커져갔다.

남편은 아내하기 나름

나는 스물일곱에 결혼해 네 살, 여섯 살 남매를 둔 주부다. 한창나이에 결혼해서 아이를 낳고 살다 보니 답답한 일도 많았다. 하지만 지금은 사랑하는 아이들이 커가는 모습을 보면서 행복을 느끼며 살고 있다.

남편은 늘 피곤하다는 말을 입에 달고 사는 사람이다. 아침 8시 출근을 위해 7시에 일어나 준비를 해야 한다. 그런데 '10분 만 더'를 외치다가 늘 허둥거리며 출근한다. 잦은 야근에 해외 출장으로 남편은 항상 잠이 모자랄 수밖에 없었다.

남편이 잠을 보충하는 시간은 일요일이다. 일요일에 취미 생활도

하고 가족과 여행도 다니고 하는 건 꿈도 꿀 수 없다. 가끔 마트에나 같이 가주면 다행이라 생각할 정도다.

사실 남편이 피곤한 건 알지만 남편이 돈 벌어오는 기계가 아닌 이상 가족끼리 모여 앉아 오순도순 이야기를 나누는 시간이 있어야 한다고 생각한다. 남편은 항상 아이들이 잠든 후에 퇴근하고 아침에는 허둥거리며 출근했다. 일요일이면 하루 종일 잠을 자기 때문에 아이들은 아빠와 함께 무언가를 공유할 시간이 없었다.

한 달 전 금요일, 큰 아이가 유치원에서 그린 것이라며 자랑스럽게 그림 한 장을 내밀었다. 제목은 '우리 가족'이었지만 그림 속에는 아이들과 나만 그려져 있었다. 아이들 아빠의 모습이 보이지 않았다. 나는 적지 않게 놀랐으나 아이와 최대한 차분하게 이야기를 했다.

"상우가 우리 가족을 그렸구나! 그런데 아빠는 어디 있어?"

"어! 아빠도 있었지. 참!"

"어머, 상우야, 아빠가 알면 슬퍼하겠다. 우리 여기 옆에다 아빠 그려 줄까?"

"괜찮아. 아빠는 늦게 오니까 모를 거야."

아이가 남편의 늦은 귀가를 아빠의 부재나 무관심으로 여기는 듯 보여 나는 또 놀랐다.

"상우야, 아빠는 늦게 와도 너랑 상희가 하루 종일 뭘 했나 하고, 매일 매일 엄마한테 물어보셔. 그런데 엄마가 아빠한테 뭐라고 하지?"

아이에게 말은 이렇듯 차분하게 했지만 나는 꽤 놀랐고, 아이가 아빠를 잊고 안 그린 것이 아이 탓만은 아니라는 생각이 들었다. 나는 상우의 그림을 냉장고에 붙여 두었다. 밤늦게 퇴근한 남편은 상우의 그림을 잠시 바라보더니 나를 째려보며 말했다.

"이게 뭐야? 제목은 '우리 가족'인데 왜 그림에 내가 없어?"

"몰라. 오늘 상우가 유치원에서 그려 왔어."

"당신 애들한테 나 그리지 말라고 한 거야? 아니면 아빠는 우리 가족 아니라고 했어?"

"미쳤어? 애들한테 그런 걸 가르치게? 당신이 매일 늦게 오고 일요일에는 잠만 자니까 애들이 당신이 아빤지, 옆집 아저씬지 구분을 못 하는 거지. 당신, 상우 태어나기 전에 그랬지. 아들만 낳아 주면 주말마다 같이 축구도 하고 목욕탕에 데리고 다닌다며?"

"나도 그러고 싶지. 하지만 일이 바쁜 걸 어째? 당신이 잘 얘기 좀 해봐."

"얘기를 해서 될 일이면 뭐가 걱정이야? 당신도 노력을 해야지. 일을 좀 줄이든지 술을 덜 마시든지."

큰아이가 그려 온 그림을 보고 남편 역시 충격을 받았는지 며칠을 일찍 들어와 아이들과 놀아주었다. 그것도 오래 가지 않았다.

그러던 어느 날, 같은 아파트에 고등학교 동창이 살고 있다는 것을 알았다. 오랜만에 동창을 만났으니 반가움에 집으로 초대할 법도 했으나, 사실 고등학교에 다닐 때 그 친구와 나는 그리 친하지 않았다. 같은 아파트에 살면서도 썩 가까운 사이는 아니었다. 게다가 애 둘 키우는 우리 집은 폭격 맞은 집처럼 난장판이라 정말 친하지 않은 이상은 누구를 초대할 상태가 아니었다. 그 친구 역시 아이 둘을 키우고 있어서 나랑 비슷한 사정일 것이다.

그 친구와 나는 은행이나 아파트 공원에서 우연히 마주치면 자동판매기 커피를 한 잔씩 나눠 마시는 사이였다. 그렇게 지내던 어느 날, 그 친구가 나를 자기 집으로 초대했다. 아이들을 유치원 차에 태워 보내고 친구와 함께 그 친구의 집으로 갔다. 집은 누가 아이 둘 키우는 집이냐고 할 정도로 깨끗했다. 말끔하게 정돈되어 있는 거실을 보고 나는 깜짝 놀랐다. 같은 주부이고 나도 열심히 치운다고 치우는데 그 친구의 집과 우리 집은 확연히 달랐다.

"어머, 집이 정말 깨끗하다! 너네 혹시 도우미 아주머니 있니?"

"아니, 우리 형편에 도우미 아주머닐 어떻게 써?"

"그럼 애들이 정말 얌전한가 봐."

"너네는 남매지만 나는 아들만 둘이야. 걔들이 얌전해? 아래층 사람들이 몇 번이나 올라왔다고. 그 녀석들하고 같이 있으면 나는 머리가 아플 지경이야."

"그런데 집이 이렇게 말끔해? 비법이 뭐야? 우렁각시라도 키워?"

"우렁각시? 하하. 응. 키워. 우렁각시 아니라 우렁신랑. 사실 처음부터 우렁신랑은 아니었지. 얼마 전 새벽에 갑자기 남편이 벌떡 일어나더니 거실로 나가는 거야. 나는 이 사람이 바람이라도 피워 몰래 전화하려고 하나 하고 조심조심 따라 나가 봤더니 글쎄 남편이 거실을 치우고 있더라고.”

“어머, 왜 갑자기 밤중에 청소를 해?”

“얼마 전에 아래층에서 우리 집 애들이 너무 극성스럽다고 올라 왔거든. 내가 죄송하다고 사과하고 있는데 마침 남편이 퇴근해서 돌아온 거야. 남편은 매일 늦게 들어오고 집안일이며, 애들 키우는 거며 어려울 게 없는 거라 여기던 사람이었거든. 그런데 아래층에서 올라온 걸 보더니 놀란 모양이더라. 그날 아무 일 없이 잠들었다가 물 마시려고 잠시 일어났는데 자고 있는 내 얼굴을 보니 너무 안쓰러웠대. 하루 종일 두 녀석들하고 씨름하고, 밥하고, 빨래하고, 청소하고 하는 게 갑자기 너무 힘들겠다는 생각이 들었대. 그래서 청소만큼은 자기가 해야겠다는 생각이 들었대. 그날부터 청소는 애들 아빠가 해. 힘도 좋고 꼼꼼해서 내가 혼자 집안일 다 할 때보다 집이 더 깨끗해졌어.”

“그래서 집이 이렇게 깨끗하구나. 정말 부럽다.”

친구 집에서 커피를 마시면서 나도 남편의 자랑거리를 떠올리려고 노력했지만 머릿속에는 별 자랑거리가 떠오르지 않았다. 매일 늦게 귀가하고 가정적이지도 않고 그렇다고 돈을 많이 벌어오는 것도 아니고. 친구 집에서 가진 티타임 내내 나는 기분이 점점 우울해 졌다. 이렇게 자랑할 거리가 하나도 없는 남자와 결혼을 했나, 하는 생각이 들었다.

그러나 생각해 보면 결혼 전에 남편은 자상하고 따뜻했다. 다만 요즘은 우리 가족을 위해 일을 많이 해야 하기 때문에 시간이 없을 뿐이라고 스스로를 위로했다. 그래도 우울한 마음을 완전히 떨치기는 힘들었지만.

그날 밤 나는 남편에게 낮에 있었던 일을 이야기했다.

“진숙이 남편이 새벽에 일어나서 청소를 해 줬다고 자랑을 하는 거 있지. 걔는 늘 학교 다닐 때부터 입만 열면 자랑이더니 졸업하고도 그 버릇 못 고치고…….”

“당신, 그 친구가 부러웠어?”

“부럽긴……. 사실 조금. 나도 당신 자랑을 하고 싶은데 그 친구가 너무 자기 남편 자랑을 많이 해 버려서 거기서 내 남편 자랑은 꺼낼 수도 없더라고. 그렇다고 치사하게 잘생겼다고 자랑하기는 그렇잖아?”

남편은 내 말에 그냥 피식 웃었다. 내가 있는 그대로 말하지는 않았어도 내가 어떤 기분이었는지 느꼈던 모양이다.

그 다음날, 다시 남편의 귀가 시간이 빨라졌다. 일찍 와서 예전처럼 아이들과 놀아주었다. 아들은 아빠가 안아서 비행기도 태워주고 씨름도 가르쳐주자 까르르 웃으며 무척 좋아했다. 힘이 부치는 나는 아이들과 그렇게 놀아주기 힘들기 때문에 아빠가 놀아 주는 것이 신나고 재밌는 모양이었다.

게다가 남편은 설거지도 도와주고 내가 제일 하기 싫어하는 빨래 널기도 대신해 주었다. 아빠가 수건을 개자 아이들도 그게 놀이라고 생각했는지 자기들도 하겠다며 수건을 들고 난리법석을 떨었다. 그 모습을 보는 데 너무나 기쁘고 행복한 마음이 들었다.

"여보, 정말 고마워! 우리 시원하게 맥주 한 잔 어때? 애들도 다 자는데……."

"맥주 좋지. 베란다에서 마시자. 아까 빨래 널면서 보니까 이제 날씨 다 풀렸더라."

남편과 나는 오랜만에 둘만의 시간을 가졌다. 시원한 밤바람에 기분이 상쾌해졌다. 아이들이 생긴 이후에 늘 아이들과 함께 있어서 남편에게는 신경을 덜 썼구나, 하는 생각이 문득 들었다. 나는 술기운을 빌려 약간 애교 섞인 목소리로 남편에게 칭찬과 감사를 아끼지 않았다.

"당신 힘 많이 들지? 나도 알아. 오늘은 정말 고마워. 우리 남편 최고다. 이렇게 집안일도 도와주고 술친구도 해 주고."

"솔직히 힘은 들지만 기분은 좋다! 이야, 나 당신한테 칭찬받은 게 도대체 몇 년 만이지?"

"농담은……. 당신이 애야?"

"하하, 그동안 미안해서 그래. 회사일 핑계로 당신이랑 애들한테 신경 못 써서. 이제부터는 당신이 친구들한테 남편 자랑할 일 많아지도록 노력할게."

이제 자상한 아빠로 변한 남편을 보면서 나도 자랑거리가 많은 아내가 되기 위해 노력해야겠다는 생각을 했다. 힘들어도 우리 가족을 위해 묵묵히 작은 실천으로 믿음을 준 남편을 사랑한다. 이렇게 부부가 서로를 위하고 아낄 때 가정을 행복하게 이끌어 갈 수 있는 것 아닐까.

사위도 자식이다

처가와 시가가 무슨 차이가 있을까요?
'내 남편 낳아 주셔서 감사합니다.'
'내 아내 낳아 주셔서 감사합니다.'
양가 어르신들 모두 가장 소중한 우리의 부모님입니다.

저녁을 먹고 설거지를 하던 남편 재철 씨가 빨래를 개는 아내 혜련 씨에게 물었다.

"우리 마트 갈까? 당신 뭐 먹고 싶은 거 없어?"

"음, 떡볶이랑 순대 어때? 저녁엔 초밥 할인하니까 그거 좀 살까?"

"그럼 얼른 준비해. 난 설거지 다 했어."

"그래."

마트에는 밤인데도 사람들이 바글거렸다. 재철 씨는 카트를 밀고 혜련 씨와 나란히 걸었다. 혜련 씨는 천천히 이것저것 살피며 물건을 하나 둘씩 카트에 담았다. 그러다 갑자기 생각이 난 듯 이야기했다.

"아, 이번 어머님 생신엔 뭘 사갈까?"

"음, 갈비로 하자."

"어머니 치아도 좋지 않으신데 어떻게 드시라고 갈비야? 그냥 굴비나 갈치 같은 생선 종류로 하자."

"그래도 생선은 폼이 안 나잖아. 갈비로 하자."

"뭐? 그럼 우리 엄마 생신엔 왜 굴비로 한 거야? 폼도 안 나는 걸……."

"장모님은 생선 좋아하시고, 대신 용돈도 드렸잖아."

"우리 엄마도 갈비 드실 줄 알거든. 어쨌든 너무 무리하면 안 되니까 조기하고 요즘 유행하는 껍질째 먹는 유기농 과일로 하자."

"그래도 적은 액수 아니야."

"그래. 당신이 알아서 해."

"선물은 내가 알아서 할 테니 당신 나 몰래 따로 어머님 용돈 드리지 마. 그것도 내가 준비했거든."

"내가 무슨 돈이 있어서 용돈을 드려? 당신이 주는 쥐꼬리만한 용돈으로 차비하고 밥값하기도 빠듯한데."

"그럼, 작년 추석에는 어디서 나서 드렸어? 당신이 뒤에서 드리면 나만 나쁜 사람 되는 거야."

"그거야…… 어, 지금 오징어 세일한다. 내일은 오징어볶음 먹자. 당신이 만든 맛있는 오징어볶음이 먹고 싶다."

"확실하게 해. 아니면 나 이번에 안 내려갈 수도 있어."

"그래. 난 언제나 확실히 한다고."

혜련 씨는 재철 씨가 친정에 소홀하게 한다고 생각했다. 그래서 자신도 진심으로 시댁에 잘하고 싶다는 생각이 들지 않았다. 물론 재철 씨가 원래 이기적인 사람은 아니라는 걸 혜련 씨도 잘 알고 있다. 하지만 오늘처럼 사소한 부분에서 시댁 부모님은 신경 써 주면서, 친정 부모님은 똑같이 대해 주지 않는 게 섭섭했다. 이런 이야기를 하면 재철 씨는 아까처럼 화제를 돌리거나, 앞으로 잘하겠다고 약속은 하면서도 혜련 씨가 그런 얘기를 하는 게 불편하다고 했다. 혜련 씨가 너무 계산적이라는 것이다. 남편이 그렇게 말하니 혜련 씨는 더 따지다간 싸움 나겠다 싶어 입을 다물곤 했다.

거기다 시댁에 도착하면 시어머니는 당신 아들이 힘들게 운전하고 왔다며, 혜련 씨는 별로 신경도 쓰지 않고 남편만 챙긴다. 남편 손을 잡고 들어가 곁에 앉으셔서 음식도 이것저것 아들에게만 권하셨다. 그리고 툭하면 뭔가 바라는 말씀을 하셨다. '윗동네 누구 집에는 자식이 부모한테 땅을 사줬다더라, 니들은 둘이 벌어서 아직 집도 하나 못 샀느냐, 둘이 벌어 아직도 집을 못 사는 거 보면 살림을 너무 헤프게 해서 그런 것 아니냐' 등등 끝내 서운한 얘기를 하셨다. 참다못해 재철 씨가 한마디라도 하면 어머니는 섭섭해 하시며 혜련 씨를 나무랐다.

"네가 어떻게 했기에 재가 저렇게 변했니? 전에는 부모님 말이라면 무조건 '예' 했는데, 요즘은 어떻게 저렇게 달라졌는지……."

시어머니의 잔소리는 그것으로 끝나지 않았다. 남편은 결혼 전보다 통통하게 살이 올랐건만 '아범 밥 안 해 먹이니? 결혼하면 살이 오를 줄 알았더니만, 애가 이렇게 비쩍 곯았다'고 하신다. 정작 결혼하고 살이 10킬로그램 가까이 빠진 며느리한테 고생한다고 말 한마디 안 하시는 걸 보면, 며느리는 집안일 해주러 온 일하는 사람 취급받는 기분이 들었다. 그래서 혜련 씨는 시댁에 가면 함께 있어도 가족이라는 느낌이 들지 않았고, 불편하기만한 곳에 같이 가자고 자주 조르는 남편이 원망스러울 때도 있었다.

지난 추석에 혜련 씨는 식중독에 걸려 병원에 입원을 했었다. 그런데 시댁에 가는 것이 너무 싫었던지라 몸은 아팠지만 시댁에 가지 않아도 돼서 내심 좋아했다. 병원에 입원한 혜련 씨는 결혼 후 처음으로 명절을 편안하게 보냈다. 그런데 재철 씨가 시댁에 가지 않은 것에 대해 시부모님께 사과 전화를 드리라고 하도 성화를 부리는 바람에 그때는 살짝 말싸움을 했었다.

재철 씨가 아내의 서운한 기분을 전혀 모르는 것은 아니었다. 하지만 장남이라는 책임감에 아내가 먼저 시골집에, 그리고 시댁에 신경써 주기를 바라고 있었다. 서로 상대방에게 바라고 서운해 하는 마음 때문에 부부는 종종 다투기도 했다.

그러던 어느 날, 재철 씨는 혜련 씨에게서 혼자 사시는 장모님이 쓰러지셨다는 연락을 받았다. 놀라서 울먹거리는 목소리로 말했다.

"진정하고 내가 지금 병원으로 갈 테니까 당신도 일 마무리하고 빨리와."

재철 씨는 회사를 조퇴하고 서둘러 장모님이 계시는 병원으로 향했다. 먼저 도착한 재철 씨가 장모님의 입원 수속을 하고 간병인을 알아보는 중에 혜련 씨가 헐레벌떡 병원으로 달려왔다.

"당신 언제 왔어, 회사는?"

"장모님이 편찮으신데 회사가 문제야? 마음이 불안해서 회사에 앉아 있어도 일이 될 것 같지 않아서 얘기하고 달려왔지. 당신도 많이 놀랐지? 다행히 빨리 병원으로 옮겨서 괜찮으실 것 같다더라고."

"정말 괜찮으신 거야?"

"응, 내가 다 확인해 봤어."

재철 씨의 말에 혜련 씨는 겨우 진정하기 시작했다.

"내가 간병인 불렀으니까 너무 걱정하지 마."

"간병인? 비쌀 텐데……."

"그래도 할 수 없잖아. 당신이나 나나 직장에 다니느라 간병을 해 드릴 수도 없고, 그렇다고 처남 내외도 서울에 없으니……."

장모님이 입원해 있는 한 달 동안 재철 씨는 거의 매일 병원에 들러 장모님이 좋아하는 음식도 사다 드리고, 하루 종일 심심하실 거라며 잡지도 챙겨드렸다.

"장모님, 오늘 좀 어떠세요?"

"힘든데 뭐 하러 매일 와. 괜찮으니 이제부터는 집에 가 좀 쉬어."

재철 씨가 매일 저녁 병원으로 퇴근하자 병원에서 그는 효자 사위로 소문이 자자해져 혜련 씨의 어깨를 으쓱하게 했다.

"고마워. 우리 엄마한테 신경 많이 써 줘서."

"당신도……. 남처럼 왜 그래? 가족인데 이 정도는 당연히 해야지. 당신은 우리 어머니 쓰러지셔서 입원하시면 이렇게 안 해 줄 거야?"

"당연히 하지."

혜련 씨는 머쓱한 웃음을 지어 보였다. 혜련 씨는 재철 씨가 자기에게 며느리로서의 의무만을 강요한다고 생각하고 있었다. 그러나 사위로서의 의무를 다하는 재철 씨를 보면서 혜련 씨는 자신이 많이 오해하고 있었다는 것을 알았다.

그 일이 있은 후부터 혜련 씨의 명절증후군은 깨끗하게 사라졌다. 귀성길 차 속에서 부부가 싸우는 일도 없어졌다. 남편 앞에서 시댁 식구를 흉볼 일도 없어졌다. 재철 씨가 장모님께 행한 한 달의 노력으로 혜련 씨의 생각이 완전히 바뀐 것이다.

아내에게 시댁에 잘하라고 요구하기 전에 남편은 자신이 먼저 처가에 잘하고 있는지 한번쯤 돌아봐야 한다. 남편이 먼저 처가에 잘하면 아내 역시 시댁을 챙기는 것은 당연한 일이 아니겠는가.

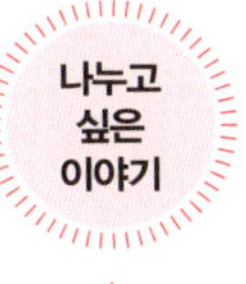

제 2의 인생 살게 된 것 진심으로 축하해

좋은 옷, 맛난 음식, 이제부터라도 챙겨 줄게요.
아픔 딛고 살아난 하나뿐인 내 사람!
이제 제2의 인생 살게 된 것 진심으로 축하합니다.

어떻게 보면 내가 아내를 만난 건 하늘이 내려준 행운과도 같았다. 집안 어른의 소개로 만난 자리에서 아내는 호리호리한 몸에 수줍게 눈을 내리깔고 있었는데, 그 모습이 마치 들꽃처럼 예쁘고 소담스러웠다.

첫인상처럼 아내는 항상 나를 이해해주고 보듬어 주어서 우리 부부는 가난한 살림이지만 행복하게 살 수 있었다. 중장비 기사인 내가 지방 출장 때문에 집을 비우는 일이 많았지만 아내는 두 아이를 건사하면서 가정을 잘 지켜 주었다.

큰아이의 결혼식이 끝난 다음날, 아내는 가슴에 몽우리 같은 것이 잡힌다는 말을 했다.

"언제 알았는데 이제야 말하는 거야?"

"민영이 결혼식 때문에 정신이 있어야지. 내일 병원 가보려고요."

아내를 병원에 보내고 나는 하루 종일 일이 손에 잡히지 않았다. 같이 갈 걸 그랬다는 생각이 들었다. 핸드폰에 몇 번 전화를 했지만 아내는 받지 않았다.

일을 마치기가 무섭게 퇴근한 아내는 평소와 다름없이 저녁 준비를 하고 있었다.

"하루 종일 어디 갔었어?"

"시장에요. 무가 제철이라 깍두기 담그려고요. 애들 신혼여행에서 돌아올 때가 되면 맛이 드니까요."

"병원에 가봤어? 뭐래?"

"검사를 해봐야 안대서 검사만 했어요. 경과는 일주일 후에 나온데요."

"아니, 무슨 검사 기간이 그렇게 길어?"

"당신, 왜 그래요? 밖에서 무슨 화나는 일 있었어요?"

"아니야. 그냥 검사 결과가 나올 때가지 기다리려니까 답답해서 그렇지. 그날은 같이 가자고."

내가 하루 종일 아내를 걱정하면서 얼마나 초조했는지 아내는 모르는 모양이었다. 일주일 후에 나는 혼자 가도 된다는 아내를 고집스럽게 따라나섰다. 의사에게서 하늘이 무너지는 소리를 들었다.

"유방암 초기입니다."

"네?"

"다행히 일찍 발견해서 수술을 해서 제거할 수 있습니다. 오늘 입원수속을 하시고……."

의사의 설명이 귀에 잘 들어오지 않았다. 오히려 아내가 설명을 듣고 있었다.

"여보, 당신이 이러면 어떡해요?"

아내의 말에 정신을 차려보니 나도 모르게 울고 있었다.

아내를 병원에 두고 나 혼자 집에 와서 아내의 짐을 챙기려 옷장 문을 열었다. 나에게는 밖에서 일하는 사람은 잘 입고 다녀야 한다며 계절이 지날 때마다 옷을 사주었으면서, 아내는 변변한 겉옷 하나 없는 건 물론이고, 속옷도 다 헤지고 낡았다. 한번도 돈을 아껴 쓰라고 잔소리를 한 적도 없고 월급을 몽땅 맡기고 지냈다. 아내는 그동안 아이 둘을 대학보내느라 자신을 위해서는 돈을 쓴 적이 없었다. 아이들 학비가 지원되는 직장에 다닌 것도 아닌데 나 혼자벌이로 아이 둘 다 대학에 보냈다고 하면 듣는 사람들이 다 깜짝 놀랐다. 입을 모아 모두 내 아내를 칭찬했고, 나는 그런 칭찬을 듣는 게 은근히 좋았다. 하지만 칭찬을 즐기기만 했지 좋은 옷 한 벌, 좋은 화장품 하나 사다 준 적이 없는 어리석은 남편이었다.

며칠 후, 7시간에 걸친 수술을 마치고 아내는 회복실에 누워 있었다. 아직 마취가 깨지 않은 아내의 손을 잡고 있으려니 그동안 아내에게 잘해준 일은 하나도 기억이 안 나고 잘못한 일들만이 떠올랐다. 아내의 생일을 잊어버리고 그날 친구들하고 등산 갔던 일, 여름에 샌들이 다 낡고 헤진 걸 봤으면서도 샌들 하나 사주지 못했던 일, 바쁘다는 핑계로 큰아이 결혼 준비를 오로지 아내에게만 미뤘던 일 등…….

마취에서 깬 아내가 힘없이 물었다.

"왜 울고 그래요. 애들처럼."

"울긴 누가 운다고 그래."

"오래 기다렸어요? 당신 기다리는 거 제일 못하잖아요. 우리 큰애 날 때 당신은 기다리다 지쳐서 근처 포장마차에서 술 마시고 있다가 우리 엄마한테 잡혀 왔잖아요."

"왜 지난 일을 들먹이고 그래. 그땐 철이 없어서 그랬지."

"그래요. 그땐 젊어서 우리가 이렇게 나이 먹을 줄 몰랐지요. 세월 참 빠르네요."

"여보, 그거 알아? 당신하고 결혼한 게 내가 태어나서 한 일 중에 가장 잘 한일이야."

아내는 활짝 웃으며 "저도요."하고. 아내의 병세는 빠르게 호전되었다. 퇴원을 앞둔 무렵, 나는 아내를 위한 선물을 준비했다.

언젠가 아내가 한번 뜻을 내비췄지만, 큰애는 대학생이라 돈이 많이 들어가고, 작은애가 입시생이였지만 돈·시간도 되지 않아서 아내가 포기했던 일이 하나 있었다. 그동안 사는 게 바쁘다는 이유로 지켜주지 못했던 약속이었다.

"아니, 이게 뭐예요?"

내가 아내에게 내민 것은 조금씩 용돈을 모아 만든 통장과 방송통신대학 입학원서였다. 아내를 위한 편지도 함께 넣어 두었다.

사랑하는 내 아내에게!

여보, 병마를 이기고 제2의 인생 살게 된 것을 축하하오.

고생만 시킨 이 못난 남편을 용서해 주오.

이제 아이들도 다 제 갈 길 가고 우리 둘 행복하게 사는 것만 남았소.

이제는 당신 하고 싶은 일 다 하고 살게 내가 도와주겠소.

당신을 사랑하는 남편.

요즘 아내는 뒤늦은 공부에 폭 빠져 있다. 그동안 가족을 위해 희생하느라 접어두었던 학업의 꿈을 다시 펼 수 있어서 하루하루가 즐겁다고 했다. 책을 들여다보는 아내의 눈동자가 희망에 빛나는 것을 보는 나 역시 기쁘고 뿌듯하기만 하다.

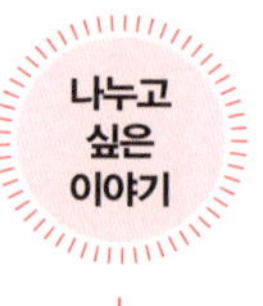

생생 임신 체험 교실

"오늘도 늦어?"

불만스러운 아내 미경 씨의 목소리에, 미안하다고 하려던 선우 씨도 그만 울컥 짜증을 내고 말았다.

"그럼 다 같이 마감 걸려서 야근하는데 나만 어떻게 빠져? 내일은 일찍 들어갈게. 먼저 자."

미경 씨는 임신 8개월째다. 몸이 무거워져 움직이는 게 힘들다고 했다. 혈액순환도 안 되고 소화도 잘 안 된다는 말을 입에 달고 살았다. 선우 씨는 자기 나름대로 할 만큼 했다고 생각했다. 아내가 먹고 싶다는 야식도 사다 주고 주말에 아내가 장을 보면 옆에서 들어주고 또 음식물 쓰레기도 버려다 주었다.

그런데도 자꾸 힘들다며 이것저것 부탁만 해대고 불평만 해대는 아내가 가끔은 이해가 안 되었다. 오늘만 해도 자신이 바쁜 시기라는 걸 알면서 위로는 못 해줄망정 일찍 들어오라고 난리만 치니, 일에도 치이고 아내에게도 치인다는 느낌에 선우 씨는 머리가 지끈거렸다. '누군 밖에서 놀다 들어가는 줄 아나, 흥.'

"김선우 씨, 잠깐 나 좀 보지."

상념에 젖어있는데 과장님의 호출에 선우 씨는 무슨 일일까 하며 따라 나섰다.

"자네가 여기 좀 다녀와."

과장님이 내놓은 것은 기획안과 행사 안내문이었다.

"이게 뭡니까? 생생 임신 체험 교실……"

"원래는 내가 다녀와서 기사를 쓰기로 했는데 다른 일정이랑 겹쳐서 도저히 안 될 것 같아서 말이야. 김선우 씨가 한 번 갔다 오지? 마침 안사람도 임신 중이니 같이 다녀오면 좋을 거야."

상사의 명령이므로 선우 씨는 어쩔 수 없이 다음날 아내와 함께 행사가 열리는 근처 복지관을 찾았다.

"어서 오세요. 어머, 배가 많이 부르셨네요."

"환영합니다."

입구에서 자원봉사자들의 안내를 받아 강당으로 들어가니, 예상했던 대로 자신과 같은 예비 부모들이 많았다.

선우 씨는 아내를 일단 자리에 앉히고, 강사가 강연을 하는 동안 녹음기를 틀고 촬영을 시작했다. 미리 양해를 구한 터라 순조롭게 진행할 수 있었다.

잠깐의 휴식시간 뒤에 자원봉사자가 선우 씨를 불렀다. 자원봉사자가 내민 것은 가슴과 배가 불룩한 볼썽사나운 옷이었다.

"기자님도 이거 하셔야 돼요."

"이게 뭡니까?"

"임신 체험복이라는 건데요. 임신한 아내의 몸이 얼마나 무겁고 힘든지 경험으로 알 수 있게끔 제작된 옷입니다."

"제가 이걸 꼭 해야 돼요?"

"그럼요, 기사를 쓰실 분이니 더더욱 하셔야죠."

자원봉사자들의 도움을 받아 선우 씨는 임신 체험복을 입었다. 마치 여자가 된 것 같아 가뜩이나 쑥스러운데 주위의 자원봉사자들과 아내까지 웃으니 얼굴이 화끈거렸다.

선우 씨는 옷을 입은 채로 자리에서 앉았다 일어나려다가 깜짝 놀라고 말았다.

"뭐가 이렇게 무거워?"

"10킬로그램 정도 된대."

아내 미경 씨가 말했다.

"거짓말! 아기가 그렇게 무거울 리가 있나."

"아기 무게만 있는 게 아니라 아기를 키워야 하니까 엄마의 무게도 늘어나는 거야.”

“으으…….”

선우 씨는 다른 예비 아빠들과 함께 강사의 지시대로 요가도 하고 걸어다니기도 하고, 청소며 설거지 등 집안일도 해보았다. 행동 하나 하나가 힘들고 배가 거치적거려서 여간 불편한 게 아니었다. 특히 장바구니를 들고 계단을 오르는 게 힘이 들었다.

두 시간 만에 선우 씨는 지쳐서 자리에 주저앉았다. 이마에 땀이 흐르고 허리도 지끈지끈 아파왔다.

“아이고, 정말 힘들다.”

그때 강사의 목소리가 들려왔다.

“자, 예비 엄마들은 예비 아빠한테 가서 물 한 잔 떠오라고 시키세요.”

“뭐라고?”

“여보, 들었지? 저기 가서 물 한 잔 떠다 줘. 아, 목마르다.”

선우 씨는 힘들어 죽겠는데 그런 잔심부름을 시키는 아내를 놀란 눈으로 바라봤다.

“뭐, 뭐? 이렇게 지쳐있는 사람한테 지금 물 심부름을 시키는 거야? 그 정도는 자기가 알아서 갖다 먹어야지, 하고 말을 하다가 선우 씨는 아차 하고 입을 꾹 다물었다.”

바로 자신이 어제까지만 해도 아내에게 이런저런 잔심부름을 시키지 않았던가!

아침에 어쩌다 늦잠을 자서 아침상을 차리지 못한 걸 가지고 게으르다고 타박하고, 밥 먹을 때 김치 좀 더 꺼내 오라, 물을 가져오라, 양말을 찾아다줘라, 와이셔츠를 다려달라 등등. 자신의 모습이 머릿속에 스쳐 지나갔다.

선우 씨는 묵묵히 아내에게 물을 떠다 주었다. 미경 씨는 이마에 땀을 흘리는 남편이 안쓰러웠는지, 강사가 이것저것 시키라고 주문을 하는데도 더 이상 다른 심부름을 시키지 않았다.

“여보, 고마워. 힘들지?”

“이 정도야 뭐.”

말은 퉁명스럽게 했지만 선우 씨는 깨달은 바가 많았다.

임신을 하면 ‘무거운 몸’이라고 하는 게 그냥 비유적으로 하는 말인 줄로만 알았는데, 정말로 무거워서 그냥 돌아눕기도 힘든 몸이었던 것이다.

‘괜히 징징거리는 게 아니었구나.’ 하고 선우 씨는 미안한 마음이 들어 아내 미경 씨의 손을 잡았다. 다른 부부들도 서로 손을 잡고 이야기를 나누고 있었다.

“여보, 그동안 내가 당신 힘든 거 이해해 주지 못해서 미안했어.”

선우 씨가 용기를 내어 사과를 하자 미경 씨는 기쁜 듯 웃었다.

“아니야, 나도 신경이 날카로워져서 당신한테 기대려고만 했던 거 미안해. 요즘 마감이라 바쁘지? 저녁은 어떻게 먹어?”

“회사에서 먹지.”

"컵라면 같은 걸로 때우는 거 아니야? 내가 도시락 싸줄까?"

"됐어. 힘들게……."

"당신 얼굴이 마르는 거 같아서 그래."

오랜만에 아내와 따스한 대화를 나누다 보니 선우 씨는 어쩐지 가슴이 뭉클해져 왔다. 미경 씨도 같은 기분을 느꼈는지 두 사람은 좀 더 힘 있게 서로의 손을 꼭 잡았다.

선우 씨는 자신이 체험하고 느낀 그대로 기사를 썼고 독자들에게서 훈훈하고 따뜻하다는 좋은 평을 받았다. 그 후 선우 씨는 그때의 무거움과 괴로움을 항상 기억하면서 아내를 돕고 챙겨주려고 노력했다.

그리고 아내가 드디어 예쁜 아기를 낳았을 때 부부는 더 큰 감동을 느낄 수 있었다. 아내의 고통을 이해하고 함께 나누었으니 기쁨 역시 더더욱 크게 다가올 수 있었다.

특별한 이벤트로 달콤한 사랑 전하셔요

다음은 재만 씨의 결혼기념 5천 일 이야기다. 결혼하면서부터 아주 멋진 계획을 세워 두었다. 결혼한지 꼭 5천 일이 되는 날, 아내를 위해 파티를 열어 준다는 계획이었다.

재만 씨는 1년이 365일이니까 아마 14년 조금 못 돼서 하면 되겠지, 하고 느긋하게 생각하고 있었는데, 그 날짜를 계산해보고 그만 깜짝 놀라고 말았다. 그날이 바로 코앞에 닥친 것이다.

재만 씨는 부랴부랴 잔치 준비를 시작했다. 기념일에는 뭐니뭐니해도 케이크가 빠질 수 없는 일, 그는 직접 케이크를 만들 수 있는 공방에 찾아가 제빵사에게서 1일 특별 훈련을 받으며 케이크를 만들었다.

자신의 손으로 부들부들 떨면서 조심스럽게 빵에 생크림을 바르고 그 위에 초코 크림으로 '연희야, 사랑해'라고 썼다. 과일들로 주변을 장식하고 작은 하트 초콜릿도 뿌렸다. 케이크 위에 꽂을 예쁜 색양초와 샴페인도 준비했다. 그 후에 잘 아는 식당에 가서 자신이 만든 메뉴판을 건네면서 신신당부했다.

"저녁 때 올 테니까 꼭 이 메뉴판으로 갖다 주세요. 부탁드립니다."

모든 준비를 마친 그는 아내에게 전화를 걸었다.

"오늘 일찍 끝나지? 그럼 퇴근하고 오랜만에 밖에서 저녁이나 먹고 들어가자."

"무슨 좋은 일이라도 있어?"

"일은 무슨 일, 그냥 당신하고 맛있는 거 먹고 싶어서."

아무런 눈치도 채지 못한 아내는 그저 오랜만에 외식을 한다며 좋아했다.

재만 씨는 아내를 데리고 식당으로 갔다. 주문을 받으러 온 직원은 그가 미리 놓고 간 메뉴판을 아내에게 건넸다. 메뉴판을 읽던 아내는 신기한 것을 본 사람처럼 놀라더니 웃기 시작했다.

"여보, 이 집 정말 재밌다. 고기 이름에 사랑이 붙어 있어. 사랑의 안창살, 사랑의 차돌박이, 사랑의 등심, 그리고 다 5천 원이야. 어머, 술까지? 사랑이 무르익는 술 5천 원?"

"행사 때문에 싸게 파느라고 그러나 봐. 그리고 음식 이름에 사랑이 붙어 있으니까 난 더 좋은데."

고기가 숯불 위에서 춤을 추고 있었다.

"여보, 사랑이 무르익는 술 한 잔 받아."

"하하, 이 술을 마시면 사랑이 무르익는단 말이지?"

그는 아내에게 술을 따르며 말했다.

"오늘 무슨 날인지 알아? 우리가 만나서 결혼한 지 오늘이 딱 5천 일 되는 날이야. 당신, 지금까지 너무 고생 많았어. 그리고 고마워."

뜻밖의 말에 잠시 어안이 벙벙해진 아내는 그제야 메뉴판에 적힌 음식 이름과 5천 원이라는 가격의 의미를 이해할 수 있었다. 아내는 콧등이 시큰해지는 것을 느꼈다.

식사를 마치고 그는 아내를 노래방으로 데려갔다. 그리고는 노래방 주인에게 부탁해서 딱 5천 원어치만 부르게 해달라고 부탁하고, 5천 원어치 음료와 간식을 사서 아내와 노래를 부르며 즐거운 시간을 보냈다.

"여보, 오늘 너무 고마웠어요. 평생 잊을 수 없을 거예요."

그는 아직 5천 일 기념 파티는 끝나지 않았다고 말하고 싶었지만 꾹 참았다. 그리고 아이들이 잘 있는지 궁금하다며 집으로 전화를 했다.

"너희들 아직 안 자고 있니?"

"네."

"그래, 그럼 얼른 불 끄고 자라."

"네!"

이 말은 아버지와 아이들이 정한 암호였다. 곧 집에 들어갈 테니까 준비를 해놓고 기다리라는 뜻이었다.

집으로 돌아와 현관문을 먼저 연 아내는 깜짝 놀랐다. 어두운 거실 저편에서부터 다섯 개의 은은한 불빛이 다가왔기 때문이다. 자세히 보니 아이들이 케이크를 들고 걸어오고 있었다. 아이들은 생일 축하 노래를 '5천 일 축하합니다'라고 가사를 바꾸어 불렀다. 노래가 끝나자 큰애가 샴페인을 가져와 터뜨렸다. 아내는 너무 놀라고 기뻐서 입을 다물지 못했다.

어느덧 새벽 2시가 되었다. 아이들은 각자 방으로 가고, 그와 아내는 침실로 들어가 불을 켰다. 아내가 침대 옆으로 돌아서려는 순간, 그는 갑자기 '두두두둥……' 하고 나지막하게 외쳤다.

그때 침대 옆 흰 천에 둘러싸인 물건이 아내의 눈에 들어왔다.

"당신이 그 천을 벗겨 봐."

남편이 그 곳으로 아내를 이끌었다. 아내가 천을 벗겨내자, 거기에는 조그맣고 예쁜 화장대가 있었다.

"더 크고 좋은 걸로 사주고 싶었는데……. 항상 쪼그리고 앉아서 화장하는 당신을 볼 때마다 꼭 화장대를 선물해야지 마음먹었는데 이렇게 오래 걸렸네. 너무 늦었지만 받아줄 거지?"

아내는 저녁부터 참았던 눈물을 터뜨리고 말았다. 남편을 부둥켜안고 흐느꼈다. 너무나도 기뻐서 나온 감격의 눈물이었다.

"여보! 고마워. 그리고 사랑해요."

아내는 그 후로 계속 화장대 거울 한 귀퉁이에 남편이 적어놓은 메모를 보며, 결혼 5천 일의 행복한 순간들을 죽을 때까지 잊지 않겠다고 다짐했다.

'결혼 기념 5천 일'을 맞이하여
더 세월이 가기 전에 당신의 아름다운 모습 잘 지키고,
당신의 모습에서 나의 모습도 가끔 찾아보면서
앞으로도 정답게 서로 사랑하며 삽시다.
사랑하오.

당신의 남편이.

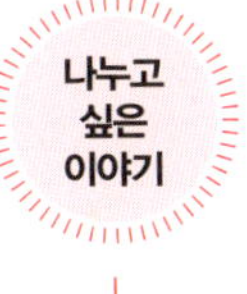

좋은 아빠 모임 발을 씻겨 주는 부부

당신의 발에는 가족을 위한 헌신과 사랑이 묻어납니다.

손바닥의 온기로 감사의 마음을 전합니다. 오늘 하루도 수고 많았어요.

아내와 나는 신혼 초에 너무 많이 다퉜다. 서로 환경이 다르게 살아온 사람이 만나 살다 보면 싸움도 당연하다는 게 주변 사람들의 말이었지만 우리는 너무 자주 싸웠다.

예를 들면 이런 식이다.

"우리 오랜만에 맥주 한잔 어때?"

"좋지!"

"그럼 내가 설거지하는 동안 자기가 준비해."

"알았어."

"설거지를 마치고 나온 아내는 이 맥주 싫던데, 쓴맛이 너무 강해."

"그래? 그럼 당신이 좋아하는 거 가져와."

"당신이 서비스 하는 거 끝까지 하면 좋잖아. 응?"

"내가 당신이 뭘 좋아하는지 어떻게 알아? 당신이 가져 와."

"됐어. 나 안 마실래. 내가 좋아하는 맥주를 사달라는 것도 아니고 냉장고 안에 있는 거 꺼내서 가져다 달라는데 그것도 못해 줘?"

"당신이야말로 그래. 내가 기껏 챙겼는데 입맛에 안 맞아도 좀 참으면 안 돼? 분위기까지 깨 가면서 꼭 당신 입맛에 맞는 맥주를 가져다 대령해야 하냐고. 나도 됐어. 관두자고."

우리의 갈등은 이렇게 늘 작은 것에서 시작했다. 저녁을 먹고 같이 분위기를 내자며 맥주잔을 기울이다가도 싸워서 등 돌리고 자고, 또 마음먹고 오랜만에 외출을 했다가도 싸워서 따로따로 집으로 돌아오는 날이 많았다. 한쪽이 양보하면 넘어갈 법도 한데 우리는 서로 고집 피우는 것도 닮아서인지 누가 먼저 양보하는 일이 없었다.

결혼 전에는 서로가 잘 맞는 상대라고 생각하고 결혼했다. 하지만 역시 결혼은 현실이라는 말이 맞는 건지 모르겠다는 생각이 들었다. 그럼 아내와 나는 그 현실의 벽에 부딪혀 이렇게 서로 다툰 것일까? 우리는 심각하게 이혼을 고려할 만큼 대화가 되지 않았다. 서로에 대한 원망과 미움만 쌓여 갔고 점점 지쳐만 갔다. 마침내 며칠 동안 서로 말 한마디 하지 않고 남처럼 지내던 내가 아내에게 제안했다.

"우리 이렇게 살지 말고 그냥 이혼하자. 이게 사는 거니?"

"좋아. 나도 동감이야."

"그래. 그럼 서류는 내가 준비할 게."

"알았어."

결혼 후 처음으로 본 의견 일치가 이혼이라니 한편으론 기가 막혔다. 여기까지가 우리의 인연이라는 생각에선지, 싸움에 지쳐선지 한편으론 후련한 생각이 들기도 했다. 가정법원에서 가져온 이혼서류에 서로의 이름을 쓰고 도장을 찍었다. 서류를 제출하기까지 모든 일이 일사천리로 빠르게 진행되었다. 나는 짐을 챙겼다. 집은 아이와 아내에게 주고, 나는 본가로 들어가기로 했다.

아내는 우리의 마지막 날을 위해 내가 좋아하는 부대찌개를 끓이고 소주도 준비했다. 나는 빈속에 소주 한 잔을 들이켰다. 소주 기운에 뱃속이 따뜻했다. 우리는 말없이 몇 잔의 소주를 나눠 마셨다.

"내가 없어도 당신, 잘살 수 있지? 현주는 일주일에 한 번씩 만나러 올게. 당신에게 새로운 애인이 생기면 그럴 수도 없겠지만 말이야."

"자기랑도 못 사는데 내가 누구랑 살겠어? 그럴 일 없을 테니까 현주 보고 싶으면 언제든지 보러 와."

"고마워. 난 당신이 평생 동안 날 용서하지 않을 줄 알았어."

내 말에 아내는 눈을 동그랗게 뜨고 나에게 물었다.

"아니, 내가 왜?"

"내가 당신 인생에 이혼 딱지를 달아 줬잖아."

"왜 그런 생각을 해. 우리가 헤어지는 게 당신 잘못만은 아니잖아. 나도 잘못한 거 많아."

"그렇게 말해 주니까 오히려 내가 미안해. 오늘이 우리가 같이 사는 마지막 날이구나. 마음이 참 무겁다."

"사실은…… 나도 슬퍼. 나 그동안 자기한테 잘못한 거 많았지? 너무 바라기만 하고 우리 엄마가 나한테 하듯 다 해주기만을 바랐거든."

나는 문득 아내와 결혼 후 처음으로 싸우지 않고 오랫동안 속마음을 솔직히 털어놓고 있다는 사실을 깨달았다.

"우리가 결혼하고 이렇게 속 깊은 얘기를 오랫동안 이야기한 적이 있었나?"

"아니. 아마 처음인 것 같아."

"난 당신하고 오늘이 마지막이라고 생각하니까 그동안 내가 조금 더 양보하고 이해 못한 게 후회 돼."

"당신도 그래? 나도 그래."

"그럼……. 우리 일주일만 더 같이 살아볼까?"

"그렇게 해도 괜찮을까?"

"그럼. 누가 뭐라겠어. 이혼 서류를 법원에 제출하기만 했지. 이혼 판결을 받은 것도 아니잖아. 이혼 판결이 날 때까지 같이 살아도 누가 뭐라 할 사람 없어."

그렇게 일주일만 더 살기로 했었지만 일주일이 한 달이 되고, 한 달이 다시 일 년이 되고, 결국 우리 부부는 그날 이후 싸움을 하지 않는 잉꼬부부로 변했다. 그리고 우리의 이혼 소동은 싱겁게 끝이 나고 말았다. 그 일이 있은 후부터 아내와 나는 언제나 오늘이 서로에게 마지막 날이라고 생각하며 서로의 마음을 이해하려고 애쓰고 최선을 다해 봉사하고 사랑하려 노력했다. 이번에는 내가 양보해 볼까? 이거 하나만 내가 져줄까?

어느 날은 아내가 안방에 있던 나를 급히 불렀다.

"여보, 이리 좀 와봐. 빨리빨리!"

"무슨 일이야? 뭔데 그래?'

"저것 좀 봐."

아내가 가리키는 곳에 남자들이 쪼그리고 앉아 여자들의 발을 씻겨 주는 장면이 화면에 잡혔다. 무슨 일인지 발을 씻겨 주는 사람도, 씻김을 받는 사람도 모두 울고 있었다. 궁금해진 나는 아내에게 물었다.

"뭐야? 저 사람들 왜 저렇게 우는 거야?"

"응, 좋은 아빠 모임인데 마지막 코스로 아내의 발을 씻겨 주는 거래."

"나 참, 다들 꼴값들 하고 있네."

"자기, 어떻게 그렇게 말할 수 있어? 처녀 시절에 아내 발이 저렇게 갈라지고 굳은살이 박혔겠어? 다 남편 만나 고생하고 사느라 굳은살도 생기고 그런 거지. 부잣집 사모님 됐어 봐. 기사들이 알아서 모셔다 드리고, 도우미 아주머니가 살림 도와주고, 애들은 가정교사한테 맡기고 살면 발에 굳은살이 생기고 싶어도 생길 수가 없을 거 아냐. 그러니까 그렇게 고생한 생각해서 가슴이 아프니까 우는 거잖아."

"남들이 할 일을 다 알아서 해 주면 사모님은 뭘 해? 집에서 할 일이 없어지잖아. 심심할 텐데 그게 좋을 게 뭐 있어?"

"그러네. 심심한 사모님들은 뭘 할까?"

"뭘 하긴. 제비 몇 마리 키우겠지."

"치!"

"그런데 겨우 저거 보라고 날 불렀어?"

"응. 나도 당신이 발 씻겨 줘."

"싫어. 귀찮게 무슨……."

"뭐? 귀찮아, 당신 너무하는 거 아냐? 내가 당신이랑 결혼해서 지금까지 얼마나 고생하며 살았는데 발 닦아 주는 게 귀찮다는 게 말이 돼?"

"귀찮은데 그럼 어떻게 해?"

"좋아. 그럼……. 에잇, 받아라! 마누라의 간지럼 공격! 폭폭폭!"

나는 간지럼에 가장 약하다. 특히 웃고 있는 중에 허리 근처에 손이 오면 닿기도 전에 그 부분이 찌릿하며 간지럽다. 이런 나를 잘 알기 때문에 아내는 가끔 간지럼 공세를 펼쳤다. 나는 눈물까지 그렁그렁 매달고 아내의 공격을 받아냈다.

"그, 그만해. 또 장이 꼬이는 것 같아."

"어머, 아파?"

"응. 너무 아파서 못 움직이겠어."

어릴 적에 친구들이 내게 심하게 간지럼을 태운 적이 있다. 그때 얼마나 심하게 웃었는지 나는 장이 꼬여 병원에 입원했다. 그 이후 크게 놀란 어머니는 신학기 때 적어 내는 학생 인적 사항에 언제나 나의 간지럼 사건에 대해 적으셨다. 또 새로운 친구들이 집에 놀러 오면 나의 간지럼 사건에 대해 이야기하시며 특히 조심해 달라고 엄숙한 얼굴로 말씀하시곤 했다. 또 아내에게도 몇 번을 당부 차원에서 이야기하셨다. 어머니가 얼마나 많은 과장을 섞었는지 아내는 간지럼을 태우다가 '장'이라는 한마디만 들어도 놀라 나를 소파에 옮겨 놓고 내가 해 달라는 대로 다 해 준다.

이번에도 아내는 나에게 속았다. 아내는 무거운 나를 끙끙거리며 소파로 끌고 갔다. 나는 그런 아내를 골탕이라도 먹이듯 몸에 힘을 빼 아내를 더욱 힘들게 했다. 온 힘을 다해 나를 소파에 끌어다 놓아도 나의 꾀병은 계속된다.

"주물러 줘야 풀어지지. 아야."

아내는 순진한 아이처럼 땀까지 흘리며 내 팔다리를 주물러 준다. 내 절반밖에 안 되는 사람이 그러고 있으면 불쌍하기도 하지만, 재미도 있고 아내에게 내가 얼마나 중요한 사람인지 느껴서 흐뭇하다. 이 이야기를 가까운 사람들에게 하면 사람들은 나에게 '양치기 소년' 이라고 한다. 나는 아내의 안마를 받으며 기분 좋게 잠이 들었다. 자고 일어나 보니 아내도 피곤했던지 내 발치에서 졸고 있었다. 가슴에 뻐

근함이 느껴졌다. 이런 게 행복일까?

어느 날 아내는 퇴근하고 돌아온 나에게 소파에 앉도록 시켰다.

"옆구리 찔러 절 받아야지. 뭐, 어휴."

그러더니 아내는 대야에 물을 떠 와서 내 발을 씻겨 주었다. 나도 씻을 때 외에는 손에 대지 않는 발을 정성스럽게 매만져 주니까 아내에게 무척 사랑받고 있다는 느낌이 그대로 전해지는 듯했다. 아내가 내 발을 다 씻겨준 뒤, 나 역시 아내를 소파에 앉혀 놓고 발을 씻겨 주었다. 아내도 나와 같은 기분이었을까? 조금은 쑥스럽고 엄숙한 시간이었다.

그날 이후로 우리 부부는 서로에게 기분 나쁜 일이 생기면 서로의 발을 씻겨 준다. 그러면서 마음에 맺힌 상처를 풀어내곤 한다.

만약 부부가 같이 사는 데 유효기간이 존재하고 그 기간이 1년뿐이라면 어떨까? 1년이란 시간은 사랑만 하기에도 짧은, 소중한 시간이 될 것이다. 서로 사랑하며 보내는 1년, 1년이 쌓여서 평생이 되는 것, 그것이 곧 행복한 결혼 생활이 아닐까.

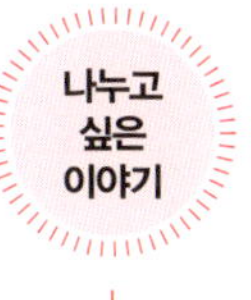

우리 부부 생활 어디서부터 잘못된 걸까

부부 싸움에서 져 주어도 하나도 분하지 않은 부부가 있습니다. 이기면 오히려 기쁘지 않고 미안함만 남습니다. 부부 싸움은 져 주는 것이 곧 이기는 것입니다.

가끔은 작은 부부 싸움이 발단이 되어 이혼이라는 극단적인 상황까지 몰고 가는 경우도 있다.

부부 싸움이 아내와 남편이 마음에 품은 갈등을 해소해 가는 방법 중 하나라는 생각을 하면 나쁜 것만은 아니라고 여겨진다. 어느 선을 넘지 않는다면 싸움도 하나의 소통 방식이다. 싸울 땐 싸우더라도 그로 인해 서로의 불만과 소망이 무엇인지를 밝히고 화해하고 더욱 서로를 보듬는 방향으로 나간다면 좋은 결과를 맺을 수 있는 것이다. 그러나 상대방에 대한 이해와 배려없이 고집과 자존심만 앞세우다 보면 싸움이 크게 번지고 서로에게 큰 상처를 남길 수도 있다.

일단 부부 싸움이 시작되면 아내를 끝까지 몰아세워 잘못했다는 사과를 받아내는 남편이 있다. 혜란 씨 남편 성호 씨가 그랬다. 혜란 씨와 성호 씨는 결혼 12년차 부부다. 평소에는 사이좋은 부부지만 사소한 문제로 싸움이 시작되면 남편 성호 씨는 아내를 끝까지 몰아세워 꼭 사과를 받아내곤 했다. 그런 남편의 태도에 혜란 씨는 큰 불만을 품게 되었다. 남편이 원인을 제공해서 부부 싸움을 할 때도 있었다. 그런 경우에도 남편은 자신의 잘못은 인정하지 않은 채 혜란 씨의 사과만 받아내려 했다. 잘못한 게 없는데도 우격다짐인 남편의 태도에 못 이겨 억지 사과를 한다는 것은 혜란 씨의 자존심에 큰 상처를 남겼다.

오랜만에 동창 모임에 다녀온 혜란 씨는 기분이 별로 좋지 않았다. 남편의 승진을 자랑하는 친구, 재테크로 아파트 평수를 넓혀간 친구들의 이야기를 듣다 보니 자신은 점점 뒤처지고 있다는 생각이 들었기 때문이다. 회사에서 돌아온 성호 씨가 안색이 밝지 않은 아내의 얼굴을 보고 물었다.

"당신, 왜 그래? 뭐 기분 나쁜 일 있었어?"

따뜻한 목소리로 남편이 묻자 혜란 씨는 친구들과 만나서 느꼈던 기분을 남편에게 털어놓고 위로받고 싶은 마음에서 입을 열었다.

"오늘, 친구들 만났는데 그 친구들은 다 잘사는 것 같더라고."

"그래? 잘사는 친구 뒀으니 당신 기분도 좋아야지."

"내가 기분 좋을 일이 뭐가 있어? 나는 이렇게 별 볼 일 없이 사는데."

"당신이 어때서? 집 있지, 남편 있지, 자식들 있지. 그리고 아직 처녀처럼 이렇게 예쁘지. 불만이 뭐가 있어?"

"치이. 누가 그런 공치사에 속을 줄 알아?"

남편이 농담으로 그냥 넘어가려는 것 같아서 혜란 씨는 좀 더 얘기를 이어갔다.

"당신 현숙이 알지? 걔는 남편이 승진해서 이번에 집에서 축하 파티를 했는데, 남편 후배들이 사모님, 사모님 하는데 피곤이 싹 달아나고 그렇게 좋을 수가 없대. 그리고 지연이 알지? 나보다 키도 작고 주근깨 난 애 말이야. 걔는 솔직히 예쁘지도 않은데 옛날부터 남자한테 관심도 없고 선도 안보고 일만 하고 다녀서 결혼이나 하려나 싶었거든. 그런데 남편을 진짜 잘 만났지 뭐야. 얼마 전에는 아파트 평수를 넓혀서 이사했대. 그래서 그런지 십 년은 젊어 보이더라. 걔들은 무슨 복이 그렇게 많은 건지 모르겠어. 남의 복까지 싹 긁어 갔나 봐."

혜란 씨의 말에 성호 씨는 아무런 대답도 하지 않고 딱딱한 표정으로 갑자기 신문을 펴들고 읽기 시작했다. 평소 같으면 성호 씨의 이런 태도를 보고 남편 기분이 상했다는 걸 눈치 챘을 혜란 씨였지만 속상한 마음에 위로 한마디라도 받고 싶어서 계속 말을 이었다.

"다시는 동창회 안 나갈 거야. 기분 나빠서 못 다니겠어. 별 볼 일 없던 애들이 남편 잘 만나 호강하는 것도 솔직히 그런데, 계속 자기 자랑만 하는 꼴을 보고 있자니 눈꼴이 시어서 못 봐주겠더라."

성호 씨가 거칠게 신문을 내려놓더니 목소리를 높였다.

"그래서 어떻다는 거야? 무슨 얘기를 하려고 이렇게 뜸을 들이는 거냐고. 남편 잘못 만났단 얘기하고 싶은 거 아냐!"

"아니, 누가 그렇대? 당신 무슨 콤플렉스 있어? 왜 넘겨짚고 그런 소릴 해?"

"그래. 나 콤플렉스 있다. 승진도 못하고 만날 언제 잘릴까 전전긍긍하는 못난 남편이다. 왜!"

"아니, 갑자기 왜 그런 소리를 해?"

"잘난 남편들 얘기 듣고 보니 결혼 잘못했다는 생각이 새록새록 들겠지. 그러니까 내가 친구들 만나봐야 좋을 거 없다고 했지? 당신 친구들 만나고 와서 기분 좋았던 적 한 번이라도 있었어?"

"그거야……."

"친구들 만나고 오면 항상 투덜거리고 며칠씩 기분 나빠하잖아. 그러면서 뭐하러 친구들은 만나고 다니느냐고, 잘난 남편들 얘기 듣고 와서 넌 이렇게 못난 놈이다, 확인시켜 주려고 그러는 거야."

"아니, 누가 그렇대? 기가 막혀서. 그래. 솔직히 나나 되니까 당신 같은 사람이랑 살지. 요즘 세상에 누가 당신 같은 사람이랑 살 줄 알아? 툭하면 괜히 화내고 없는 말 하고."

"당신 말 다했어? 당신이 대단한 사람인 줄 아는데, 당신이 할 줄 아는 게 뭐가 있어? 살림을 잘해? 애들을 잘 키워? 툭하면 집이나 비우고 벌어다 주는 돈 쓰면서 그것도 요령 있게 쓰지도 못해서 월말이면 허덕거리고. 잘하는 게 한 가지라도 있어야지. 오늘 일도 그래. 왜 가만있는 사람한테 시비를 거냐고. 당신이 잘못했으니까 어서 사과해."

"어휴, 정말, 당신하곤 말이 안 통해."

"뭐? 이 여자가. 당장 사과 못해?"

"당신은 밴댕이 속보다 더 좁은 남자야. 당신 같은 사람에게 시집온 내가 잘못이지."

혜란 씨의 말에 성호 씨는 더욱 화가 나서 어쩔 줄 몰랐다.

"뭐어? 이 여자가 말이면 다인 줄 아나. 당장 사과하지 못해!"

"사과라니. 내가 뭘 잘못했다고 사과하래?"

혜란 씨는 혜란 씨대로 자신의 마음을 제대로 읽어주지 못하고 삐뚤게 나오는 남편이 미웠고 성호 씨 역시 다른 집 남편과 비교당한 일이 상처로 남아 마음이 상했다. 성호 씨는 혜란 씨에게 일방적인 사과를 강요했다. 그러나 혜란 씨는 이번에는 무슨 일이 있어도 먼저 사과하지 않겠다는 결심을 굳혔기에 이들 사이에 냉전이 계속됐다.

그러자 아이들의 태도가 좀 이상해졌다. 엄마와 아빠 사이에 한랭 전선이 흐르자 아이들은 긴장하고 불안해했다. 초등학교 3학년인 큰 아이는 공부에 집중하지 못했고, 유치원에 다니는 둘째는 자다가 이부자리에 지도를 그렸다. 이렇게 되자 이들 부부는 아이들의 불안부터 없애줘야겠다는 생각을 했다.

퇴근길에 집으로 돌아가던 성호 씨는 맥주 두 병을 샀다. 남편이 맥주를 사 들고 온 것을 본 혜란 씨는 집에 있던 마른안주를 간단하게 준비했다. 두 사람은 식탁에 마주 앉아 술잔을 기울였다. 남편이 먼저 말문을 열었다.

"아이들을 생각해서라도 서로 마음 풀자."

"나도 그럴 생각이었어. 그날은 내가 잘못했어. 미안."

"아니야. 내가 잘못했지. 그런데 당신이 친구들 잘난 남편들하고 날 비교하니까 기분이 안 좋더라고. 화내서 미안."

이렇게 말하면서 성호 씨는 아내를 바라보고 쑥스러운 듯 웃었다.

"나는 당신이 잘 나가든 못 나가든 제일 사랑해. 당신을 사랑하지 않았다면 어떻게 결혼을 결심했겠어? 나는 그냥 당신한테 위로를 받고 싶었던 것뿐이지. 친구 남편들하고 당신을 비교하려고 한 건 아니었어. 당신이 그렇게 받아들여서 나도 화가 나는 바람에 또 싸우고 말았지 뭐."

"알아. 당신이 홧김에 심한 말 했던 것처럼 나도 그때 한 말은 다 진심이 아니었어. 홧김에 쏟아져 나온 말이니까 이제 다 잊어 줘."

"응. 부부싸움에선 지는 게 이기는 거라더니. 정말 맞는 말인 것 같아. 당신하고 내가 서로 잘못했다고 사과하니까 문제가 금방 풀렸잖아."

어쩐 일인지 성호 씨는 이날 평소보다 용기를 내어 속에 있는 말을 하고 혜란 씨에게 진심으로 사과했다.

"지금까지 늘 당신이 먼저 사과했으니까 항상 당신이 날 이긴 거네.

사실 내가 잘못했으면서도 인정하기 싫어서 항상 당신 힘들게 했지. 당신은 늘 져주고 내 잘못도 다 감싸주고, 고맙고 미안하다."

성호 씨는 소리 내어 웃었다. 그동안 아내가 자기보다 넓은 포용력으로 자신의 허물을 덮어준 덕택에 두 사람의 관계가 이만큼 유지되어 왔다는 것을 성호 씨도 알게 되었기 때문이다. 물론 이후에도 두 사람은 종종 싸웠지만 예전과는 달라진 점이 있었다.

"여보! 우리 부모님한테 너무 무성의한 것 아니야? 용돈 넣은 것도 그렇고. 아까 나올 때 당신 태도가 그게 뭐야? 지나가는 노인한테도 그러진 않겠다."

"내가 뭘? 저녁때까지 있으려니 피곤해서 그런 거고. 용돈은 우리 살림에 그 정도면 많이 준비한 거 아니야? 요즘 애들한테 들어가는 돈이 얼만데. 불만이면 당신이 좀 더 벌어오든가."

성호 씨는 감정이 격한 상태에서는 해결되는 것 하나 없이 서로 목소리만 커지고 싸움만 심해진다는 것을 경험으로 깨달았기 때문에 화를 누그러뜨리고 말했다.

"당신이 적은 돈으로 살림하느라 힘들게 만든 건 미안해. 그런데 내가 너무 부모님한테 면목이 안서서 그래. 당신 입장에서는 시댁이 불편한 거 알고 있지만, 나는 당신이 우리 부모님한테 잘해서 칭찬 듣고 예쁨 받으면 좋겠어."

그동안 혜란 씨는 자기 본심이 아닌 성호 씨의 요구 때문에 억지로 사과를 해왔던 터라 자존심이 상했다. 하지만 성호 씨가 먼저 이렇게 솔직하게 다가오자 혜란 씨도 저절로 마음이 풀렸다. 마치 강한 바람보다는 따뜻한 햇볕이 나그네의 옷을 벗게 만든 것처럼.

"아까 목소리가 좀 딱딱하게 나온 건 실수로 그런 거야. 미안해. 그리고 용돈은 좀 더 생각해 보자. 나도 어머님, 아버님한테 잘하고 싶어. 당신도 알지?"

혜란 씨는 남편에게 그동안 상처 입었던 마음이 치유되기 시작했다. 남편이 이제는 아내의 입장에서 생각하고 자존심을 상하지 않도록 노력하는 것을 느꼈기 때문이다.

이후 성호 씨는 무슨 일이든 아내에게 사과를 받아내려고 했던 태도를 바꾸어 자신이 먼저 미안하다고 사과하는 일이 많아졌다. 처음엔 갑자기 변한 남편의 태도에 혜란 씨도 놀랐다. 그것은 좋은 변화였다. 이런 화해가 반복되는 사이 혜란 씨와 성호 씨는 싸움이 있더라도 서로 미워하기보다는 화해하고 사랑할 것이라는 믿음이 생겨 서로에게 더 다정해졌다. 이들은 이제 서로 존중하게 되었다.

이제 혜란 씨 부부는 서로를 백 퍼센트 믿는다. 성호 씨가 아내의 자존심을 지켜주자 남편의 리더십도 살아났다. 먼저 이해하고 감싸 주는 것이 서로의 행복을 위한 것임을 깨달은 이들 부부는 오늘도 행복하다.

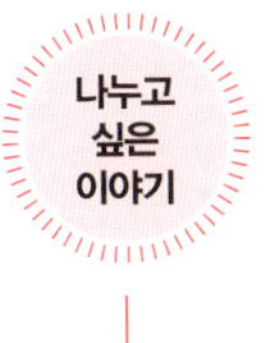

가족 모임에서 이룬 화해

"난 왜 이렇게 살아야 돼요? 작은 도련님, 내가 무슨 죄를 지어서 이렇게 힘들게 살아야 한단 말이에요?"

설날 아침, 사건이 또 터지고야 말았다. 큰형수님은 눈물을 흘리며 방으로 뛰어 들어가고, 막내 동생은 큰형수를 위로하기 위해 뒤따라 들어갔다. 사실 사건이라고도 할 수 없는 아주 사소한 일이었다. 아침에 식탁 앞에서 형수님에게 내뱉은 큰형의 한마디가 발단이 되었다.

"토란국은 안 보이고 웬 시금치국이야?"

"토란국을 끓이려 했는데, 동서들이 어제 남은 시금치국이 많은데, 가족들이 별로 좋아하지도 않는 토란국을 끓이는 것보다 그냥 시금치국이 낫겠다고 해서요."

큰형의 얼굴이 굳어졌다.

"내가 어젯밤에 토란국을 준비했느냐고 물었을 때 준비되었다고 해놓고 왜 아침에 딴소리를 하는 거야? 도대체 남편을 뭘로 아는 거야!"

"어제 이 얘기할 때 당신은 취해서 일찍 잠들었잖아요. 모두가 의논해서 결정한 일인데 그게 왜 당신을 무시하는 일이에요?"

그 뒤로 몇 차례 말다툼이 오가다 큰형수님은 결국 안방으로 들어가 버린 것이었다.

막내 동생은 안방으로 뛰어 들어가 엉엉 울고 있는 형수님을 겨우 달래고 형수님의 하소연을 고개를 끄덕이며 들어주었다.

"제가 보기에도 성질 까칠한 큰형한테 시집와서 형수님이 고생이 많아요."

막내 동생은 형수님을 달래느라 큰형의 이 날 있었던 언행을 흉보았다. 그러자 형수님은 울음을 멈추더니 막내 시동생을 보며 이렇게 말했다.

"형님이 그렇게 나쁜 사람은 아니에요. 형님이 성격은 저래도 착하고 순한 사람이에요. 사람이 어떻게 완전할 수 있겠어요. 막내 도련님이 뭔가 오해를 하는 것 같은데요……."

말다툼을 한 와중에도 큰형을 감싸는 형수님을 보며 막내 동생은 형수가 큰형을 존경하고 있다는 사실을 엿볼 수 있었다.

큰형은 아버지 역할을 못하는 술주정뱅이 아버지 때문에 초등학교

시절부터 가게의 일꾼 노릇을 도맡아 하며 동생들을 돌보며 자신을 희생하면서까지 집안일을 돌보았다.

큰형은 사춘기 이후 '산업전선의 기수'로 경제발전에 크게 기여했다. 말이 산업전선의 기수이지, 소위 '공돌이'로 젊은 시절을 보낸 것이다. 큰형은 '공돌이' 시절에 '공순이'였던 지금의 형수님을 공장에서 만나 20세를 갓 넘어 동거를 시작했고, 이때부터 형수님은 다 큰 더벅머리 동생들을 밥 먹여주고 빨래도 해주며 거의 키워주다시피 했다. 큰형은 가장으로서 책무를 지고 동생들을 위해 갖은 고생과 희생을 아끼지 않았고, 자신은 대학을 가지 못했으면서도 동생들은 대학도 보내고 대학원도 보냈다.

그런데 학벌의 차이 때문인지 형은 동생들에게 열등감을 갖고 있는 듯했다. 하기 싫어서 그만둔 것도 아니고, 집안 사정 때문에 할 수 없이 못한 것이니 그 마음이 더욱 컸을 것이다.

그래서인지 남이 자신의 의견을 따라주지 않는 것에 민감하게 상처를 입고 공격적으로 변했다. 형은 동생들에게 권위를 세우기 위해 큰소리를 쳤다. 그날 아침에도 동생들 앞에서 큰형수가 자신을 무시한다는 생각에 필요 이상으로 화를 냈던 것이다.

막내 동생과 큰형수님은, 큰형이 성장 과정에서 얻은 열등감과 상처를 우리가 이해하고 돕자며 서로를 위로하고 마루로 나왔다.

잠시 후 마루에 모인 형제들은 막내 동생의 제의로 모두 손을 잡고 돌아가며 한마디씩 기도를 하기로 했다. 쑥스럽게 그런 것을 왜 하느냐고 할 것 같았던 큰형이었는데, 순간 아무 말도 없이 옆에 앉은 아내의 손을 꽉 잡았다.

"그럼 형수님 먼저……."

"내가 먼저 하마."

뜻밖에도 큰형이 먼저 하겠다고 나섰다. 식구들은 모두 눈이 둥그레져서 큰 형님을 쳐다보았다.

"자식 낳고 23년 동안 살면서 아내하고 여행 한 번 제대로 다녀온 적도 없는 못난 남편이었습니다. 아내를 사랑한다고 하면서도 늘 큰소리치고 혼내기만 한 어리석은 남편이었습니다. 아내 옷 한 벌 제대로 사 준 적도 없고, 토란국을 끓이지 않았다고 아래 동서들 보는데서 거칠게 면박이나 주었습니다. 나를 용서해 주소서, 아멘."

큰형의 기도를 듣고 있던 식구들은 나오는 웃음을 참느라 애를 먹었다. 하지만 큰형수님의 얼굴에는 놀란 듯 홍조를 띠며 눈물방울이 흘러 내렸다. 무뚝뚝한 큰형의 솔직한 고백과 평소엔 말이 없었지만 자신을 아껴 주었던 남편의 깊은 맘씨에 감동을 받은 것이다.

다음 명절에 큰형의 집에 가보니 거실 벽에 이런 종이가 붙어 있었다. 아마도 설날에 쓴 것 같았다.

새해에는,

1. 하루에 한 번 이상 서로를 칭찬한다.

2. 다른 사람의 앞에서 절대로 아내를 흉보거나 크게 윽박지르지 않는다. 다른 사람들에게 아내 자랑을 한다.
3. 아내는 집안일을 남편과 상의하고 남들 앞에서 남편의 흉을 보지 않는다.
4. 아내는 남편을 존중하고 남편은 아내를 자기 몸같이 사랑한다.
5. 명절 때에는 남편들이 아내를 도와 식탁일을 맡아 한다 .

큰형과 형수님은 이젠 명절을 맞이할 때마다 서로 내가 더 잘 지켰네, 하며 자랑스럽게 이야기를 합니다. 한결 밝아진 큰형과 형수님의 얼굴에는 전에 없던 자신감과 기쁨이 그대로 드러나 있었다.

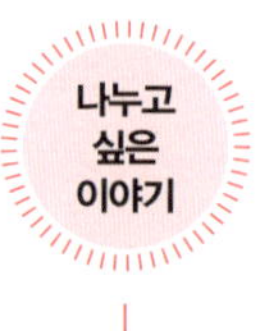

아내가 내민 부부 싸움의 원칙

결혼한 지 15년이 된 수철 씨와 미령 씨 부부는 동네에서 가장 싸움을 자주 하는 부부로 유명하다. 고요한 새벽에 문을 부수는 소리, 그릇이 깨지는 소리, 고함 소리로 이들 부부의 집은 그야말로 전쟁터였다.

싸움의 원인은 대개 남편 수철 씨에게 있었다. 자주 술을 먹고 들어오는 게 화근이었다. 평소에는 조용하고 내성적인 사람이 술만 들어가면 아내를 그렇게 못살게 굴었다. 심지어 욕설과 폭력도 서슴지 않았다.

그러다 수철 씨는 크게 충격을 받는 일이 생겼다. 아내가 이혼 서류를 내민 것이다. 자신과 죽도록 싸우더라도 설마 이혼할 생각을 하지는 않겠지, 하고 믿고 있었던 그는 적잖이 놀랐다.

"네가 갈 데가 어디 있다고 이혼이야, 이혼이? 당장 이리 내놔. 찢어 버리게."

"어디를 가든, 당신하고 사는 것보단 나을 거야!"

"어디 마음대로 해봐!"

그랬더니 다음날 아내는 정말로 애들을 데리고 친정으로 가버렸다. 제까짓 게 며칠 있다가 풀리면 들어오겠지 했는데 보름이 되도록 소식이 없자 그제야 수철 씨는 아차 싶었다.

수철 씨의 주변에는 이혼한 친구가 있었다. 자신이 그동안 아내와 살고 있었기 때문에 그 친구의 모습을 주의 깊게 관찰할 이유가 없었는데, 곰곰이 이혼한 홀아비의 모습을 상상해보니 너무나 끔찍했다. 생일에 축하해 줄 사람도 없고, 힘들 때 위로해 줄 사람도 없고, 돌아오면 반겨주는 사람 하나 없이 냉기만 가득한 집, 그리운 아이들의 얼굴, 수철 씨는 그제야 자신이 그걸 잃어버려서는 안 된다고 생각했다.

장모님 댁에 가서 장모님에게 빌고 아내를 겨우 설득해 집으로 데려온 수철 씨는 다시는 술을 입에 대지 않겠다고 결심했다. 그리고 부부 싸움도 하지 않겠다고 맹세했다.

그러자 미령 씨는 한 장의 종이를 내밀었다.

"이게 뭐야?"

"나도 당신이랑 헤어지기 싫어. 그래서 구청에 있는 부부 상담센터에 다녀왔더니 이걸 주더라. 한번 읽어 봐. 그리고 함께 실천하자. 읽어봤더니 나도 잘못한 점이 있었어."

아내가 내민 것은 '부부 싸움의 원칙'이라는 제목의 글이었다.

부부 싸움의 원칙

1. 절대로 폭력을 쓰지 말고, 욕을 하지 말 것. 감정에 휩쓸리지 말고 이성적으로 대화하려 노력할 것.
2. 시댁이나 친정에 상대방의 불만을 퍼뜨리지 말 것.
3. 알코올 중독이나 의부증, 의처증, 심각한 가정폭력이라면 전문 기관의 도움을 받을 것.
4. 아이들 앞에서는 싸우지 말 것. 싸우더라도 화해하는 모습을 보일 것.
5. 서로의 자존심에 상처를 내려는 말은 삼갈 것.
6. 한 번 싸웠다가 화해하고 용서한 주제는 다시 꺼내지 말 것.
7. 한순간의 자존심보다 남편(아내)에 대한 사랑을 더 중요하게 여길 것.

두 사람은 읽고 또 읽었다. 그리고 언제든 볼 수 있게 거실 벽에 붙여 놓았다. 혹시라도 싸우다 이성을 잃게 되면 다시 볼 수 있게 빨간 매직으로 크게 별표도 그려 넣었다.

"여보, 우리 어쩌면 마지막 기회일 수도 있어. 너무 많이 싸워서 지쳤잖아."

"그동안 미안했어. 다시 한번 해보자."

수철 씨는 '부부 싸움의 원칙'이라는 제목 옆에 괄호를 치고 '내 마지막 희망'이라고 써 넣었다. 이걸 지켜야만 사랑하는 가족이 자신을 버리지 않을 거라는 수철 씨의 마지막 희망이라는 뜻에서였다.

두 사람은 그 이후 이 원칙을 지켜나갔다. 제일 처음 변한 건 욕설과 폭력이 사라진 것이었다. 욕을 하지 않으니 말다툼을 하다 욱하는 일이 없어져서 더 차분하게 대화할 수 있었다. 특히 아이들과 눈이 마주치면 두 사람 다 잠시 말을 쉬고 목소리를 한 톤 낮춰서 이야기하려 노력했다.

얼마 후, 이혼 위기까지 갔던 두 사람은 보통의 다른 부부들처럼 싸우고 삐치다가도 화해하고 웃을 수 있는 그런 사이가 되었다.

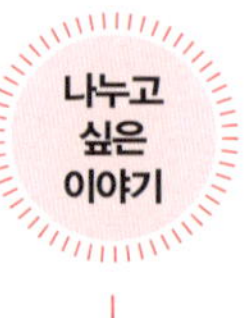

1년을 꼬박 새운 사랑의 새벽 기도

아내 은미 씨는 갑작스런 전화벨 소리에 눈을 떴다. 잠이 덜 깨 몽롱한 정신으로 들은 것은 남편의 교통사고 소식. 행복한 결혼 생활을 시작한 지 겨우 1년, 믿지 못할 일이 일어난 것이다.

그 짧지 않게 느껴지던 시간, 놀란 아내는 채비를 하고 병원 응급실로 달려갔다. 온통 중환자로 가득 찬 아비규환의 현장에서, 그녀는 어렵사리 남편을 찾을 수 있었다.

남편은 혼수상태였다. 생명의 위기는 넘겼다는 의사의 말에 가장 부정적인 예견은 지울 수 있었지만, 문제는 의식이 돌아오지 않는다는 사실이었다. 혹시나 하는 마음으로 기다렸지만, 하루가 지나고 이

틀이 지나고 일주일이 넘어도 그의 의식은 돌아오지 않았다. 대뇌 손상으로 인한 식물인간 상태, 아내가 의사들에게 받은 최후 통보였다.

아내 은미씨는 그때부터 병원과 집, 그리고 병원 근처의 교회를 찾는 생활을 시작했다. 새벽마다 교회에서 남편의 의식이 돌아오기를 기도하며, 병원에 와서도 남편의 침대 옆에서 졸다가 기도하다가를 반복하며 힘든 나날을 버티어 나갔다.

그 사이 병원을 여러 번 옮겨야 했고 식물인간이 되어버린 남편의 세세한 병수발을 다해야 했다. 일 년이 지나는 동안에도 남편은 의식을 찾지 못했지만, 아내는 남편이 그런 식으로라도 자신과 세상에 함께 있어주는 것이 고마웠다. 얼굴도 보지 못한 채 그리워하는 다른 사람들보다는 조금은 더 행복하지 않겠는가, 하는 생각으로 하루하루를 보냈다. 단지 누워 있을 뿐이지만 힘들고 다 포기하고 싶을 때마다 기둥이 되어 주는 든든한 남편이었다.

그렇게 시간이 흐르고 생명을 담보로 하는 수술 날짜가 잡혔다. 영원히 천국으로 갈 수도 있는 위험한 수술이긴 했지만 다시 회복할 수도 있는 희망의 수술이기도 했다. 그녀는 간절한 마음으로 하나님을 의지하며 수술이 진행되는 반나절 동안을 꼬박 쭈그리고 앉아 기도했다.

드디어 수술이 끝나고 의사가 수술실에서 나왔을 때, 은미 씨는 환하게 웃는 의사의 얼굴에서 남편의 소생을 확신할 수 있었다. 몇 시간 뒤, 기적같이 남편은 오랜 잠에서 깨어났다.

"여보, 나 알아보겠어요?"

아직도 믿기지 않는 듯 떨리는 목소리로 묻는 아내에게 남편은 고개를 끄덕였다.

"그럼. 근데 도대체 내가 왜 병원에 있어?"

남편은 1년 동안의 공백이 믿기지 않을 정도로 정신이 또렷했다. 아내는 기쁨의 눈물을 흘리며 하나님께, 그리고 돌아와 준 남편에게 감사했다. 1년 동안의 힘들었던 시간이 머릿속에 스쳐갔지만, 그 힘들었던 시간도 지금의 행복감으로 다 씻겨져버리는 것 같았다.

피곤한 몸을 이끌고 하루도 빠짐없이 나갔던 새벽기도. 여러 병원을 옮기면서 지치고 서러웠던 나날들……. 은미 씨는 남편이 깨어남으로써 그 모든 나날을 깨끗이 씻을 수 있었다.

1년을 송두리째 잃어버린 남편과 1년을 온갖 고통 속에서 보낸 은미 씨였지만, 이젠 자신이 빠짐없이 올린 새벽기도가 차곡차곡 쌓여 행복의 시간이 되었다는 것을 알게 되었다. 은미 씨는 그 시간을 거쳐서 진정한 사랑과 행복을 찾게 되었던 것이다.

사랑과 행복은 그냥 내 곁에 찾아오지 않는다. 기다려야 하고 뼈를 깎는 아픔도 참아내야 하고 수치를 참아내야 한다. 그래야만 진정으로 맛볼 수 있는 것이며, 오직 자기 것임을 확인할 수 있게 된다.

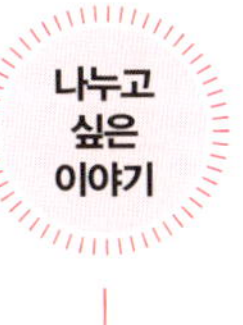

아빠 자리 엄마 자리 서로의 자리

너무나 당연한 아빠의 자리 엄마 자리. 그 자리는 없을 때에만 깨닫곤 합니다. 나는 외조의 달인, 당신은 내조의 고수! 당신이 제일 소중합니다.

디자인 회사의 팀장인 영애 씨는 잦은 야근으로 퇴근이 불규칙하다. 결혼 후 일을 그만두고 싶었던 때가 있었다. 집 평수도 늘려가야 하고 아이들 사교육비도 만만찮은 시대에 남자 혼자 벌어서는 아이들 키우기 힘들다는 말에 여태까지 회사를 다니고 있다. 그녀는 야근을 피할 수도 없고 서른 중반이라는 나이 때문에 지금의 회사를 그만 두고 다른 회사로 옮길 수도 없는 입장이다. 거기다 밀려오는 후배들은 그녀가 자리만 차지하고 있을 수 없게 만들었다.

회사에서는 팀장으로서 책임을 다해야 하고 집에서는 두 아이와 남편을 가진 아내로서의 역할도 해야 하니 영애 씨는 안팎으로 뛰지 않을 수 없는 위치에 있다. 회사 생활과 가사를 동시에 해내기란 쉽지가 않다. 주말에는 남편이 집안일을 함께 하긴 했지만, 문제는 평일이었다. 늦게 집에 가면 아이들은 대충 라면으로 저녁을 때우고 텔레비전을 보고 있었다. 영애 씨는 자신이 뭐 때문에 이 고생을 하나 고민할 때가 많아졌다.

"얘들아, 엄마가 늦었지? 미안해."

"엄마, 다녀오셨어요! 우린 라면 끓여 먹었고 아빠는 회식 있어서 늦는대."

"그래. 오늘 학원은 다 갔다 온 거야?"

"응. 나는 오늘 피아노 선생님이 아프다고 하셔서 5시에 집에 왔고, 언니는 공부방 갔다가 7시 반에 왔어."

"우리 딸들 착하네. 근데 엄마가 라면은 먹지 말고 밥 먹으라고 했잖아. 국도 끓여 놨는데……."

"라면이 더 맛있어."

"그래도 인스턴트 식품이니까 일주일에 한 번씩만 먹으라고 했잖아. 몸에 안 좋아."

"응. 알았어."

아이들은 늘 그렇게 대답은 하지만 어른이 없는 집에서는 통제가 불

가능했다. 남편을 기다리며 영애 씨는 아침에 먹은 그릇과 아이들이 먹은 그릇들을 치우고 청소기를 돌렸다. 아침부터 저녁까지 학원에 다니다 돌아온 아이들은 피곤하다며 겨우 숙제를 마치고 잠이 들었다. 이런 아이들을 보면서 영애 씨는 지금 자신의 선택이 현명한 건지 혼란스러웠다. 일에 대한 욕심과 경제적 여건을 핑계로 아이들을 희생시키는 것은 아닌지, 하는 생각을 하면 당장이라도 회사를 그만두고 싶어졌다. 영애 씨는 고민 끝에 남편에게 이야기를 했다.

"나 회사 그만둘까 봐."

"왜? 힘들어? 힘들면 그만두고."

"힘도 들지만 애들이 걱정이 돼서. 내가 요즘 거의 매일 야근하다시피 하니까 집안도 엉망이고 애들 챙겨 주는 사람이 없으니 매번 라면이나 먹고……."

"다 큰 애들 밥 챙겨 주려고 그만두면 당신 능력이 너무 아깝잖아. 그만두려면 애들이 어릴 때 그만뒀으면 고생이나 덜 했지. 벌써 지연이가 5학년이고 지우는 3학년이잖아. 애들이 정 걱정된다면 어머니께 와서 좀 봐달라고 하지 뭐."

"어머님이 좋아하실까?"

"어차피 일하는 사람한테 나가는 돈 어머니께 드리면 되지."

"돈이 문제가 아니라……. 어머님도 요즘 이것저것 배우러 다니시느라 바쁘시고 당신 생활이 있는데 우리 애들까지 부탁드리면 좋아하시겠어?"

"하긴, 요즘 늦공부에 한참 재미 붙이신 것 같던데……."

"어머님껜 방학 때나 부탁해야 돼."

"알았어. 그럼 없던 일로 해."

그런 어느 날, 영애 씨는 일본으로 보름간 출장을 가게 되었다.

"이번 박람회에 내가 기획한 인형들이 출품되는 거잖아."

"당신이 박람회 처음 가는 사람도 아닌데 보름이면 너무 길잖아. 일주일만 간다고 하면 안 돼?"

"애들처럼 왜 이래? 회사 일정을 내가 마음대로 바꿀 수 있을 거라 생각해?"

"아님 다른 사람 보내면 되잖아."

"우리 회사에서 일본 담당은 나야. 그런데 다른 사람을 보낸다고 하면 회사에서 그렇게 하라고 하겠어? 당장 사표 쓰라고 하지, 어쩌면 당신은 당신 생각만 해? 회사를 모르는 사람도 아니고."

"그럼 애들은 어떻게 해?"

"당신이 좀 챙기고 있어. 당신은 아빠 아니야?

"…… 밥은?"

"반찬 해 놓은 거 냉장고에 다 있잖아. 안 되겠으면 식당에서 사 먹어. 아니면 애들하고 밤낮없이 라면만 끓여 먹든지."

"알았어. 내가 알아서 할게. 죽이 되든 밥이 되든. 설마 죽기야 하겠어?"

영애 씨가 출발하고 처음 3일간 중구 씨도 특별 감사에 걸려 매일 야근을 했다. 늦게 집에 들어오는 아빠를 아이들은 눈을 비벼 가며 기다렸다.

"아빠, 다녀오셨어요?"

"왜 이렇게 늦게까지 안 잤어? 내일 학교에서 졸려고. 어서 들어가서 자."

늦은 퇴근에 새벽같이 출근하는 아빠가 안쓰러웠는지 다음날 아빠를 위해 아이들이 아침을 챙겼다.

"아빠, 일어나. 식빵 구웠어. 우유랑 먹고 출근해야지."

"응. 그래. 고맙다."

아이들이 깨워 겨우 일어난 중구 씨는 3일간의 특별 검사가 끝나자 조퇴를 하고 집으로 일찍 돌아왔다. 쉬고 싶어서였다. 햇볕 따뜻한 거실에서 잠시 눈을 붙이려는데 어디서 썩은 냄새가 나는 걸 느꼈다. 냄새를 추적해 가다 소파 밑을 살펴보니 언제 벗어놨는지 모르는 중구 씨 양말 한 짝이 냄새를 피우고 있었다. 양말을 들고 다용도실에 들어가니 세탁 바구니 한가득 빨래가 있었다. 다시 둘러보니 거실 모습은 엉망이고 부엌은 아이들이 먹다 놓고 간 음식들 찌꺼기에 파리가 꼬여 있었다. 한숨이 절로 나왔다.

중구 씨는 청소를 시작했다. 주방을 치우고 거실을 치우고 안방 청소까지 마치고 나서 아이들 방을 열어봤다. 방은 역시 엉망이었다. 책상 정리부터 시작한 중구 씨는 시험지 한 장을 발견했다. 수학 경시대회 시험지였다. 50점을 겨우 넘긴 지연이의 시험지를 보고 깜짝 놀랐다. '아니, 매일 학원에 다니는 녀석이 성적이 왜 이렇게 형편없어?' 중구 씨는 지우의 책상도 뒤지기 시작했다. 지우 역시 겨우 60점을 넘긴 수학경시대회 시험지를 책상 구석에다 숨겨 두었다. 어린 마음에 차마 버리지는 못하고 숨겨둔 것이었다. 중구 씨는 한숨이 절로 나왔다. 하루 종일 학원에 다니는 녀석들의 성적치고는 너무나 기대 밖이었기 때문이다.

중구 씨는 고민하기 시작했다. 아이들을 혼내자니 그동안 자신이 아이들의 학업에 관심이 너무 없었다. 매번 성적표가 나올 때마다 영애 씨가 언성을 높이면 중구 씨는 '그만해. 애들이 항상 잘할 수 있어? 못할 때도 있지.' 하고 말렸다. 그러면 영애 씨는 '당신이 몰라서 그래. 이걸 성적표라고 받아 왔어!' 하며 화를 냈다. 그런 영애 씨가 극성스러운 엄마라고 생각하고 있었는데 지금 보니 영애 씨가 괜히 그러는 게 아니라는 것을 알게 되었다.

중구 씨는 한참을 생각했다. 아이들을 나무라기보다는 아이들과 시간을 내어 기초부터 같이 공부해야겠다고 마음먹었다.

"지연이는 5학년인데 3학년 2학기 수학문제도 못 풀고, 지우는 2학년 1학기 수학부터 못하네. 부끄러워할 필요 없어. 다 아빠 잘못이야. 아빠는 그동안 너희들을 학원에만 보내면 공부가 저절로 된다고 생각했거든. 이제부터라도 아빠랑 같이 하면 금방 잘하게 될 거야. 자, 그럼 공주님들, 서점으로 갈까요?"

중구 씨는 아이들을 데리고 서점으로 향했다. 아이들의 수준에 맞는 수학 문제집을 사 들고 와서 직접 수학을 가르치기로 했다.

"이건 아빠가 만든 계획표야. 어때, 힘들지 않겠지?"

"그럼 학원이랑 공부방은?"

"꼭 배우고 싶은 거 한 가지만 빼고 나머지는 다 그만두자. 배우고 싶은 거 있으면 하나만 골라 봐."

"난 피아노!"

"난 사물놀이!"

"그래. 알았어. 그럼 학교 끝나면 학원 한군데씩만 갔다 오면 4시쯤 되지? 그때부터 아빠가 퇴근할 때까지 학교 숙제하고 아빠가 내 준 문제집 풀고 있어. 그럼 아빠가 와서 틀린 곳 봐 줄게. 모르는 거 있으면 그것도 그때 같이 공부하자."

보름 동안의 출장을 끝내고 돌아온 영애 씨는 깜짝 놀랐다. 보나 마나 자신이 없는 집안은 엉망일 거라고 생각하고 문을 열었는데, 집이 너무나도 깔끔하게 정리되어 있었다. 게다가 중구 씨와 아이들이 식탁에 앉아서 함께 공부하고 있는 게 아닌가. 영애 씨는 자신의 눈을 믿을 수가 없었다.

"이게 꿈이야? 꿈이면 깨지 마라."

"무슨 소릴 하는 거야? 후후."

"너무 신기해서 그렇지. 나는 출장을 가 있으면서도 당신이 애들하고 집은 엉망으로 해놓고 텔레비전만 보고 있을까 봐 걱정 많이 했는데……. 이렇게 상상 외의 모습을 보니까 말이 콱 막히네."

그날 밤 부부는 오랜만에 아이들에 대해서 이야기를 시작했다.

"당신도 직장 다니면서 집안일 거의 다 해냈는데 그게 얼마나 힘든 건지 새삼 깨달았어. 앞으로 내가 집안일 좀 더 많이 할게. 그리고 난 애들 성적표만 나오면 당신이 왜 그렇게 언성을 높이는지 이해를 못 했어. 그런데 애들 성적을 보니 이건 그냥 학원에 맡길 만한 게 아니더라. 특히 수학이 동급생들 수준에 너무 못 미치더라고. 그래서 이제부터 내가 가르치기로 했어. 애들 각자 학원은 하나씩만 다니기로 하고 나머지는 다 그만두게 하자. 우리 애들이 머리가 나쁜 편은 아니라서 금방 이해해. 진도도 빨리 나갈 수 있어서 이대로 두 달만 더 하면 애들이 무리 없이 학교 수업 따라갈 수 있을 거야."

"그럼 두 달만 유효한 거야?"

"아니. 내가 능력이 미칠 때까지는 계속 가르치고 싶어. 요 며칠 해봤더니 가르치는 재미도 있던데."

"갑자기 힘이 난다. 난 내가 회사를 다녀서 우리 애들이 공부를 못한다고 늘 생각했는데. 이제 당신이 도와준다니 학원 보내는 것보다 더 안심이 되네. 나 출장 잘 다녀왔다. 나 없는 사이 무슨 일이 있었는지는 모르겠지만, 이런 일만 있으면 1년 내내 출장만 다녀도 좋겠어."

영애 씨는 남편을 보며 활짝 웃었다. 중구 씨도 뿌듯함을 느끼며 웃었다. 둘 다 서로를 보며 오랜만에 웃는 웃음이었다.

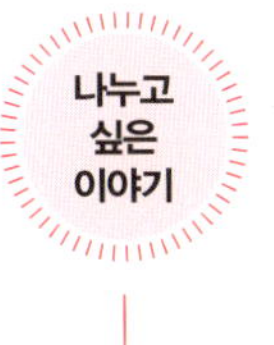

방송통신대학에 입학한 아내

그해 3월, 영숙 씨는 방송통신대학교에 입학했다. 서른 중반이라는 적지 않은 나이에 오랫동안 미루어 온 공부를 다시 시작한 것이다. 처녀 시절 대학에 합격하긴 했지만, 집안 사정이 여의치 못해 도저히 학업을 계속할 수 없을 정도로 힘이 들어서 중퇴하고 말았다.

영숙 씨의 가장 큰 소원은 대학 졸업장을 받는 것이었다. 그녀는 그처럼 원했던 공부를 다시 시작하게 되었지만 마음은 그리 기쁘지만 않았다.

"미안해, 여보! 이렇게 힘든 때에 혼자 공부하게 돼서……."

"무슨 소리야. 우리 결혼할 때 내가 약속한 거잖아. 열심히 한번 해봐."

남편은 승진에서 벌써 두 번이나 밀려나서 힘들어하고 있었다. 거기다 두 아들, 딸도 각각 중·고등학생이라 학원비 지출이 많아졌다. 그런데 남편은 애들이 대학생이 되면 더 힘들어진다면서, 지금은 그래도 여력이 있으니 해보라고 영숙 씨를 설득했다.

'그래, 남편이 이렇게 응원해주는데 열심히 한번 해보자. 장학금을 받아서 남편 짐을 조금이라도 덜어줘야지.'

영숙 씨는 남편에 대한 미안함과 고마움으로 악착같이 공부에 매달렸다. 집안 살림하랴, 아이들 챙기랴, 공부하랴, 하루하루 힘든 날들이었다. 결국 건강 체질이 아니었던 그녀는 만성피로에 시달리며 잔병을 달고 살았다.

어느날 저녁, 남편은 묵직해 보이는 비닐 봉지를 들고 들어왔다. 사골이었다.

"웬 사골이야? 당신 돈도 없을 텐데……."

"당신한테 이 정도도 못해줄까 봐. 당신 중간고사 얼마 안 남았잖아. 이거 먹고 몸 좀 추스르고 힘내서 공부하라구."

"여보……."

영숙 씨는 남편의 마음이 고마워 어쩔 줄 몰랐다. 부엌으로 나가 사골을 들통에 넣고 핏물을 우려냈다. 들통 앞에 쪼그리고 앉아 생각했다. 난 참 행복한 여자구나 하고.

다음 날, 영숙 씨는 남편이 퇴근하고 오면 같이 곰국을 먹으려고 남편 귀가 시간에 맞춰 사골을 끓이기 시작했다. 그리고 방으로 들어가 출석수업 때 받은 과제물을 정리하고 복습도 할 겸 컴퓨터 앞에 앉아 책을 뒤적이다 깜빡 잠이 들고 말았다.

시간이 얼마나 흘렀을까. 남편이 부르는 소리에 잠을 깼다. 시계를 보니 새벽 2시 15분! 남편은 술을 마시고 늦게 들어온 모양이었다. 거실로 나가자 뽀얀 안개 속에 남편이 서 있었다.

"여보, 이게 뭐야?"

그 순간 그녀의 머릿속에 불 위에 올려놓은 사골이 떠올랐다.

"사골!"

영숙 씨는 소리를 지르며 부엌으로 뛰어갔다. 세상에! 불 위에서는 벌겋게 달아오른 찜통이 연기를 내뿜고 있었고, 그 속의 뼈들은 숯이 되어가고 있었다.

영숙 씨와 남편은 집안을 돌아다니며 창문을 모두 열어젖혔다. 차가운 바깥 공기에 비로소 정신을 차린 영숙 씨는 태워버린 사골이 아까워서 속이 상하고 남편에게 미안해서 고개를 들 수가 없었다.

남편은 굳은 표정으로 거실 한가운데 서 있었다. 영숙 씨는 남편에게 말하고 싶었다. 사골이 다 타버려서 너무 속상하고 아깝고, 무엇보다 당신한테 미안하다고. 하지만 목이 메어서 아무 말도 할 수 없었다. 그런 아내의 마음을 알았는지 남편은 조용히 다가와 그녀를 안아주었다.

"많이 놀랐지? 더 큰 사고 안 났으니까 됐어. 걱정하지 마."

"여보……. 미안해요. 당신이 사다 준 이 아까운 사골을 다 태워버렸으니. 속상해 죽겠어요."

그날 밤, 남편은 그녀의 시험공부를 도와주겠다며 아내 옆에 앉았다. 지금까지 받은 프린트를 날짜별로 정리해주고 영어책을 뒤적이며 중요한 내용을 알려 주었다. 하루 종일 일하고 술까지 마셨으니 피곤할 텐데도 도와주려 애쓰는 모습을 보니 콧날이 시큰해졌다. 남편의 옆모습을 보며 영숙 씨는 생각했다. 이렇게 든든한 산이 바로 옆에 있다는 것을 왜 몰랐을까 하고.

그리고 굳게 다짐했다. '아무리 공부가 힘들어도 포기하지 않겠노라고.' 이 든든한 산이 나를 지켜주는 한 꼭 해내고야 말겠다고.

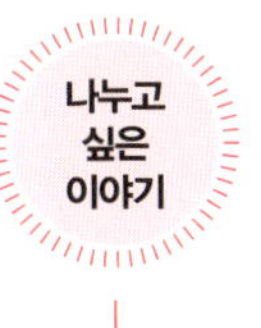

부부의 신뢰와 사랑은 대화로부터

물이 흐르는 것처럼 자연스럽게 서로의 마음을 전하면 남편과 아내 사이엔 신뢰와 사랑의 강이 흐릅니다. 강이 바다가 되듯 신뢰와 사랑의 정은 애정의 바다가 됩니다.

현정 씨와 재호 씨는 올해로 결혼 3년째가 되어가지만 두 사람은 언제나 신혼처럼 사는 부부다. 흔히 이맘때쯤이면 권태기가 시작된다고 하지만 현정 씨 부부에게 권태기는 남의 일이다. 현정 씨와 재호 씨 부부가 결혼 생활 내내 깨소금 쏟아지는 신혼처럼 보낼 수 있는 이유는 뭘까? 이 질문에 대한 답을 현정 씨는 '솔직한 대화'라고 생각한다. 이것은 재호 씨와 현정 씨가 만나 서로의 사랑을 확인한 날부터 지금까지 지켜오고 있는 두 사람만의 약속이다.

숨기는 것 없이 어떤 상황에서도 솔직할 수 있는 것, 그게 두 사람 사이에 신뢰의 강이 흐를 수 있게 하는 힘이다. 난처한 상황에 놓이게 됐을 때 가끔은 거짓말로 모면하고 싶을 때도 있지만, 현정 씨와 재호 씨는 언제나 솔직함을 선택하기로 했다.

처음에는 이 '솔직함' 이라는 약속을 지키기 힘든 부분도 있었다. 바로 부부 관계에 대한 문제였다. 현정 씨도 재호 씨도 서로에게 너무 밝히는 게 아닌가 하는 오해를 갖게 할까 봐 조심스러웠다. 부부 관계란 것은 둘 사이에 떼려야 뗄 수 없는 일이고, 이 부분에서 서로에게 솔직하지 못하다면 다른 부분도 마찬가지가 아닐까 하고 생각했다. 현정 씨는 용기를 내서 재호 씨에게 자신의 솔직한 마음을 말하려고 노력했다. 재호 씨가 감싸 안아줄 때의 따뜻한 느낌이나 재호 씨의 살갗과 체온이 주는 행복감에 대해, 재호 씨는 현정 씨의 말을 듣고 무척 기뻐했고 현정 씨에게 부부 관계를 원할 때 좀 더 적극적으로 말할 수 있게 되었다.

회사 일로 스트레스를 많이 받았거나 피곤이 쌓여 부부 관계를 갖기 어려울 때에는 둘이 집안에서 마주칠 때마다 포옹을 하기로 했다. 두 사람은 장난치는 아이처럼 깔깔거리며 웃었다. 이렇게 작은 스킨십을 나누다 보면, 어느새 직장에서 받은 스트레스나 피곤도 사라져 버림을 느꼈다.

평생 싸움 한 번 없이 살 것 같던 현정 씨 부부에게 첫 번째 위기가 찾아왔다. 현정 씨가 예정에 없이 일찍 임신을 하게 된 것이다.

현정 씨와 재호 씨는 남들보다 어린 나이에 결혼했기 때문에 아이는 어느 정도 기반을 잡고 난 후에 가질 생각이었다. 그래서 늘 조심했지만 임신이 된 것이다. 현정 씨는 임신을 하면 직장을 그만 두어야 할 상황이었다. 하고 있는 일에서 큰 즐거움을 느끼던 현정 씨는 아이가 생겨 한편으론 기쁘면서도, 한편으론 준비가 되지 않아 당황스러웠다. 이 때문에 신경이 날카로워질 수밖에 없었다. 둘이 합의해서 잘 해나가던 일들도 마음에 안 든다며 사사건건 짜증을 내고 신경질적인 반응을 보이자 처음에는 잘 받아주던 재호 씨도 언짢은 기분이 들었고 현정 씨에게 화를 내었다.

"대체 뭐가 문제야? 안 그러던 사람이 왜 이래? 말도 안 되는 일로 일일이 짜증을 내면 내가 어떻게 다 받아주니? 하루 이틀도 아니고 아이 낳을 때까지 계속 이럴 셈이야? 이래가지고 집에서 마음 편히 쉴 수 있겠어?"

재호 씨의 말에 현정 씨는 울음을 터뜨렸다. 그리고 자신의 감정을 솔직하게 털어놓기 시작했다.

"나도 모르겠어. 괜히 자기 얼굴만 보면 화가 나. 아기를 가진 것도, 회사를 그만둬야 되는 것도 다 자기 탓이라는 생각이 들고 원망스럽기만 해. 가끔씩은 아기가 잘못됐으면 좋겠다는 무서운 생각이 들기도 해……."

재호 씨는 솔직한 고백에 현정 씨를 따뜻하게 안아 주었다. 그리고

등을 토닥거리며 위로했다.

"괜찮아. 다 괜찮아. 자기가 생각하는 것처럼 나쁜 것만은 아니야. 자기 아직 젊고 능력 있잖아. 그러니까 아기 낳고 나서도 충분히 새 직장 구할 수 있어. 자기처럼 능력 있는 사원을 임신했다는 이유로 내쫓는 회사가 복을 차는 거지. 생각해 봐. 나도 자기 만나서 모든 일이 다 잘되고 있잖아. 자기는 복덩어리야. 우리 아기도 마찬가지고."

재호 씨의 따뜻한 말에 현정 씨는 지금까지 폭발할 것처럼 끓어오르던 마음의 분노가 거짓말같이 깨끗이 녹아내리는 것을 느꼈다.

아이를 낳고 어린이집에 보낼 수 있을 때가 되었을 즈음, 현정 씨는 다시 구직활동을 시작했고 생각보다 수월하게 자신이 원하던 직장에서 언제부터 출근할 수 있냐는 연락을 받았다. 하지만 현정 씨는 고민을 할 수밖에 없었다. 아이의 아토피 피부염 때문이었다.

시어머니는 현정 씨가 직장에 나갔으면 하는 마음을 내비추었다. 어린이집에서 돌봐줄 거고 오후 시간에 잠깐만 당신이 와서 돌보면 되는 것이라며 벌 수 있을 때 둘이 벌어서 집을 늘려가야 되지 않겠냐는 현실적인 조언을 해주셨다. 물론 현정 씨도 처음에는 그럴 계획이었다.

하지만 간지럽다고 밤새 보채는 아이를 보니 마음이 흔들릴 수밖에 없었다. 다른 집 엄마들처럼 아토피 치료에 대해 좀 더 공부를 하고 아이에게 좋다는 약이나 목욕물을 준비하며 정성을 쏟고 싶은 마음이 반, 다시 직업 전선에 뛰어들어 전처럼 일을 하고 싶다는 마음이 반이었다. 하루에도 마음이 몇 번씩이나 바뀌었다. 재호 씨는 현정 씨의 이런 마음의 갈등을 아는지 모르는지 묵묵부답이었다.

새로 취업하기로 한 회사에 최종 답변을 주기로 한 전날 밤, 현정 씨는 평소와 다른 저녁상을 준비했다. 식탁에는 작은 초가 은은하게 불빛을 비추고 있었고 재호 씨가 좋아하는 닭요리가 준비되어 있었다. 와인과 와인 잔까지 마련되어 있는 걸 보고 재호 씨가 물었다.

"오늘 무슨 날이야? 누구 생일이던가? 내 생일은 아직 멀었는데……. 당신 생일도 아니고. 대체 무슨 날이야?"

"오늘은 유민이 엄마 생일이야."

"유민이 엄마? 그건 당신이잖아."

"앉아봐. 오늘 다 얘기해줄게."

현정 씨는 와인 잔에 조심스럽게 와인을 따르며 다시 말문을 열었다.

"나, 취직 안 할거야."

"왜? 당신 정말로 다시 일하고 싶어 했잖아."

"응. 그랬는데……. 그거 안 하기로 했어. 물론 완전히 포기한 건 아니야. 유민이 아토피 나으면 그때 다시 도전할 거야. 지금은 여자 김현정으로 사는 것보다 유민이 엄마, 그리고 정재호 아내로 사는 게 더 값진 일이라는 생각이 들어."

재호 씨는 현정 씨의 손을 잡고 쓰다듬으면서도 가볍게 그녀의 등을 두드려 주었다.

"당신, 고민 많이 했겠네. 왜 나한테는 상의도 없이 결정했어?"

"치, 내가 말하기 전에 당신도 내가 어떻게 할 건지 물어본 적 없으면서."

"사실은 당신이 갈등하는 거 알고 있었어. 그런데 난 당신이 일을 시작하건 하지 않건 간에 둘 다 좋으니까, 조용히 있었던 거지. 내가 중간에 의견을 말하면 내 말에 당신이 휘둘릴까봐. 당신 우리 어머니 말에 부담 느꼈잖아. 그동안 혼자만 고민하게 만든 건 미안해."

현정 씨는 재호 씨의 넓은 마음 씀씀이에 기뻤지만 일부러 삐친 척을 하며 물었다.

"내가 어떻게 하든지 상관없다고? 그거 너무 무관심한 거 아니야?"

"무관심이 아니라 정말 둘 다 괜찮다니까. 당신이 일을 하는 것도, 집에서 유민이 돌보는 것도 다 나와 유민이를 위하는 마음에서 나온 결정이잖아. 그러니까 어떻게 하든 상관없이 고맙다는 거지."

"피이, 당신 말은 너무 잘한다."

"하하, 어쨌든 오늘은 여자 김현정이 유민이 엄마로 태어난 생일이다. 이거지? 축하해요. 유민이 엄마."

두 사람은 오랜 만에 깊은 대화를 나누었다. 지금처럼 서로의 마음을 솔직하게 말하고 따뜻하게 받아 주며 살아가면, 앞으로도 서로 싸우거나 실망할 일은 없을 거라고. 그리고 부부의 신뢰와 사랑은 점점 더 두터워질 거라는 희망이 두 사람의 마음속에 퍼져 나갔다.

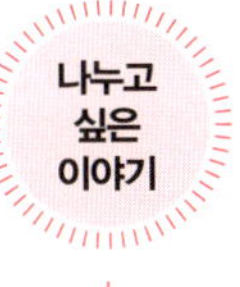

마라톤 마니아 당신도 한번 달려 봐

무슨 고민이 많아 저리 달릴까? 달리는 동안 무슨 생각을 할까? 당신을 이해하고 나도 당신을 따라 달리고 싶다. 이제 가족의 응원으로 아내 연숙 씨는 힘이 솟아납니다.

남편 동호 씨는 마라톤 마니아다. 처음부터 마라톤 마니아는 아니었다. 회사에서 하는 건강검진에서 동호 씨는 당뇨 의심 환자라는 판정을 받았다. 그런 동호 씨에게 체중 감량은 꼭 필요한 일이었다. 그는 여러 가지 다이어트를 시도했지만 체중 줄이는 일은 쉽지 않았다.

어느 날, 동호 씨는 친구 호찬 씨로부터 마라톤을 권유받았다.

"내가 그렇게 오랫동안 달릴 수 있을까? 그러다 심장마비로 죽는 거 아니야?"

"무리를 하지 않으면 괜찮아. 처음부터 완주한다고 생각하지 말고 10킬로미터에서 하프로, 하프에서 풀코스로 점점 난이도를 올려 가는 거야. 서서히, 몸에 무리가 가지 않게."

호찬 씨의 말을 듣고 난 다음날부터 동호 씨는 달리기를 시작했다. 처음엔 심장이 터질 것 같아 2, 3분을 넘기지 못했지만 차츰 적응이 되어가더니 10킬로미터는 가볍게 달릴 수 있게 되었다.

동호 씨는 인터넷을 통해 동호회에 가입하고 매주 일요일 아침이면 동호회 사람들과 마라톤을 즐겼다. 처음에는 체중을 감량할 목적으로 시작했지만 자기도 모르는 사이 어느새 마라톤 마니아가 되어 있었다.

"일요일인데 애들하고 좀 있자. 오늘도 또 나가?"

"응. 일찍 올게."

"당신이 언제 말대로 일찍 온 적 있어? 늘 말뿐이지."

일요일 아침 6시, 남편 동호 씨는 달리기를 하러 나가고 연숙 씨는 그런 남편의 뒷모습이 미워 한참 째려보았다. 일요일 아침마다 달리기를 하면 평일이라도 가족과 함께 시간을 보내야 하는데 동호 씨는 퇴근 후면 회사 근처 헬스클럽에서 기초 체력을 기르느라 매일 늦게 들어왔다. 그런 동호 씨를 바라보는 연숙 씨의 시선은 곱지가 않았다.

"아무래도 당신은 달리기 중독자가 된 거 같아. 그렇지 않고서야 어떻게 하루도 빠지지 않고 달릴 수가 있어? 회사 일도 힘들 텐데 지치지도 않는 거 보면 당신, 중독자인 게 확실해."

"중독은 무슨 중독, 당신도 한번 달려 봐. 얼마나 시원한데. 달리는 동안에는 고민이나 어려운 일들이 싹 정리된다고."

연숙 씨가 보기에 남편은 달리기에 중독된 사람이었다. 그런 남편의 모습에 연숙 씨는 오히려 마라톤에 대한 거부감이 날로 커져갔다. 연숙 씨는 동호 씨가 마라톤을 가족보다 더 소중하게 여긴다고 생각하자 마라톤을 좋아할 수가 없었다. 어쩌다 텔레비전에서 마라톤 중계라도 나오면 연숙 씨는 텔레비전 채널을 돌리거나 아예 전원을 꺼버렸다. '비싼 밥 먹고 저게 뭐 하는 짓이야' 하며.

연숙 씨는 이번 결혼기념일에는 남편이 온천이라도 같이 가자고 해주길 바랐다.

"요즘은 다리가 너무 쑤셔. 이럴 때는 온천이 좋다던데……."

"살을 빼야지. 그 무거운 몸을 받치고 있으려니 다리가 아픈 건 당연하지."

남편의 눈치 없는 대답에 연숙 씨는 쌜쭉해졌다.

결혼기념일 아침에도 동호 씨는 달리기 대회에 나갔다. 연숙 씨는 동호 씨의 기척을 들으며 '그래. 잘해 봐라. 나도 이제 더 이상은 잔소리하기도 싫어. 이혼하든지……. 지겨워' 하고 생각했다. 연숙 씨의 눈에서는 눈물이 흘렀다. 이런 날까지 달리기를 하러 나가는 남편의 무심함에 자신의 신세가 초라하게 느껴졌다. '내가 이렇게 살려고 이 사람하고 결혼했나' 생각하니 분한 마음까지 들었다. 그리고 잠깐 잠이 들었는데 아이들의 소란스러운 소리에 잠에서 깼다.

"엄마, 어디 아파?"

"아니, 안 아파. 에고, 일어나야지."

"엄마, 아빠한테 문자가 왔는데 텔레비전 켜 보래."

"아빠가, 텔레비전을 왜? 무슨 일이래?"

"가서 같이 보자."

연숙 씨는 아이들의 성화에 거실로 나왔다. 아이들이 틀어 놓은 텔레비전에서는 마라톤이 생중계되고 있었다.

"아빠가 이거 보래?"

"엄마는 마라톤 싫어."

"그래도 꼭 봐야 돼. 밥은 우리가 준비할 테니까 꼭 보고 있어."

연숙 씨는 아이들의 당부에 건성으로 텔레비전 화면을 보았다. 가지각색의 사람들이 음료수가 담긴 컵을 집으며 달리고 있었다. 그 중에는 인형 옷을 입고 달리는 사람도 있어서 연숙 씨는 '참 별 짓을 다 하네' 하고 생각했다. 그런데 갑자기 아이들이 환성을 질렀다.

"와, 아빠다! 내가 뭐랬어? 이래야 텔레비전에 나온댔지?"

"엄마, 저기 봐! 아빠야!"

"어디? 누가?"

"저기 오리 옷 입고 뛰는 사람!"

"뭐어? 저게 아빠야?"

"응! 우리 아빠 방송 탔다!"

"하여간 이상한 짓은 혼자 다한다! 저게 뭐래니?"

"이상하긴! 엄마, 저거 우리가 준비한 거야. 아빠랑 우리가 같이 엄마 몰래 저거 준비하느라 얼마나 힘들었는데."

"엄마, 아이디어 좋지 않아? 눈에 확 띄니까 카메라에 잡히잖아."

"다 큰 어른이 애들처럼……."

말은 그렇게 했지만 연숙 씨 얼굴은 붉어져 있었다. 클로즈업되자 정말로 동호 씨의 얼굴이 보였다. 동호 씨는 커다란 오리 가면을 모자처럼 쓰고 팔에는 노란색 오리 모양의 날개를 달고 달리고 있었다. 배에는 커다랗게 '결혼 17주년 연숙아 사랑해' 라고 쓰여 있었다. 중계를 하던 아나운서와 해설가가 웃으면서 얘기했다.

"아, 아주 특이한 옷을 입고 뛰는 선수가 있네요. 노란색 오리모양 옷입니다. 하하하."

"네, 가슴에 쓴 글을 보니 결혼기념일인가 봅니다. 이런 이벤트를 준비하다니 아내 분이 감동받겠네요."

"그러게요. 반팔에 반바지긴 하지만 모자까지 쓰고 있어서 뛰기 힘들겠습니다."

평소 마라톤이라면 질색을 하던 연숙 씨는 이날 마라톤 중계가 끝날 때까지 텔레비전 앞에서 자리를 뜨지 못했다. 특이한 복장으로 종종 카메라에 비치는 남편의 모습이 처음에는 우습고 방송에서 나오는 게 신기해서 아이들과 웃으면서 방송을 보았다. 그러나 달리는 시간이 오래 되자 점점 안쓰러움이 밀려왔다.

"왜 저렇게 힘든 걸 한다니……."

연숙 씨는 말은 그렇게 하고 있었지만 목소리는 한결 누그러져 있었다.

"아빠가 너무 더운가 봐."

"그러게 내가 모자 좀 가벼운 걸로 하자고 했잖아."

"그래도 저 모자가 특이하니까 방송에 자주 나오는 거야. 아니면 저 많은 사람들 중에서 아빠를 어떻게 찾을 수 있겠어?"

완주 5킬로미터를 앞에 둔 동호 씨의 발걸음이 부쩍 무거워졌다. 연숙 씨는 손바닥이 축축해지는 것을 느꼈다. 문득 남편이 전에 달리는 동안에는 고민이나 어려운 일이 싹 달아난다고 했던 말이 떠올랐다. 남편은 무슨 고민이 많아 저리 달렸을까? 달리는 동안 무슨 생각을 할까? 생각하니 한없이 남편이 안쓰러웠다. 힘든 일이 있으면 힘들다고 있는 대로 얘기하는 자신의 성격과는 다르다. 남편 동호 씨는 원래 말이 별로 없고 힘든 일이 있어도 내색을 안 하다가 다 지나간 다음에야 지나가는 투로 말하곤 하는 스타일이었다. 그런 남편의 성격을 떠올리자, 연숙 씨는 동호 씨의 마라톤도 동호 씨가 가정을 위해 하는 노력 중의 하나라는 생각이 들었다.

저녁이 되서야 남편이 돌아왔다. 연숙 씨는 피곤에 지친 동호 씨의 얼굴을 보니 반가운 마음에 와락 품에 안겼다.

"아이고, 이 사람이 안 하던 짓을 하고 왜 이래?"

"여보, 오늘 당신 모습 너무 멋있었어."

"하하, 나는 또 애들 같다고 나무랄 줄 알았지."

"나 오늘 처음으로 마라톤이라는 걸 자세히 봤어. 처음에는 애들이 당신 나온다고 보자고 해서 봤는데 나중에는 당신이 어디쯤 있나 해서 보고. 그런데 보다 보니까 문득 나도 달리고 싶다는 생각이 들었어. 이제부터는 당신 따라 나도 달릴래."

"아, 이제야 듣고 싶던 소리를 하네. 나는 정말 오래 전부터 당신하고 같이 달리고 싶었어. 당신이 하도 신경질을 내서 말을 못했지만. 처음엔 걷기부터 시작해야 돼. 아니면 큰일 나. 내가 코치 해줄게."

"신경질은 누가 냈다고……. 당신이 마라톤 때문에 가정에 너무 소홀한 거에 섭섭했지."

남편은 그동안 아내가 자신을 이해해주기를 기다렸던 것이다. 이렇게 연숙 씨가 동호 씨를 전보다 더 많이 이해하면서 두 부부 사이는 훨씬 사이가 좋아졌다. 마라톤에 필요한 운동화와 옷을 같이 준비하고 훈련 계획을 짜면서 서로 대화가 많아졌다. 그리고 같이 달리는 동안에는 옆에서 뛰는 서로를 배려하고 격려하는 법을 배웠다. 달린 뒤에는 같이 성취감을 느끼고 같이 기뻐할 수 있었다.

지금 연숙 씨는 남편의 격려 속에 10킬로미터 단축 마라톤을 달리고 있다. 결승점에서 남편과 아이들이 자신을 기다릴 것을 생각하니 다리에 힘이 붙는다. 가족의 응원이 그녀에게 힘을 불러온다.

두 친구의 집 비교 '봄집'과 '겨울집'

행복은 멀리서 오는 것도 아니고, 누가 가져다 주는 것도 아닙니다. 그 곳엔 봄날 같은 아내와 남편이 있기 때문입니다. 조금만 마음을 돌리면 그 곳에 바로 행복이 있습니다.

내가 아는 두 친구의 집이 있다. 두 집 다 서울 근교에 살고 가족 구성원이나 경제적인 부분 등이 비슷하다.

그런데 한 가정의 분위기는 써늘한 겨울 날씨 같고, 다른 한 가정의 분위기는 늘 온화한 봄 날씨 같다. 그래서 나는 혼자 속으로 두 집을 '겨울집', '봄집'으로 불러서 비교하곤 한다.

'겨울집'은 가족들 사이의 불화가 그치지 않는다. 부부끼리 자주 싸우고 부모와 자식 간에도 말다툼을 하고, 아이들끼리도 아웅다웅 다툴 때가 많다. 집안에서 나는 큰소리가 현관문을 넘어 이웃에까지 들리는 경우가 있다고 한다. 그 친구는 늘 내게 가족들끼리 싸우는 게 고민이라며 한숨을 쉰다.

반면 '봄집'은 웃음소리가 그치지 않는다. 표정이 천사처럼 밝고 목소리는 봄바람처럼 부드럽다. 또 작은 것도 이웃과 나눠 먹고, 나눠 쓰는 걸 좋아해서 이웃들이 그 집을 좋아하고 부러워했다.

남편이 벌어오는 수입도 비슷하고, 식구도 비슷한데 왜 저렇게 다른 모습일까, 하고 궁금했던 차에 나는 우연히 '봄집'의 비결이 무엇인지 깨닫게 되었다.

어느 날, 나와 '겨울집' 친구는 '봄집' 친구의 집에 초대를 받아 놀러 갔다. '봄집' 부부 내외와 함께 거실에서 차를 마시며 이런저런 이야기를 나눌 때였다. 그때 '봄집'의 아들이 장난을 치다가 그만 실수로 장식으로 놔둔 비싼 도자기를 깨뜨리고 말았다. 나와 '겨울집' 친구는,
"어이구, 저 비싼 도자기를, 아까워라."
하며, 곧 아이에게 불호령이 떨어질 것이라고 생각했다.

그런데 '봄집' 친구의 입에서 전혀 뜻밖의 말이 나왔다.

"내가 도자기를 넘어지기 쉬운 자리에 올려놓았구나. 아들, 미안하다. 많이 놀랐겠구나. 어디 다친 데는 없니?"

그리고 '봄집' 아내가 이어서 말했다.

"아니에요. 전부터 그 자리가 좀 위험하다고 생각해서 치우려고 했

는데 생각만 하고 있었네요. 미안해요, 여보. 얘, 이리 와 있어라. 내가 치울 테니."

그 순간 아들이 머리를 긁적이며 말했다.

"엄마, 아빠, 죄송해요. 제가 조심성이 없어서 그랬어요. 제가 빗자루 가져올게요."

'봄집' 가족들은 셋이서 함께 깨진 도자기 조각들을 치우고 서로의 발에 위험한 작은 조각이 붙어 있지나 않은지 살폈다. '봄집' 아내와 아들이 부엌에 과일을 가지러 간 동안 '겨울집' 친구는 '봄집' 친구에게 물었다.

"아니, 저 비싼 도자기가 깨졌는데 자네는 화도 안 나나?"하고. '봄집' 친구가 밝게 웃으며 말했다.

"화를 낸다고 깨진 도자기가 원래대로 돌아오는 것도 아닌데 화를 내서 무슨 소용이겠어? 그리고 내가 화를 내는 순간, 도자기보다 더 훨씬 값진 보물이 깨진다고."

"훨씬 값진 보물이라니?"

"가정의 행복이 보물이지, 뭐겠어?"

'봄집' 친구의 집을 나오면서 '겨울집' 친구는 생각에 잠겼다. 화목한 가정의 비결은 멀리 있거나 비싼 돈이 드는 게 아니었다. 바로 말씨 하나! 말 한마디로 집안에 싸움이 나기도 하고 화목해지기도 한다는 것을 느꼈다.

하지만 내가 기억하기로는 '봄집' 친구가 처음부터 그렇게 부드럽고 온화한 성격은 아니었다. 욱하기로는 남에게 뒤지지 않는 친구였다. '봄집' 친구는 자신의 성격이 변한 이유도 말해 주었다.

"다 아내 덕분이야."

"자네 아내가?"

"그래."

'봄집' 친구의 아내는 말 한마디를 해도 온화하고 부드럽게 하는 여자였다. 항상 가족들을 칭찬하고, 아프면 걱정해 주고, 힘든 일이 있으면 따뜻하게 응원해 주었다. 의견이 부딪치는 일이 생기면 먼저 남편의 주장을 다 경청해 준다. 그 다음에 남편의 생각을 존중해주고 타협점을 내주는 현명함까지 갖춘 사람이라고 했다.

결혼 생활 초반에 목소리를 높이던 '봄집' 친구는 처음에는 자기가 가정의 주도권을 잡았다고 으스댔지만, 살다보니 한쪽이 일방적으로 주도권을 행사하는 게 가정이 화목해지는 길이 아니라는 걸 깨달았다고 한다. 자신도 아내를 흉내 내어 부드럽게 말하려고 노력했더니, 아내가 더욱 기뻐하며 자신을 사랑해 주었고, 아이들은 부모의 모습을 닮아 자연히 아이들과의 사이도 좋아졌다고 한다.

서로 목소리를 높이다가 사소한 일이 큰 싸움으로 번지는 게 부부싸움의 다반사인데, 이런 일이 없어졌으니 일부러 시비를 잡아 싸우려고 해도 싸울 일이 없지 않겠는가?

"내게 아내는 봄날 같은 여자야."

이렇게 말하며 환하게 웃는 '봄집' 친구의 얼굴은 세상을 다 가진 부자처럼 행복해 보였다.

'겨울집' 친구에게도 변화가 찾아왔다. 집안일 문제로 찡그리고 다니던 얼굴이 환하게 펴지기 시작했다. '겨울집'에도 봄이 찾아온 것이다. 하지만 이 집에서는 남편이 먼저 봄바람을 가져왔다. '봄집' 친구의 집에서 깨달음을 얻은 이 친구가 먼저 아내에게 따뜻한 말을 건네는 봄날 같은 남편이 된 것이다.

따뜻하고 부드러운 말 한마디, 서로 배려하고 위하는 마음 하나가 모이고 모이면 행복은 저절로 넘쳐 나게 된다.

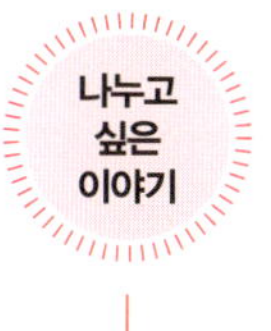

우리 부부도 달라질 수 있다 환경을 바꿔 보자

똑같은 상황에서도 웃는 사람이 있고, 우는 사람이 있다. 같은 소식인데도 어떤 사람에겐 좋은 소식으로, 또 어떤 사람에겐 나쁜 소식으로 전해진다.

'까치네의 부부 싸움'은 오늘 아침에도 계속되었다.

"까치까치까치."

"까치까치까치."

사흘이 멀다 하고 일어나는 말다툼이었다. 저녁 무렵 싸움에 지친 남편 까치가 말했다.

"아무래도 우리 둥지에 불평 귀신이라도 붙은 것 같아요. 이상하게도 둥지에 오면 불평 불만이 그냥 쏟아지니 말예요."

"글쎄, 그럴까요?"

밤새 고민하던 까치 부부는 이튿날 동네 어른 까치를 찾아갔다. 무언가 조언을 얻고 싶었기 때문이다.

"무슨 일로 왔는가?"

"어르신, 저희 집도 처음에는 평안하고 안락한 둥지였습니다. 그러나 지금 둥지 안에서 나누는 대화는 온통 걱정과 불평 불만뿐입니다. 불행한 둥지가 되어버린 거죠. 아무래도 불평 귀신이 붙은 것 같으니, 그것을 쫓아내는 비방 같은 게 없을까요? 제발 가르쳐 주십시오."

남편 까치가 말하자 어른 까치는 이렇게 말했다.

"자네 부부는 기쁠 때 뭐라고 말하는가?"

"까치까치까치요."

부부는 입을 모아 대답했다.

"그렇다면 불평은 어떻게 말하는가?"

"까치까치까치요."

"거 보게, 기쁨과 불평이 모두 한 입에서 같은 소리로 나오지 않는가?"

어르신의 말씀에 그들 까치 부부는 마주보며 정말 그렇다는 듯 묘한 웃음을 지었다.

"이렇듯 불평과 기쁨이 한 입에서 나오는 것이지, 둥지 안의 귀신이 시켜서 나오는 말이 아니란 말일세. 문제는 바로 자기 자신에게 있는 거라네."

"우리 자신에게요? 어떤 문제 말씀입니까?"

부부 까치는 궁금함이 가득한 눈초리로 어른 까치를 바라봤다.

"기쁨은 첫 마음에서 나오는 것이지. 하지만 불평은 묵은 마음에서 나오는 것이야. 오랜 시간 한 곳에서 둥지를 틀고 살면서 자네들의 마음도 서서히 묵은 게야."

"그렇다면 어떻게 해야 하나요?"

"둥지를 틀던 첫 마음으로 돌아가게. 그러면 불평이 걷히고 기쁨이 나올 걸세."

어른의 말씀을 명심한 까치 부부는 마치 처음 가는 것처럼 마음을 비우고 자신들의 둥지로 향했다.

낡아버린 둥지 위로 날아간 이들은 처음 나뭇잎을 하나씩 모아 둥지를 만들던 때를 생각하며 둥지 구석구석을 매만졌다. 그랬더니 정말 둥지는 이들이 처음 함께 가꾸었던 둥지처럼 새롭게 느껴지기 시작했다.

"우리 다시 처음으로 돌아가자고."

남편 까치가 빙그레 웃으며 말했다.

"그래요, 까치까치까치."

아내 까치의 입에서는 절로 기쁨의 소리가 튀어나왔다.

까치 부부들이여! 오늘 아침에도 싸움을 했다면 사랑의 보금자리를 다시 정비하도록 해보세요. 새로운 마음을 갖기 위해서는 지금의 환경을 한번쯤 바꿔 보십시오.

작고한 국어학자 이희승 선생님은 "부부가 되면 개성의 반은 죽이고, 반은 살려라. 반을 줄인다는 건 희생이고, 반을 살린다는 건 사랑이다"라고 말했습니다.

콩 심은 데 콩 나고 팥 심은 데 팥이 납니다. 모든 행동에는 결과가 따릅니다. 일생을 불행하게 사는 사람들은 콩 심은 데 콩 난다는 사실에 근거를 두지 않고, 아무 생각 없이 감정에 휘말려서 사는 사람들입니다. 행복은 부부가 함께 만들어 가는 것입니다. 부부가 행복해야 그 가정 전체가 행복해집니다.

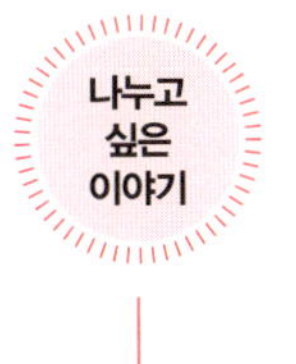

세상에서 가장 아름다운 그림

어느 천재 화가가 있었다. 그는 그림을 발표할 때마다 사람들에게서 칭송을 받았다. 그때마다 화가의 꿈은 점점 더 커져 갔다.

'세상에서 가장 아름다운 그림을 그리고 싶다!'

매일 보는 일상 속의 산과 나무, 새와 꽃이 지겨웠던 그는, 지금까지 보지 못했던 새로운 대상을 통해 가장 아름다운 그림을 그리리란 마음으로 집을 나와 긴 여행을 시작했다.

화가는 여행을 통해 세상의 여러 사람들을 만났다. 그럴 때마다 화가는 그 사람에게 가장 아름다운 것이 무엇이냐고 물었다. 어떤 이는 돈이라고 했고, 어떤 이는 자기가 가진 보석 반지라고 했다.

그러다 경건하게 명상을 하는 한 수도사를 만났다. 그는 두 손을 모으며 이렇게 대답했다.

"그건 믿음이지요."

수도사의 말을 마음에 새기며 화가는 다시 여행을 시작했다. 그러다가 한 여인을 만났다. 그녀는 사랑에 빠져 있었다.

"세상에서 가장 아름다운 건 누가 뭐래도 사랑이죠."

마지막으로 만난 사람은 세상이 평화로운 곳이 되길 원하는 평화 운동가였다.

"세상에서 가장 아름다운 건 바로 평화입니다."

믿음, 사랑, 평화……. 세 사람의 대답이 다 마음에 들어서 화가는 어느 것 하나 포기할 수 없었다.

'그래! 믿음과 사랑, 그리고 평화가 다 함께 들어있는 그림을 그리면 되겠군.'

화가는 세상 여러 곳을 돌아다니며 그 세 가지가 함께 들어있는 무언가를 찾아헤맸다. 하지만 무엇인지도 모르는 그 대상을 찾는 일은 결코 쉽지 않았다.

어느새 수많은 세월이 흘렀다. 총기가 빛나던 젊은 얼굴에 주름이 지고, 이제는 가지고 있던 돈마저 떨어져 제대로 먹을 수도, 잘 수도 없었다. 집에 돌아갈 차비마저 없는 자신의 처지를 발견한 그는 서글퍼지기 시작했다. 몸도 마음도 지치고 손에는 그림 한 장 없었던 것이다. 견딜 수 없이 힘들어지자 그는 문득 집 생각이 났다.

'그래, 집으로 돌아가자. 돌아가서 푹 쉬자!'

온통 머릿속이 집 생각으로 가득해진 그는 마지막 기력을 다해 집으로 향했다. 며칠 뒤 어둑어둑해진 어느 날 저녁, 그는 마침내 집에 도착했다. 힘없는 손을 겨우 들어 문을 두드렸다.

"누구세요?" 분명 아이들의 목소리였다.

"나다, 아빠야."

기쁨에 목이 멘 그의 목소리를 듣고 아이들이 '아빠다!' 하고 함성을 지르며 문을 열고 뛰어나왔다. 오랜만에 아빠의 모습을 본 아이들은 껴안고 얼굴을 부비며 아빠에게 매달렸다. 그때 그에게 멀리서 눈물을 훔치며 자신을 바라보는 아내의 얼굴이 보였다. 이내 그녀는 남편에게 다가와,

"이제 오세요. 배고프죠? 어서 식탁으로 가서 앉으세요." 하면서 반가운 미소로 남편을 맞이했다. 화가는 그때서야 비로소 깨달았다.

"나의 사랑스런 아이들과 언제나 웃으며 나를 따뜻하게 맞이해주는 아내의 미소, 이 모습이 바로 세상에서 가장 아름다운 모습이구나! 그건 결코 멀리 있는 게 아니었어……." 하고 깨달았다.

그날 저녁 그는 식탁에 둘러앉은 가족의 모습을 화폭에 담았다. 그리고는 '세상에서 가장 아름다운 그림'이라고 제목을 붙였다.

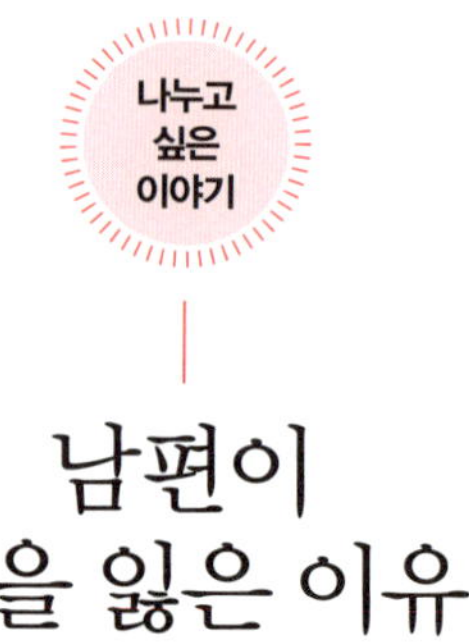

남편이 말을 잃은 이유

친구인 세호를 몇 년 만에 만난 나는 당황하지 않을 수 없었다. 명랑했던 그의 모습은 어디에서도 찾아볼 수 없었다. 무슨 안 좋은 일이라도 있냐고 묻는 내게 그는 한참 만에 고민을 털어놓았다.

2년에 걸친 연애 끝에 결혼한 이 친구는 처음엔 누구나 부러워하는 잉꼬 부부였다. 그런데 첫 아기가 태어난 후 다시 만난 그는 무뚝뚝하고 무감각한 사람으로 변해 있었다. 그 후 몇 번 더 만났지만 그저 머리만 꾸벅할 뿐 도무지 즐거운 대화를 할 수 없었다.

얼마 후 친구의 집을 방문할 기회가 생겼다. 그리고 그 곳에서 친구 부인의 이상한 태도를 발견하게 되었다. 시어머니가 부인에게 물었다.

"아가, 저녁 반찬은 생선이니?"

나는 당연히 친구의 아내가 '네, 어머니.'정도로 대답할 것이라고 생각했다. 그런데 친구의 아내는, "왜요? 생선 싫으세요? 그럼 뭐가 좋으신데요?"하고 뾰족하게 대답하는 것이었다.

부엌 식탁 위에는 친구의 아내가 방금 사온 생선이 놓여 있었고, 그것을 본 시어머니가 확인도 할 겸 가볍게 물었으리라. 하지만 친구의 아내는 필요 이상으로 날카롭게 반응했고, 그 자리는 이내 서먹서먹해졌다. 그런데 그게 끝이 아니었다. 저녁을 먹고 차를 마실 때는 이런 일도 있었다.

"이 녹차 어디서 샀니?"

시어머니가 묻자 친구의 아내가 정색을 하며 받았다.

"녹차가 어떻게 됐나요? 맛이 이상해요?"

물어 본 사람의 의도를 오해하지 않고서는 할 수 없는 대답이었다. 나는 그제야 친구가 달라진 이유를 알 것 같았다.

나는 나중에 친구 세호와 오랜만에 진지하게 이야기 할 기회가 있었다. 친구는 결혼 후 부인이 많이 변했고, 자기도 당황스럽다고 말했다. 여러 이야기를 듣다 보니 부인이 변했다기보다는 그동안 친구가 모르고 있던 또 다른 모습이 나타난 것 같았다.

결혼 생활은 그녀의 숨겨진 결점을 드러나게 하는 알맞은 계기가 되었던 것이다. 활달하고 밝은 성격의 그녀는 자발적으로는 일을 잘하지만, 남이 간섭하거나 자신과 다른 의견을 말하면 금세 정색을 하고 발끈하는 성격이었다. 그 친구는 연애를 하는 동안 그런 면을 눈여겨보지 못했을 것이고, 그녀 역시 최대한 자제했을 것이다. 결혼해서 아기를 낳고 새로운 생활에 익숙해지자 잠시 숨겨졌던 성격이 나타나기 시작했던 것이다. 나는 친구에게 부인과 대화로 해결하라고 당부해보았지만, 그는 포기했다며 힘없이 헤어지고 말았다.

그리고 몇 개월 후, 나는 친구 세호를 다시 만났다. 그는 놀랍게도 예전의 명랑한 모습으로 되돌아와 있었다. 나는 친구가 부인과의 문제를 지혜롭게 해결했나보다 하고 생각했는데, 그게 아니었다. 친구는 얼마 전 지방 근무 발령을 받고 부산으로 내려간 상태였고 지금은 주말부부로 지내고 있다는 것이다.

나는 마음이 아팠다. 서로 떨어져 있어야 행복한 사람들……. 부인은 자신이 남편에게 그런 존재라는 것을 알고 있을까.

함께 있음으로 해서 상대에게 힘이 되고 격려가 되어 주는 부부가 있는가 하면, 그 반대의 사람도 있다. 나는 지금 내 곁에 있는 남편에게 어떤 존재일까? 또 나는 내 곁에 있는 아내에게 어떤 존재일까? 가끔 이렇게 자문해보는 시간이 필요한 것 같다.

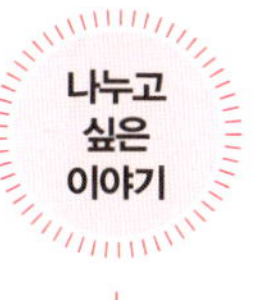

아내의 명절증후군 와이셔츠를 걷어붙이고

"어휴, 벌써 추석이네."

아내의 한마디에 호석 씨의 가슴이 내려앉았다. 매해 찾아오는 아내의 명절 스트레스를 생각하니 걱정이 이만저만이 아니었다.

호석 씨가 생각하기에도 아내는 정말 요즘 보기 드문 현모양처였다. 4형제 중 첫째인 자신에게 시집와 시부모님을 모시고 살면서 나이 차가 많이 나는 시동생들을 장가보내고, 명절만 되면 산더미 같은 일을 묵묵히 해온 아내……. 그런 아내가 언제부터인가 명절만 지내고 나면 부쩍 힘들어하는 모습을 볼 수 있었다. 체력이 약해진 탓도 있고 부모님이 돌아가시기 전에는 일찍 와서 같이 명절 음식 만드는 것을 도와주던 동서들이 이제는 바쁘다는 핑계로 아예 나타나지도 않기 때문이었다.

올해도 아내는 혼자서 차례 음식을 준비했다. 물론 호석 씨가 나물 손질도 돕고 같이 장도 보고 밤도 깠지만, 아무래도 오랫동안 부엌일을 해본 적이 없는 남자이다 보니 도와주는 게 한계가 있었다. 그래서 그는 뭔가 좋은 방법이 없을까 고민했다.

어머니가 돌아가신지 2주년이 되는 해 추석날 아침이 되었다. 차례를 지내고 아침밥을 먹은 후 동서들은 아내와 함께 상을 치우며 설거지 할 그릇을 싱크대로 옮기고 음식을 정리했다. 그때 동생들이 말했다.

"여보, 과일 먹자."

"나도."

"어제 들어온 배 있지? 그거 맛있겠더라."

그러자 동서들 셋은 못 이기는 척 과일을 들고 거실로 가더니 그대로 주저앉아 버렸다. 부엌에는 아내만 혼자 남았다. 그는 기가 막혔다. 산더미 같은 그릇 앞에 서 있는 아내가 너무 안쓰러워 보인 호석 씨는 도저히 안 되겠다 싶어 벌떡 일어나 부엌으로 갔다. 그리고는 와이셔츠 소매를 걷어붙이고 아내 옆에 섰다.

"여보, 나랑 같이 하자."

아내는 생각지도 않은 남편의 행동에 깜짝 놀라 호석 씨를 멀뚱멀뚱 쳐다보기만 했다.

"내가 세제로 닦을 테니까 당신이 헹궈."

"저리 가서 과일 드세요."

"괜찮아. 과일이 어디 도망가나. 설거지하고 당신이랑 먹을래. 둘이 하면 더 빨리 끝날 거 아냐."

그의 행동에 거실에서 하하호호 웃던 동생들과 동서들이 눈치를 보기 시작했다. 그리고는 동서들이 슬슬 자리에서 일어나 부엌으로 오더니 자기들이 하겠다며 호석 씨를 밀어냈다.

"아주버님, 앉아 계세요. 저희가 할게요."

"네, 아주버님."

"제수씨들, 무슨 말씀. 어서 과일들 드세요. 이 사람이 나한테 시집와서 고생하는 건데 내가 도와야지 누가 돕겠습니까. 걱정들 하지 마시고 가서 과일 드세요."

웃는 얼굴로 아예 수세미까지 들고 본격적으로 설거지를 시작하는 호석 씨 때문에 동서들은 부엌에서 밀려났지만 설거지가 끝나는 동안 거실에 앉지도 못하고 안절부절 어쩔 줄 몰랐다.

설거지를 마친 호석 씨는 와이셔츠 소매를 내리며 부엌에서 나와 동생들에게 마당 화분들을 같이 정리하자며 불러냈다. 하지만 동생들은 무슨 일인지 눈치를 채고 올 것이 왔구나, 하는 표정으로 형을 따라나섰다.

호석 씨는 동생들에게 말했다.

"너희 마음 안다. 아내가 고생하는 거 싫겠지. 그건 나도 마찬가지야. 우리 집사람 고생하는 거 싫다."

"형님, 죄송해요."

"집사람한테 잘 애기할게요."

"아니, 그럴 필요 없다. 생각해보니까 이 일은 우리 안사람들만 할 일이 아니야. 우리 조상님들 제사상 차리는 건데, 우리가 할 일을 왜 여자들한테만 떠넘기겠냐. 그래서 생각해 봤는데, 다음 명절부터는 우리 사형제가 같이 명절 음식 하는 것도 돕고 설거지도 돕는 게 어떠냐?"

"우리가 어떻게……."

"하고 싶어도 어떻게 하는지 잘 몰라요."

"그래요, 괜히 방해만 될 거 같은데."

"물론 처음에는 서툴겠지만 하다 보면 손에 익는 거고, 또 다 같이 준비하고 빨리 끝내서 다 같이 둘러앉아 이야기 하고 놀면 얼마나 좋겠냐."

호석 씨의 설득에 동생들은 고개를 끄덕였다.

"하긴 그래요. 그동안 형수님에게 너무 죄송해서 신경 쓰였어요."

"노력해 볼게요."

"그래, 다음 해부터는 여자들한테도 즐거운 명절이 되도록 우리 형제들이 조금만 애쓰자."

다음해부터 호석 씨의 가정에서는 명절증후군이 사라지고 없었다. 물론 남자들이 서툰 손으로 전을 부친다며, 혹은 나물을 손질하겠다며 달려들어 오히려 실수를 하기도 하고 시간이 더 오래 걸리기도 했지만, 여럿이 둘러앉아 이런저런 이야기를 해가며 웃으며 하다 보니 힘든 줄도 모르고 즐겁게 일을 할 수 있었다. 명절이 끝나고 동생 부부들을 보낸 후에 몸살을 앓던 호석 씨의 아내도 이제는 보람 있고 즐거운 명절이었다며 함박 웃을 수 있었다.

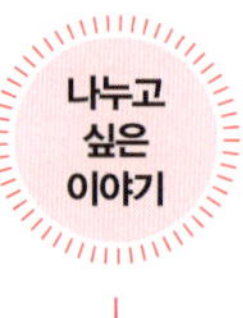

남편의 폭력으로 깨어진 가정

민정 씨는 침대에 꼼짝하지 못하고 누워 있었다. 남편 창호 씨는 침대 아래 무릎을 꿇고 앉아 같은 말을 반복했다.

"자기야, 정말 미안해. 내가 자기 얼마나 사랑하는지 알지?"

"여보 뭐라고 말 좀 해봐. 어젯밤에는 내가 제 정신이 아니었어. 술 때문에……. 정말 미안해. 나 이제는 절대로 술 안 마실게. 내가 또 술 마시면 사람이 아니다. 자기야, 나 한 번만 용서해 줘, 응?"

민정 씨는 용서를 비는 창호 씨의 말 한마디 한마디가 모두 비수가 되어 자신의 가슴을 찌르는 것만 같았다. 멍으로 얼룩진 민정 씨의 얼굴로 눈물이 흘러내렸다. 창호 씨의 사과는 계속 이어졌지만 민정 씨는 남편을 용서하고 싶지가 않았다.

'모두 꿈이었으면…….'

창호 씨는 원만한 성격에 유머감각도 있고 일도 정열적으로 하는 괜찮은 사람이다. 하지만 술만 마시면 완전히 다른 사람으로 변해 민정 씨에게 폭력을 휘두르는 일이 많았다. 창호 씨가 민정 씨에게 처음 손찌검을 한 것은 첫 번째 결혼기념일 밤이었다. 알콩달콩 사랑의 마음을 전해야 할 그때에, 마주 앉아 맥주잔을 기울이던 창호 씨는 민정 씨가 한 사소한 농담에 격분해서 아내의 따귀를 때렸다. 다음날까지 뺨에 불그레한 손자국이 남았을 정도였다.

처음 당한 무자비한 폭력에 민정 씨는 너무 놀라 며칠간 밥도 못 넘기고 눈물만 흘렸다. 하지만 그날의 폭력은 시작에 불과했다. 따귀 한 대로 시작된 남편 창호 씨의 폭력은 날이 갈수록 심해졌다.

술에 취해 민정 씨에게 폭력을 휘두른 다음날이면 창호 씨는 아내 앞에 무릎을 꿇고 자신을 용서해달라며 눈물을 흘리곤 했다. 그리고 다시는 술을 마시지 않겠다고 다짐한 것도 여러 번이었다.

민정 씨는 누구에게도 이 일을 털어놓지 못했다. 친정엄마나 시어머니께 자신이 겪고 있는 힘든 상황을 털어놓고 싶은 생각이 가끔 들기도 했지만 남편의 사과를 믿기도 했고, 가족에게 더 큰 상처를 줄지도 모른다는 생각 때문에 혼자서 감당해 왔다.

"지수 아빠."

"응, 자기야. 화 푸는 거지?"

"어젯밤에 무슨 일이 있었는지 기억은 나?"

"……잘 기억은 나지 않지만, 당신 얼굴 보니까 대충 알 것 같아. 내가 정말 나쁜 놈이야."

"당신 어젯밤에 나만 때린 거 아니야."

"무슨 소리야?"

"당신이 나 때리는 소리에 지수가 잠에서 깨서 울기 시작했어. 지수 우는 소리를 들은 당신이 지수한테 달려들어서 애가 코피가 날 때까지 때렸잖아. 그 어린 걸 때릴 데가 어디 있다고……."

"……내가 우리 지수를 때렸다고?"

"내 말이 믿어지지 않으면, 당신 눈으로 확인해 봐. 당신한테 맞으면서도 참아온 건 다 우리 지수를 위해서였어. 지수가 아빠 없이 자라게 할 수는 없었거든. 당신에게 맞기 시작한 날부터 지금까지 난 단 하루도, 아니 단 한 시간도 행복했던 적이 없었어. 폭력을 휘두르는 아빠와 불행한 엄마 아래서 자라는 아이가 어떻게 행복할 수 있겠어?"

"……."

"당신이 조금이라도 양심이 있다면 헤어져 줘. 그게 당신이 나와 우리 지수를 행복하게 해주는 길이야."

창호 씨는 말없이 눈물만 흘렸다. 자신이 눈에 넣어도 아프지 않을 어린 딸을 때렸다는 사실도 믿기지 않았고, 자신 때문에 불행하다고 하는 아내에게도 사과의 말조차 더 이상 할 수 없었다.

부부는 별거에 들어갔다. 창호 씨는 아이를 데리고 친정으로 가려던 민정 씨를 손이 닳도록 빌어 집에 있게 하고는 자신이 집을 나와 멀지 않은 동네에 작은 방을 얻었다. 그는 민정 씨와 헤어지기 위해 별거에 동의한 것이 아니었다. 그는 바로 정신과 병원을 찾았다. 알코올 의존증을 치료하려면 정신과 병원에 가야 한다는 말에 그동안 갖고 있었던 선입견에 잠깐 주춤했지만, 민정 씨를 붙잡기 위해서는 거기가 불구덩이라도 들어가야 할 판이었다. 창호 씨는 의사에게 사정을 말하고 매달렸다. 심리 상담을 받고 여러 가지 검사도 마쳤다.

"입원 치료가 가장 효과가 좋습니다만 환자 분은 일단 의지가 강하고 아직 초기 단계이므로, 약물치료와 혐오치료를 병행해 봅시다."

창호 씨는 술집 앞을 지나칠 때마다 강한 유혹에 시달렸지만 그때마다 민정 씨와 딸 지수를 떠올렸다. 가족과 술 중에 하나를 선택하라면 당연히 가족이었다. 그래도 자신을 냉정히 내치지 못하고 가끔 연락을 해오는 아내 민정 씨를 떠올리면 애틋함에 눈물만 나올 뿐이다.

'힘내. 여보! 아직은 그래도 당신 사랑해. 치료 잘 받고 돌아와.'

아내가 보낸 문자와 지수의 잠든 사진을 만지작거리며 창호 씨는 다시 한번 자신이 깨버린 행복을 되찾겠노라고 맹세하였다.

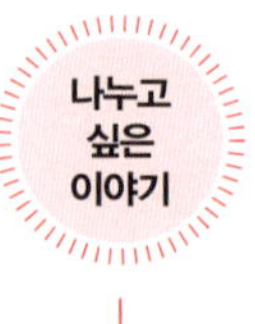

남편 건강 되찾게 해준 아내의 병 간호

남편은 지난 5년 동안 투병 생활을 했다. 병원에서는 6개월 이상 넘기기 힘들다고 했지만, 아내는 남편을 포기할 수가 없었다.

나는 한 중년 여성 단체의 모임에 나가게 되었다.

솔직히 나는 이런 친목 모임에 나가는 것을 즐기지 않는다. 모임의 성격과 이유에 따라 조금씩 차이가 있지만, 어쩌다 누가 자신의 자랑을 시작하면 너도나도 분위기가 그렇게 흐르는 것이 싫어서다.

자세히 들어보면 자기 자신의 좋은 점을 자랑하는 게 아니다. 돈을 잘 벌어오는 남편, 성적을 잘 받아오는 자녀, 그리고 넓은 집과 명품 옷 등, 전부 외적인 것이고 통속적인 느낌이었다. 나도 그 사이에서 그런 이야기를 나눠야 하는 것이 부담스러웠다. 물론 내가 내 남편과 내 자식을 부끄러워하거나 부족하다고 느끼는 건 절대 아니지만 그런 외적인 기준으로 볼 때 할 말이 없는 것도 사실이다. 또 자랑이 한 차례 끝나고 나면, 이번엔 근심거리를 서로 나누는 자리가 된다. 늦게 들어오고 외박하고 주말이면 골프니 축구니 밖으로만 도는 남편, 가족과 어울리려 하지 않고 유행하는 최신 핸드폰과 비싼 운동화를 사달라고 조르는 철없는 자녀, 늘어가는 주름살과 다이어트 이야기 등. 이러다 보면 분위기는 금세 처지고 다들 얼굴에 근심걱정이 한 가득이다. 이러다 보니 설레고 기쁘던 모임은 어느새 가기 싫어지는 자리가 되곤 했다.

그런데 이 모임에서 만난 한 분은 달랐다. 나와 비슷하거나 조금 위인 듯한 이 분은 유난히 얼굴이 밝고 표정이 환해서 사람들은 그녀가 정말 행복한 사람이라고 생각했다. 아마 집안 환경이 풍족하거나 좋은 남편을 만나서일 거라고 말하는 사람도 있었다.

어느 날 누군가가 그녀에게 항상 그렇게 행복해 보이는 비결이 무엇이냐고 물었다. 그랬더니 그 분은 뜻밖의 말을 했다. 그녀가 행복한 이유는 남편과 함께 '따뜻한 밥'을 먹을 수 있어서라는 것이다. 즉, 남편과 함께하는 시간 때문에 삶이 즐겁다는 거였다.

그녀의 대답에 모두들 문득 허를 찔린 듯한 표정이 되었다. 우리 나이 정도가 되면 몸이 예전 같지 않다거나, 입시를 앞둔 자녀들 뒷바라지 등, 여러 가지 이유와 핑계로 남편에게 매일 아침을 챙겨 주지 못하는 사람들이 많다. 게다가 맞벌이라도 하게 되면 더욱 힘든 일이다.

요즘엔 가족들 각자 바쁘니 온 가족이 모여 앉아 집에서 식사할 수 있는 때라고는 아침밖에 없다는 걸 알면서도 참 실천하기 힘든 부분이다. 그래서 남편과 따뜻한 밥을 먹을 수 있어서 행복하다는 그녀의 말은 신선한 감동을 주었다. 사실 그녀가 그런 진실한 행복을 찾을 수 있었던 데에는 특별한 사연이 있었다.

그녀의 남편은 지난 5년 동안 간암으로 투병 생활을 했다고 한다. 처음엔 병원에서 6개월 이상 넘기기 힘들다고 했지만, 그 분은 남편을 포기할 수 없었다. 그래서 자신의 일을 접고 남편의 병 간호에 매달렸다고 한다. 극진한 정성으로, 고통스러워하는 남편 옆에서 반드시 병을 이길 수 있다는 신념으로 남편을 돌보았고, 그 분의 정성에 하늘도 감동했는지 시한부 선고까지 받았던 남편은 지금도 건강하게 그 분의 곁에 있다고 한다.

아주 담담히, 아무 일도 아니었던 것처럼 그 분은 말하고 있었지만 지나온 세월 동안 남편의 병 간호로 얼마나 육신과 정신이 힘들었을지. 그럼에도 불구하고 그 분은 지금 남편이 살아있는 것 자체에 깊이 감사하고 있었다. 다른 사람들에게는 불행의 이유가 되었을 조건들이 그 분에게는 아름다운 행복의 조건이 되었던 것이다.

나는 그 분이 '따뜻한 밥'이라고 말했을 때, 거기서 느껴지는 푸근하고 온화한 이미지가 머릿속에 깊이 남았다. 그래서 나도 가끔은 빼먹

곤 하던 아침상에 더욱 정성을 들이기 시작했다. 남편이 나가기 전에 겨우 끼니를 때우는 의미로 차리던 밥상이 아니라 내 정성으로 남편의 하루를 열어주고 싶었다. 따끈한 된장국과 텃밭에서 키운 채소들을 올리고 각종 나물들을 조금씩 정갈하게 담아 내어놓았다.

"이야, 이게 다 뭐야? 요즘 무슨 일 있어?"

내 노력을 알아차렸는지 남편은 농담을 하면서도 고마워했다. 김이 모락모락 나는 밥을 뜨고 맛있게 먹는 남편을 보니, 아침에 일찍 일어나 수고했던 것이 보상받는 느낌이었다.

"진짜 빈말이 아니고, 다른 데서 먹는 고기 뷔페, 스테이크, 이런 것보다 집 밥이 최고로 맛있고 좋다."

"당신, 내가 아침 잘 차려주니까 기분 좋아요?"

"어유, 그럼! 이런 게 행복이지 다른 게 있겠어?"

밝게 펴진 남편이 얼굴을 보며, 우리 가정에도 그 분이 말한 것 같은 소박한 행복이 찾아왔음을 느낄 수 있었다.

가난한 날의 행복

동화 속 파랑새가 보석을 물어다 주었다면, 그게 행복한 이야기였노라 말 할 수 있을까요? 가족이 곧 파랑새의 선물입니다.

나영 씨와 기성 씨는 가난한 부부다. 대학을 졸업하자마자 결혼한 두 사람은 지금 인터넷에서 의류 쇼핑몰을 운영하고 있는데 예상보다 매출이 많지 않았다.

부부는 조금 있으면 나아지겠지 하는 희망을 가지고 하루하루 버텨 나가고 있었다. 이런 힘든 상황에서 나영 씨가 임신을 하게 되었다. 평소에도 식탐이 많았던 나영 씨는 임신하면서부터 음식에 대한 욕구가 더욱 강해졌다. 하지만 연일 적자이기 때문에 먹고 싶은 것이 있어도 마음 놓고 먹을 만한 형편이 되지 못했다. 하루에도 몇 번씩 그녀는 인터넷에서 음식동호회나 미식가들의 블로그를 들락거리며 사람들이 찍어 올린 먹음직스런 음식 사진을 보면서 욕구를 달랬다.

기성 씨는 임신한 아내에게 맛있는 것을 사 줄 방법이 떠오르지 않자 비상용 카드를 사용하기로 했다.

"임신해서 먹고 싶은 음식 못 먹으면 눈이 짝짝이인 아기 낳는대. 그러지 말고 카드라도 쓰자."

"안 돼. 카드 값도 빚이잖아. 그거 못 갚으면 이자를 얼마나 많이 물어야 하는데……. 절대로 안 돼. 우리 아기가 태어나기도 전에 엄마 아빠가 빚더미에 앉아 있으면 좋겠어? 난 괜찮아. 원래 음식의 반은 눈으로 먹는 거라잖아. 이렇게 눈으로 보고만 있어도 충분해."

나영 씨는 이렇게 기성 씨를 위로했다.

"이거 봤어? 어른들을 위한 동화인데 임신한 부부가 먹을 것이 없어서 마트에 있는 시식 코너에 가서 배를 채웠대. 우리는 아직 이 정도로 먹을 게 없는 건 아니잖아. 시골에서 아버님이 농사지어서 보내준 쌀도 있고, 김장김치도 잔뜩 담가 놨는데 뭐가 걱정이야?"

"그래도 어떻게 매일 김치만 먹느냐고, 당신은 홑몸도 아닌데……."

"왜? 김치전도 부쳐 먹고, 김치볶음도 해 먹고, 김치찌개도 해 먹고……. 김치만 가지고도 해 먹을 수 있는 음식이 얼마나 많은데."

"고기 좋아하는데 고기도 못 사주고 당신이랑 아기한테 정말 미안해."

"잊었어? 당신하고 나는 동업자야. 사업이 안 되는 건 우리 둘의 문제지. 당신만의 문제는 아니야. 임산부한테는 고기보다는 유산균이 풍부한 김치가 훨씬 더 좋대. 그러니 아무 걱정하지 말고 어떻게 하면 우리 쇼핑몰을 더 많은 사람들에게 알릴 것인지 고민해 봐."

"그래. 사람들에게 많이 알려야 하는데……. 지금은 워낙 인터넷 쇼핑몰이 많아서 어떻게 해야 할지 잘 모르겠어. 그래도 우리 물건은 질 좋은 걸로 승부를 걸어야지. 좀 지나면 입소문이 날 거야. 단골들을 좀 더 잘 관리해야겠다."

사업이 안 되면 싸우는 부부가 많다지만 기성 씨와 나영 씨는 서로를 위로하면서 위기를 넘기고 있었다.

"오늘 저녁에 등산동호회 모임이 있는데, 거기 나가 봐야 할 것 같아. 저번에 우리 옷 공동 구매하면 어떻겠냐고 물어 봤던 모임인데, 점퍼가 좋다며 단체로 주문한다고 했거든. 그래서 꼭 나가 봐야겠어."

"그래. 잘 됐다! 거기 회원수만 해도 만 명이 넘는 데 아니야? 몇 벌이나 주문할까. 100벌? 200벌? 근데 당신…… 얼굴이 왜 그래?"

"내가 뭘?"

"아, 깜빡했어. 여기 회비."

나영 씨는 서랍 속에서 3만 원을 꺼내 주었다.

"이 돈…… 어디서 났어?"

"저번에 엄마가 필요할 때 쓰라고 주셨어. 당신도 알잖아. 이것도 투자야. 오늘 당신이 회비없이 가서 주문 못 받아 오면 어떡해?"

기성 씨는 나영 씨가 주는 돈을 말없이 받았다. 그는 인맥을 통해서 장사를 하는 것은 장기적으로 볼 때 좋은 일이 아니라고 여겼다. 그래서 아는 사람에게 부탁하는 일은 거의 없었다. 하지만 워낙 형편이 어려워지고 나영 씨가 임신까지 한 상황이었기에 오래 전부터 활동해 오던 등산동호회 시삽에게 등산 점퍼 공동 구매를 제안한 적이 있었다. 주문을 받으러 가는 발걸음이 가벼워야 했지만 집에서 혼자 김치에 저녁을 먹을 나영 씨가 걸렸다.

모임을 마치고 들어온 기성 씨는 나영 씨에게 검은 봉지 하나를 내밀었다. 나영 씨가 받아서 열어 본 봉지 안에는 잘 포장된 족발이 들어 있었다.

"이거 너무 맛있는데, 너무 많이 시켜서 그런지 사람들이 이 접시에는 손을 안대는 거야. 그래서 내가 싸달라고 해서 가지고 왔어."

모임에서 나온 음식들을 보니 기성 씨는 나영 씨 생각이 나서 음식을 먹을 수가 없었던 것이다. 그래서 음식이 남게 되자 사람들 몰래 남은 것을 싸 달라고 해서 들고 온 것이다.

족발 봉지를 받은 나영 씨는 기성 씨의 따뜻한 사랑에 가슴이 뭉클해졌다. 원래 유들유들한 성격이 아닌 과묵한 기성 씨가 남은 음식을 싸 달라고 하고, 그 음식을 받는 순간까지 어떤 얼굴을 하고 있었을까 생각하니, 자신에 대한 사랑이 없으면 할 수 없는 일이라는 생각이 들었다.

"포장도 깔끔하게 잘해서 줬지? 쌈도 따로 넣어주고."

"뭘, 이런 걸 싸 들고 왔어."

"나영아, 이런 거 먹으라고 가져와서 미안해. 내가 돈 많이 벌어서 맛있는 거 많이 사줄게."

나영 씨는 기성 씨가 남은 음식을 싸다 준 걸 미안해하는 마음을 위로라도 하듯 맛있게 족발을 먹으며 말했다.

"부자들은 어떻게 해야 행복을 느낄까?"

"갑자기 그게 무슨 소리야?"

"그 사람들은 작은 것에는 행복을 못 느끼고 살 것 같다는 생각이 들어서 말이야. 백만장자한테 금반지 하나 사주면 그걸 받으면서 감동할 수 있겠어?"

"다이아몬드 정도는 박혀 있어야 느끼겠지?"

"그치? 난 그래서 가난한 게 나쁘지 않은 것 같아. 가난하니까 이 족발 하나에도 이렇게 감동하고 행복할 수 있는 거잖아. 자기의 사랑이 담긴 족발을 먹으니, 아! 행복해."

작은 것에 만족하고 그것에 기뻐하는 것이 행복이다. 행복은 큰 것도 아니고 멀리 있는 것도 아니다. 조금만 마음을 돌리면 그곳에 언제나 행복이 있다.

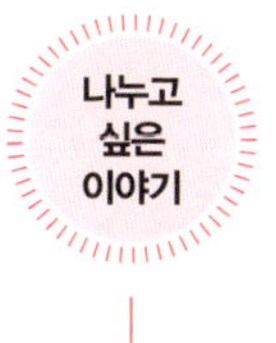

워크숍에서 낸 놀라운 숙제

한 강사가 어르신들을 위한 워크숍에서 숙제를 냈다. 숙제의 주제는 '사랑하는 사람에게 사랑한다'고 말하는 내용이었다.

한 강사는 말문을 열었다.

"다음 주 일주일 동안 자신이 '사랑하는 사람에게 사랑한다'고 말하되, 반드시 전에 한 번도 그 말을 하지 않은 사람이거나, 오랫동안 그런 적이 없는 사람에게만 해야 한다는 것이다."

젊은 사람들에게 있어 그것은 숙제랄 것도 없는 일이었다. 칭찬하고 사랑한다고 표현하는 일이 일상이기 때문이다. 하지만 그 모임에 참가한 수강생들은 대부분 4,50대 이후의 남성들이었다.

그들은 자신의 감정을 솔직히 표현하는 것은 '사내'가 할 짓이 못 된다는 어떤 고정관념에 사로잡혀 살아온 사람들이기에 참으로 난감한 숙제가 아닐 수 없었다.

다음 워크숍 시간이 돌아왔다. 강사는 수강생들에게 '여러분, 누군가에게 사랑한다고 말했을 때 어떤 일이 일어나던가요?' 하고 물었다.

강사는 평소처럼 여성이 먼저 손을 들 것이라고 생각했다. 그러나 뜻밖에도 가장 먼저 손을 든 사람은 60대 가량의 남자였다. 180센티가 넘는 큰 키에 굵은 골격을 가진, 그야말로 남자 중의 남자라는 인상을 주었다. 의외로 그는 긴장한 모습으로 입을 달싹였다.

"선생님, 지난주에 선생님이 숙제를 냈을 때 난 무척 화가 났습니다. 그런 말을 해야 할 상대도 없었을뿐더러, 선생님이 그런 개인적인 일을 숙제로 낼 이유가 없다는 생각이 들었습니다. 차를 운전하며 집으로 돌아가는데, 내 양심이 나에게 말을 걸어오더군요."

'네가 누구에게 사랑한다는 말을 해야만 하는가를 너 스스로 잘 알고 있잖아?'

"난 다섯 해 전에 아들과 어떤 민감한 문제로 심하게 다퉜고, 그 이후로 그 감정을 그대로 안은 채 살아왔습니다. 우리는 크리스마스 때나 다른 불가피한 가족모임을 제외하고는 서로 마주치기를 꺼렸지요. 지난주 화요일, 당신의 워크숍에 참석하고 돌아오면서 '그래, 아들에게 가서 사랑한다는 말을 해야만 해'하고 제 자신을 설득시켰습니다.

일단 결정을 내리자 마음의 무거운 짐이 덜어지는 게 느껴지는 겁니다. 집에 도착하자마자 난 잠자리에 든 아내를 흔들어 깨웠습니다. '여보, 내가 누군가에게 사랑한다는 말을 해야만 한다면, 난 내일 아들을 찾아가 그 말을 하고 싶소'라고 말했습니다.

그랬더니 아내가 벌떡 일어나 나를 껴안는 것이었습니다. 아내는 결혼 후 처음으로 내가 눈물을 흘리는 걸 봤습니다. 우리는 밤새도록 이야기를 나눴지요. 정말 멋진 밤이었습니다…….

다음 날 아침 저는 여느 때보다 밝은 기분으로 일찍 일어났습니다. 사실 너무 흥분해서 제대로 잠을 이룰 수가 없었지요. 난 일찍 사무실에 나가, 전에는 하루 종일 걸렸던 일들을 두 시간 만에 후딱 해치웠습니다. 그리곤 오전 9시에 아들에게 전화를 걸어 할 얘기가 있으니 이따 퇴근길에 만나자는 제안을 했어요. 그러자 아들은 언짢은 말투로 무슨 일이냐고 되물었습니다. 시간을 오래 뺏진 않을 거라고 말했더니 아들은 마지못해 승낙하더군요.

오후 5시쯤 난 아들의 집으로 가서 초인종을 눌렀습니다. 제발 제 아들이 문을 열기를 기도하며 말입니다. 만일 며느리가 나온다면 나 자신이 금방 겁쟁이가 되어 그 말을 못하게 될까 봐 겁이 났던 겁니다. 다행히 아들이 문을 열더군요. 난 시간을 끌 필요도 없이 곧장 문 안으로 한 걸음 들어가 아들에게 말했습니다.

"내 아들아, 사랑한다는 말을 하려고 왔단다. 난 널 그 누구보다 사랑해." 그 순간 아들의 내면에 큰 변화가 일어난 듯했어요.

내가 보는 앞에서 아들은 얼굴 표정이 부드러워지더니 이렇게 말하더군요.

"나도 아버지를 사랑해요. 하지만 아버지가 절 미워한다는 생각 때문에 그 말을 할 수가 없었어요."

난 벅찬 감동을 받은 나머지 한 발자국도 움직이고 싶지 않았어요. 아들과 난 잠시 동안 그렇게 껴안고 있었습니다. 지금까지 오랫동안 그런 감동적인 순간을 느껴보지 못했습니다. 그러고 나서 집으로 돌아왔어요. 하지만 내가 말하려고 하는 건 그게 아닙니다. 그날의 감동적인 얘기 같은 걸 말하려는 것이 아니라는 것입니다.

제가 아들에게 다녀온 이틀 뒤, 아들이 그만 교통사고를 당해 병원에 입원했다는 사실입니다. 아들은 아직도 의식불명인 상태이고, 과연 깨어날 수 있을지 의문입니다.

제가 여러분에게 말씀드리고자 하는 것은 바로 이것입니다. 해야만 한다고 느끼는 일을 미루지 마십시오. 만일 오늘 당신의 자녀들에게 그리고 소중한 사람들에게 사랑한다는 말을 하지 못한다면 영원히 그 말을 전하지 못할 수도 있다는 것입니다.

아직 늦지 않았습니다. 아마도 자신의 인생에 두 번 다시 기회가 안 올지도 모릅니다. 시간을 내서 지금 당장 실천하십시오. 사랑하는 사람에게 '사랑한다'는 말을!

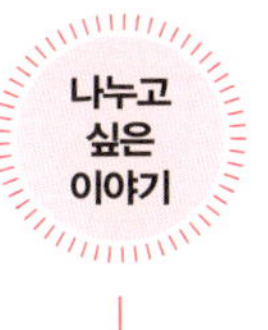

꽃다발 속의 아버지의 편지

"엄마, 생신 축하드려요. 그리고 오래오래 건강하세요."

자식들의 선물과 축하의 말에 재희 씨의 어머니는 기뻐서 어쩔 줄 몰랐다.

"고맙다, 얘들아."

오늘은 재희 씨 어머니의 60번째 생일이다. 아침에 일찍 일어난 자녀들과 사위, 며느리는 미역국도 끓이고 맞춰 놓은 떡 케이크도 썰어 놓고 생일상을 차렸다. 그리고 정성스럽게 준비한 선물을 어머니에게 드렸다.

"아버지, 아버지는 엄마 선물 준비 안 했어요?"

아들이 묻자 아버지는 아무 말도 하지 않고 슬그머니 일어서더니 베란다로 나가버렸다.

"야, 아버지 화나셨나 봐."

"그러게, 그런 말을 왜 해."

식구들은 소란스럽게 어머니의 생일을 축하하던 것을 잊고 조용히 아버지의 눈치를 살폈다. 잠시 후 아버지가 베란다에서 나오는 데 한 손에 커다란 꽃다발을 들고 나타났다.

"나도 선물 준비했다."

식구들은 '우와'하며 탄성을 질렀다. 아버지는 어젯밤에 몰래 사둔 꽃다발을 베란다에 감춰 두었던 것이다.

재희 씨의 딸이 자기가 전해드리겠다며 할아버지한테서 꽃다발을 빼앗아 재롱을 부리며 뛰어 가다가 꽃다발 속에 하얀 봉투가 들어 있는 것을 보았다.

"어, 꽃다발 속에 뭐가 있다!"

보물찾기 놀이에서 무언가를 찾아낸 듯 신바람이 난 손녀의 손에는 하얀 종이봉투가 들려 있었다. 식구들의 눈길이 봉투에 쏠렸다. 재희 씨의 아버지는 손녀 앞으로 슬금슬금 다가가 편지를 빼앗더니 어머니의 손에 쥐어주었다. 그 순간 어머니의 얼굴이 고운 복숭아 빛으로 물드는 것을 보고 식구들은 웃으며 박수를 쳤다.

"엄마 쑥스러워 하신다. 엄마, 제가 읽어드릴까요?"

그러자 아버지는 편지를 받으려던 재희 씨를 막아서며 말했다.

"너희 엄마 돋보기 갖다 드려라."

어머니는 딸이 가져다 준 돋보기를 쓰고 남편의 편지를 더듬더듬 읽어 내려갔다.

"여보, 고맙소. 아들 딸 잘 키워주고, 지금까지 잘 살아주어서 참 고맙소."

까마득한 세월을 함께 보내는 동안 고맙다는 말을 들은 적이 없는 어머니는 눈물을 흘리고 말았다. 아버지도 고개를 돌리며 눈가에 맺히는 눈물을 훔쳐냈다. 재희 씨와 다른 식구들은 두 분을 응원하는 뜻에서 힘차게 박수를 쳤다.

재희 씨는 아버지와 어머니가 연애시절 가슴이 뛰는 사랑의 편지와 선물을 곧잘 주고받으셨다는 이야기를 들은 적이 있다. 나이를 먹은 사람들이 흔히 그렇듯이 생활에 부대껴 생일 편지 같은 것은 젊은 시절에나 주고받는 일로 치부하던 터였다. 떨리는 손끝으로 썼을 아버지의 글씨를 들여다보던 재희 씨는 오래 전 안방에서 일어났던 일이 떠올랐다.

어느 날 재희 씨는 안방에서 조용한 흐느끼는 소리가 들려 방문을 열어 보았다. 혹시 부모님에게 무슨 일이라도 생겼나 싶어 가슴이 덜컥 내려앉았다. 그러자 얼마나 울었는지 눈가가 퉁퉁 부은 부모님이 무슨 일이냐면서 돌아보는 것이었다. 두 분은 수건으로 서로의 얼굴을 닦아주고 있었다.

두 분은 부인이 병에 걸려 먼저 저세상으로 간다는 내용의 텔레비전 단막극을 보고는 그렇게 울었던 것이다. 어머니는 드라마가 너무 슬퍼서 울었고, 아버지는 그런 어머니의 모습이 안쓰러운 느낌이 들어 같이 울었다고 한다.

재희 씨는 드라마 주인공의 슬픔을 당신들의 인생처럼 받아들여 펑펑 우신 부모님의 곱고 부드러운 성정 덕에 자신이 긴 세월 어려운 살림 속에서도 바르고 행복하게 자라날 수 있었으리라고 생각했다.

재희 씨는 맞춤법이 틀리긴 했지만 또박또박 정성스럽게 적은 아버지의 편지를 몇 번이고 읽으며 가슴에 새겼다. 자신도 남편과 함께 서로 아끼고 정답게 살아서 언젠가 나이가 들면 부모님처럼 남에게도 행복한 기운을 전달할 수 있는 부부가 되리라 마음먹었다. 그리고 아버지의 편지를 안방 벽에 붙여 놓았다.

그러자 아버지는 빙그레 웃으시며 슬그머니 편지를 떼어내시고는 이렇게 말씀하셨다.

"내년에 또 쓸 건데 뭘……."

좋은 부부 관계란 어떤 풍경일까

신혼과 구혼의 차이를 알아내는 방법은 그리 어렵지 않다. 신혼부부는 서로의 얼굴을 바라보며 쉴 새 없이 이야기를 나누고, 구혼부부는 잠잠히 먼 곳을 바라보며 침묵을 지킨다고 한다.

얼마 전에 신혼인 젊은 부부와 중년 부부가 교회에 처음 등록을 한 적이 있다. 우리 교회는 새로 나온 사람들을 여러 사람이 빨리 익힐 수 있도록 하기 위해서 사진을 찍는다.

그런데 아주 대조적인 모습을 이들 부부에게서 찾을 수 있었다.

젊은 부부는 서로의 손을 꽉 잡고 다정스럽게 사진을 찍은 반면에 중년 부부는 어색한 모습으로 포즈를 취해서 '두 분 손을 잡으세요.'

하고 말을 했지만 여전히 부자연스럽게 찍고 말았다. 이 대조적인 두 부부를 통해서 좋은 부부는 항상 스킨십을 한다는 것을 느꼈다.

언젠가 신혼과 구혼 부부를 쉽게 구별할 수 있는 재미난 글을 읽은 적이 있다.

한 젊은 커플이 안과에 와서 아내가 라식 수술을 받았다고 한다. 물론 수술은 잘 되었고 수술 후 두 사람은 팔짱을 끼고 병원을 나갔는데, 한 5분쯤 지났을까 갑자기 남편이 헐레벌떡 뛰어들어와 심각한 표정으로 다가와서 귓속말로 물어보는 것이었다.

"박사님, 오늘 저희가 결혼한 지 딱 일주일 되는 날인데요, 오늘 따로 자야 되나요?"

또 다른 경우, 신혼부부는 라식 수술을 받고 나면 아침에 일어나 '너무너무 잘 생긴 우리 자기가 맨눈으로 보여 기뻐요.'하고 말하는 반면, 구혼부부는 아침에 눈을 뜨면 '어휴, 저 지겨운 인간, 만날 술만 먹고 고주망태가 되어 밤 12시가 넘어야 들어오는 저 웬수 같은 남편이 너무 잘 보여 괴로워요.' 한다는 것이다.

정말 신혼과 구혼의 차이를 분명하게 드러내는 우스운 이야기이지만 많은 부부들에게 경각심을 주는 내용이다.

신혼이든 구혼이든 서로에 대해 무감각하다면 부부의 관계는 멀어질 것이다. 신혼 때는 서로의 신비를 알기 위해 살고, 구혼 때는 그 신비를 간직하며 살아야 한다. 부부 관계가 항상 신혼처럼 지속되기 위해서는 서로를 이해해 주고 아껴 주는 것이 최고일 것이다.

인생에 여러 색깔이 있듯이 부부 관계에도 여러 색깔이 있게 마련이다. 좋은 부부 관계의 이상적인 풍경은 어떤 색깔일까. 함께 있을 때 사랑을 마음껏 표현하는 것이 최상이 아닐까. 조금은 쑥스럽기도 하고, 낯 뜨거운 표현을 하는 것이 어떤 의미에선 바로 이상적인 풍경이 아닐까 싶다.

좋은 부부 관계란 행복한 부부 생활에서부터 시작된다는 사실을 알자. 자신의 위치를 분명히 알고 의무를 다해야 한다. 원만한 애정 생활을 하고 상호 존경심과 이해로 생활하도록 하자.

'냉랭한 사랑은 마음의 침묵이고 뜨거운 사랑은 마음의 외침이다'라는 성 아우구스티누스의 말처럼 뜨거운 마음을 가지고 사랑을 해보도록 하자. 그러면 건강에도 좋지 않겠는가?

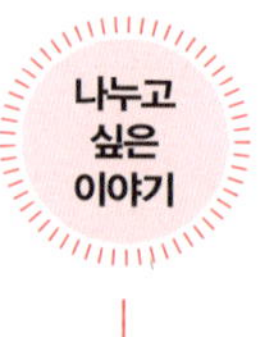

황혼이혼을 당한 남편

숙희 씨는 요즘 뒤늦게 배운 인터넷에 푹 빠져 있다.

숙희 씨가 즐겨 찾는 인터넷 친목 카페는 부부 생활에 관해 이야기를 나누는 곳이다.

인터넷 친목 카페에서는 싸운 이야기라던가 화해하는 방법, 부부 사이에 있었던 재미난 이야기, 자녀와 대화하는 방법 등, 유익하고 재미있는 정보가 많았다. 특히 숙희 씨는 이곳에서 남편들의 심리, 가장으로서 고민하는 마음 등을 알 수 있었다.

어느 날 '황혼이혼'을 한 부부의 사연이 올라왔다. 나이 50대 초반, 이미 같이 살 만큼 살았는데 그 나이에 왜 굳이 이혼을 택했을까? 이혼이 그렇게 중요했을까? 갑자기 큰 호기심이 들었다.

마침 글을 올렸던 황혼이혼을 당한 남편이 회원들에게 인터넷 채팅을 제의했다. 숙희 씨도 다른 회원들과 함께 참석했다. 그 남편은 그동안의 결혼사와 싸웠던 일들을 풀어내었다. 그 사람뿐만 아니라 다른 회원들도 각자의 경험이나 생각을 솔직하게 말하자, 이야기 방은 금세 진지한 분위기가 되었다. 이야기를 하는 도중에 숙희 씨는 하나 놀란 것이 있었다. 남자 회원들과 여자 회원들의 생각이 너무나 달랐기 때문이었다.

"이혼이란 게 해 놓고 보니까 참 쓸쓸하더군요."

황혼이혼을 한 남편의 말이었다.

"그러게요. 충분히 이해해요."

"좀 참아보지 그러셨어요?"

"참는다고 되는 게 아니더라고요. 어차피 지난 일이지만……."

남편의 이야기는 계속되었다.

"지금까지 아내와 애들 뒷바라지하고, 이젠 다 늙어버린 껍데기죠, 뭐. 그래서 더 버림받은 기분이에요. 정년퇴직하고 몸도 안 좋은데 집에서까지 쫓겨난 신세가 됐어요. 지금까지 돈 버느라고 고생했는데 여자 쪽에서 좀 보살펴 주어야 하지 않겠어요?"

남편은 섭섭한 마음을 감추지 못했고, 남자 회원들도 거의 동의를 했다. 이에 대해 여자 회원들의 입장은 약간 달랐다.

"아까 젊은 시절 아내분과 싸웠던 이야기를 보니까, 아내분에게 그동안 너무 무정하게 대하셨던 것 같아요. 사람의 정이라는 게 원래 서로 오가는 거 아닌가요?"

"맞아요. 평소에 따뜻한 마음씀씀이를 보여주셨어야죠. 가사분담도 좀 하고 아이들하고 이야기도 하고요."

또 서로 이혼하게 된 이유로 드는 사항도 매우 달랐다.

"이제 돈도 못 벌고 성적 만족도 못 시켜주니까 버림받은 겁니다."

"맞습니다. 남자에게 가장 중요한 것은 일과 섹스인데, 두 가지 다 없어지면 남자로서 모든 걸 잃게 되는 거죠."

"참 슬픈 현실입니다."

남편은 이런 마당에 자존심 때문에라도 집안에서 가사일을 돕는다든지 하는 것은 못하겠다는 것이다.

여자 쪽의 생각은 달랐다.

"아니, 도대체 섹스가 뭐가 그리 중요한가요? 다 늙어서 이젠 관심도 없어요."

"그럼요. 따뜻하게 껴안아주고 쓰다듬어주고, 여자들은 이런 걸 더 바란답니다."

"그리고 서로 존중하고 인정하는 따뜻한 말 한마디만 있다면 부부 사이는 흔들릴 이유가 없다고 생각해요. 그런 의사 소통을 했나요?"

이야기가 진행될수록, 남자 회원들은 남편의 편을 들고, 여자 회원들은 아내의 입장에서 반론을 제기했다.

"남자에게 있어 섹스는 매우 중요한데 여자 분들은 그걸 잘 몰라주시는 것 같습니다. 섹스는 여성에 대한 의사 소통의 통로라고요."

"섹스를 해도, 대화를 나누고 따뜻한 분위기를 만들고 해야지, 섹스 그 자체만이 중요한 것은 아니죠."

결국 그날의 채팅은 남자 대 여자 사이의 집단 논쟁으로 번지고 말았다. 그날 채팅은 결국 황혼이혼을 당한 남편이 좀 더 아내를 설득하고, 다시 함께 살게 되도록 노력하겠다고 결심하는 것으로 끝이 났다. 숙희 씨는 그날 밤 진지하게 고민을 했다.

어떤 책에서 읽은 것처럼 정말 부부는 화성에서 온 남자와 금성에서 온 여자가 만나서 사는 것일까? 남자와 여자의 차이는 이렇게나 깊은 것일까? 어떻게 하면 서로를 감싸고 소통하며 살 수 있을까?

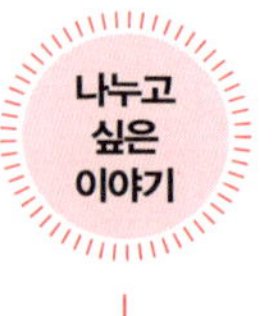

아내의 비상금 챙겨주기

아내가 일하는 직장에서 회식이 있는 날이었다.

나 역시 동료의 환송식이 있었지만 다행히 아이를 데려갈 수 있는 자리여서 아이는 내가 맡기로 하고, 아내에게 모처럼 자유로운 시간을 보내라고 말했다.

나는 퇴근시간이 되자 곧바로 아이를 회식자리로 데리고 갔다. 조금 늦기는 했지만 동료들과 함께 어울려 식사를 했다. 그러나 어른들만 있는 자리라 적응이 되지 않았는지 집에 가고 싶다고 칭얼대는 아이 때문에 그저 인사치레만 하고 먼저 자리를 떴다.

집에 도착하니 어느새 밤 10시가 가까운 시간이었다. 아이를 재우고 있는데 아내로부터 가벼운 술자리가 생겨 조금 늦겠다는 연락이 왔다. 전화가 온 뒤 한참이 지났고, 새벽 1시가 다 되어도 아내는 돌아오지 않았다.

이런 적이 한 번도 없었기 때문에 한편으로 걱정이 되기도 하고, 다른 한편으론 짜증이 나기도 했다. 초조한 심정으로 기다리고 있는데 전화벨이 울렸다. 발신번호를 보니 아내였다. 아내가 말을 꺼내기도 전에 나는 대뜸 짜증부터 냈다.

"도대체 지금이 몇 시야?"

아내는 다소 긴장된 목소리로 말했다.

"미안해, 여보. 여기 지금 교대역이야. 시간을 맞춘다고 했는데 처음 와보는 데라서 지하철역까지 오는데 헤맸더니, 글쎄 갈아타는 3호선이 끊어졌어."

"그럼 택시라도 타고 오면 될 것 아니야?"

"지갑을 뒤져봤더니 돈이 딱 떨어졌더라고."

"그럼 그냥 타고 와. 내가 집 앞에서 기다리고 있을게."

퉁명스럽게 전화를 끊으려는 순간 내 지갑에도 돈이 없다는 사실을 깨닫고 황급히 전화에 대고 소리쳤다.

"잠깐! 그냥 내가 나갈게."

곤히 잠든 아이를 데리고 서둘러 차를 운전해 교대역으로 향했다. 나도 처음 와보는 곳이어서 아내와 만나기로 한 출구가 어느 쪽인지 알 수가 없어서 빙글빙글 돌았다. 겨우 차를 주차시키고 자는 아이를 안고 지하도로 내려가 아내에게 전화를 걸었다. 한참 후 서성거리다 출구 밖 건널목 앞에서 추워서 발을 동동거리고 있는 아내를 발견할 수 있었다. 아내는 몹시 반가운 표정이었지만 나의 얼굴은 일그러져 있었다. 아내를 태우고 집으로 돌아오는 내내 얼굴 표정을 바꾸려고 노력했지만 좀처럼 화난 마음을 숨길 수는 없었다. 아내가 미워서 그런 것은 아니고 짜증이 나서 그랬다.

집으로 돌아와 아이와 아내가 잠든 뒤 밀린 일을 정리하는데, 아침에 아내에게 주려고 찾아놓았던 비상금을 미처 챙겨주지 못한 사실이 뒤늦게 떠올랐다.

돈 관리는 내 몫이었다. 적금 붓고, 각종 세금과 공과금을 내고 각자 부모님 댁에 용돈을 보내고……. 맞벌이가 시작되면서도 여전히 돈 관리는 내 몫으로 남아 있었다. 아내가 헤프고 계획성 없는 여자라 그런 것은 아니었다. 어린 시절을 지독한 가난 속에 보낸 내가 아내보다 소비에 더 엄격한 성격이고, 돈에 집착하는 경향이 있어서 신혼 초에 아내와 심각하게 싸운 적이 많았다. 결국 아내가 이런 나의 성향을 배려해서 경제권을 내게 맡긴 것이다. 대신 내가 가끔 아내에게 비상금을 챙겨주었는데, 그래도 아내의 지갑은 비어 있는 경우가 많았다. 항상 가족들 먹을거리를 사오느라 쓰고, 또 내 오래된 와이셔츠를 보고 시장에 들러 사오고 하느라 써버리곤 했기 때문이다.

내가 좀 더 여유 있게 아내의 지갑에 비상금을 챙겨주었더라면 오늘 같은 사태는 없었을 텐데 하고 생각하니 새삼스레 아내에게 미안한 마음이 들었다. 게다가 오늘 회식만 해도 나는 자주 회식이다, 동창 모임이다 해서 늦지만, 아내가 어쩌다 하루 늦은 것을 가지고 죄인 취급을 했으니 참으로 소인배다운 행동이 아니었는지.

아내를 위해 배려해 줄 줄 아는 마음, 나는 이것이 필요한 줄 알면서도 아내의 비상금을 넉넉히 챙겨주지 못했던 것을 뉘우치며 아내의 지갑에 비상금을 넣었다. 그리고 미안한 마음을 전하려고 작은 메모지를 아내의 지갑 안쪽에 붙였다. 그런데 막상 펜을 드니 너무도 할 말이 많은지라 한참을 망설이다가 그저 '여보, 항상 고맙소'라고 쓰고 말았다. 다음날 내 메모를 발견하고 환하게 웃는 아내의 얼굴을 보는 나도 어느새 흐뭇하게 웃고 있었다.

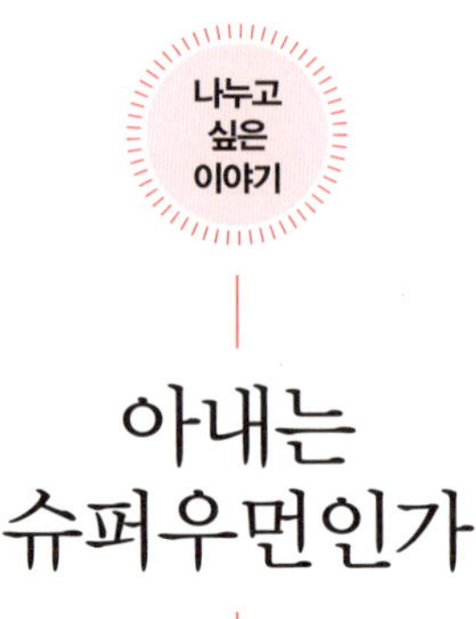

아내는 슈퍼우먼인가

아침부터 저녁까지 쉼 없이 일하는 아내의 마음, 남편이 아니면 누가 알아주나요? 지친 어깨 따뜻하게 감싸주면서 너무 가족만을 위해서 수고한다고 한마디 해주세요.

정희 씨와 인수 씨는 맞벌이 부부다. 아내 정희 씨는 회사에서 총무과 직원으로 일하고, 남편 인수 씨는 은행에서 과장으로 일한다.

평일 오전, 정희 씨는 아침 준비를 하고 아이들을 깨우면서 바쁘게 하루를 시작하고 있는 것과 대조적으로 인수 씨는 늦잠을 잤다. 친구들과 술을 마시고 한밤중이 되어서야 집에 들어오는 경우가 잦고 과도한 업무를 핑계로 아침에 게으름을 피우기 일쑤였다.

"구민아, 빨리 나와서 씻어. 학교 가야지."

"힝, 조금만 더 잘게요."

"구영아, 밥 먹을 때 흘리지 않게 천천히 먹어. 아휴, 조심 좀 하지. 새로 갈아입은 옷에 김칫국물 흘렸잖아."

인수 씨네 아침 풍경은 언제나 이렇게 소란스럽다.

"좀 조용히 할 수 없어? 남들이 들으면 아침부터 싸우는 줄 알겠다."

"그럼 당신이 애들 좀 챙겨. 나 늦었단 말이야. 이번에 새로 오신 총무부장님은 굉장히 부지런하셔서 제일 먼저 출근해 계신다고. 우리보고도 30분 일찍 출근하라고 얼마나 성화인데."

"그럼 휴직하면 되겠네. 집에서 살림하면서 애들 좀 잘 키울 생각은 안 해?"

"휴직이 어디 쉬워?"

"밥이나 줘. 배고파."

정희 씨는 남편의 아침밥을 챙기고 방으로 들어가 화장을 하고 옷을 입었다. 초등학생인 구민이는 일찍 일어나지 않아도 되지만 그렇다고 자는 아이를 그냥 두고 출근해 버릴 수도 없는 노릇이라 깨울 수밖에 없었다.

"엄마, 미워! 엄마 때문에 나까지 일찍 일어나야 되잖아."

"미워도 할 수 없어. 빨리 일어나서 아침 먹어."

이런 전쟁이 아침에만 일어나는 것은 아니다. 퇴근 후에 정희 씨는 놀이방에서 구영이를, 또 학원에 들러서 구민이를 데리고 집으로 온다. 아침에 한바탕 난리를 치르고 바쁘게 출근길에 올랐던 탓에 집은 엉망으로 어질러져 있었다.

"이구민! 이구영! 너희들, 엄마가 집안을 치우고 있는데 이렇게 어질러 놓으면 어떡해! 누가 과자 먹으랬어? 지금 과자 먹으면 저녁밥은 어떻게 먹으려고, 너희들 대체 왜 이렇게 엄마 속을 썩이니?"

"잘못했어요."

"그래. 다음부터는 그러지 마. 근데 구민아, 너 숙제는 다 했니?"

"아직 안 했어요."

"미리미리 숙제부터 하랬지. 너 또 어제처럼 저녁 먹고 나면 졸다가 잘 거잖아. 얼른 들어가 숙제부터 해."

한차례 소나기가 지나가듯 정신없이 몇 분 동안 아이들과 씨름을 하고 정희 씨는 주방에 들어가 저녁 준비를 시작했다.

인수 씨는 회사일이나 모임으로 귀가가 늦는 날이 많았고 일요일에는 승진시험 공부를 했다.

오늘 아침에도 인수 씨는 정희 씨가 직장일과 집안일을 혼자 다 해내는 것이 얼마나 힘든 일인지 이해해주지 않았고 그것을 당연한 듯 여겼다. 늦게 잠이 들어도 정희 씨는 일찍 일어나 아이들 챙기고 아침을 차리고 자신의 출근 준비를 해야 했다. 퇴근을 해서도 저녁 준비와 집안 청소는 모두 정희 씨의 몫이었다. 거기다 인수 씨는 어쩌다 일찍 집에 들어온 날이면, 집이 왜 이리 지저분하냐, 아이들은 왜 이리 시끄럽게 떠드느냐, 야단을 하면서 정희 씨를 돕기는커녕 오히려 들볶곤

했다. 그러는 사이 정희 씨는 서서히 지치고 있었다.

그날도 여느 날과 다름없이 인수 씨네 집은 전쟁 중이었다. 정희 씨는 간밤에 감기 기운이 있다며 앓았지만 오후에 조퇴를 하고 병원에 가겠다며 아이들을 챙기고 출근 준비를 했다. 그런데 갑자기 작은 녀석이 비명을 질렀다. 인수 씨가 자다 놀라 뛰어나갔더니 정희 씨가 바닥에 쓰러져 있었다. 인수 씨는 119를 불러 정희 씨를 응급실에 두고 회사에 연락해서 결근을 통보했다. 입사해서 지금까지 단 한 번도 결근이란 것을 해본 적이 없었지만 징징거리는 아이들과 아직 의식이 없는 아내를 두고 출근할 수는 없었다. 아이들은 응급실에서도 소란을 피웠다.

"너희들, 여기서 떠들면 안 돼. 이 아이들 보호자 어디 계세요?"

간호사가 신경질이 난 듯 인수 씨를 찾았다. 인수 씨는 간호사에게 소란을 사과하고 아이들을 데리고 대기실로 갔다.

"아빠, 나 배고파."

"우리 나가서 밥 먹을까?"

인수 씨는 아이들을 데리고 병원 근처의 설렁탕집에 갔다. 아이들은 배가 많이 고팠는지 밥을 잘 먹었다.

'거 봐. 이렇게 먹이면 잘 먹는 걸 아침에 억지로 먹이려니까 애들이 안 먹으려고 하는 거지.'

아침을 먹고 병원으로 돌아갔다. 의식을 찾은 아내가 링거를 맞고 있었다. 의사는 과로에 급성위염이니 일주일 정도 입원하라고 했다.

인수 씨는 아내를 병원에 입원시켜 놓고, 유치원에 가기 싫다는 작은 애와 이미 지각이라 학교에 가면 혼날 거라며 걱정하는 큰애를 데리고 집으로 갔다.

엉망인 집안. 정희 씨는 자신이 입원해 있는 동안 잠시 어머니를 올라오시게 하자고 했지만 인수 씨는 그럴 생각이 없었다. 집안일 따위는 얼마든지 할 수 있다고 생각했기 때문이다. 인수 씨는 청소를 시작했다. 큰방을 치우고 거실을 치우고 있는데 투탁 하는 소리가 들렸다. 나가보니 작은방 책장이 쓰러져 있었다. 작은애가 그 아래 깔려 있었다.

"어떻게 된 거야?"

"구영이가 책 꺼낸다고 책장 밟고 올라갔는데 책장이 넘어졌어."

인수 씨는 책장을 세우고 작은 아들을 꺼냈다. 다행히 크게 다친 데는 없었다. 정신없이 작은방을 정리하고 나니 점심을 먹을 시간이었다. 자장면을 시켰다. 아이들과 자장면을 먹고 아직 덜 치워 난장판인 거실을 두고 정희 씨에게 필요한 물건들을 챙겨 병원으로 갔다. 인수 씨가 병실로 들어서자 정희 씨가 걱정스러운 얼굴로 물었다.

"어머님 오시라고 연락했어?"

"아니, 그냥 내가 하지 뭐, 당신도 일주일 정도면 퇴원한다면서."

"당신, 그래도 괜찮겠어?"

"그래. 나도 그 정도는 할 수 있어. 그게 뭐가 어렵다고 어머니까지 부르고 야단을 떨어?"

"그럼 당신 좋을 대로 해,"

집으로 돌아온 인수 씨는 아이들에게 저녁을 챙겨 먹였다. 있는 반찬에 아이들이 좋아하는 햄을 넣어 밥을 볶아 줬다.

"어때? 아빠가 해주는 음식이 더 맛있지?"

"응. 엄마는 이런 거 잘 안 해줘."

"난 매일 아빠가 햄 볶음밥 해줬으면 좋겠어."

"그럼 아빠 말 잘 들어야 돼. 알았지? 저녁 먹고 구민이는 구영이 씻겨서 잘 준비해. 네가 형이잖아."

아내가 없는 첫날밤은 순조롭게 지나갔다. 이튿날 아침, 인수 씨는 작은아이 우는 소리에 잠에서 깼다. 어제 일찍 잠자리에 든 아이들이 새벽부터 일어나 텔레비전 리모컨을 가지고 싸우고 있었다. 아침부터 아이들을 벌세운 후에 겨우 아침을 챙겨 먹이고 출근했다.

저녁에 퇴근해서 보니 어제 치웠던 집은 다시 난장판이었다. 이해할 수가 없었다. 어제 분명 치웠는데 오늘 또 치워야 하다니. 누가 와서 어지르고 가나 의심이 들 정도였다. 배가 고파 먼저 밥을 해 먹고 청소를 해야겠다는 생각이 들었다. 하지만 밥을 먹자마자 피곤이 밀려와 잠시 잠이 들었다. 아이들이 싸우는 소리에 놀라 눈을 뜨니 밤 11시가 다 된 시간이었다. 아이들은 잘 시간을 한참 넘긴 때였다.

"너희들 안자고 뭐해? 숙제는 다 했어?"

"구민아, 숙제 다 하고 자야지."

"아빠, 너무 졸려. 내일 아침에 일찍 일어나서 할게."

"안 돼. 아침마다 늦잠 자는 녀석이 어떻게 일찍 일어나서 숙제까지

하겠다는 거야? 그러지 말고 지금 하고 자."

아이는 졸린 눈을 비벼 뜨고 숙제를 하려다가 짜증이 나는지 울기 시작했다. 우는 아이를 보고 있자니 답답한 마음이 들어 울화가 치밀어 오른 인수 씨는 문을 닫아 버렸다. 다음날, 인수 씨와 아이들은 전날의 소란 덕분에 모두 늦잠을 잤다. 아이들에게 허겁지겁 우유와 시리얼을 먹였다. 출근하다 생각해 보니 아이들이 세수를 했는지 양치질은 했는지 확인도 하지 못했다. 갑자기 지겹다는 생각이 들었다. 툭하면 우는 큰아이와 사고뭉치 같은 작은애가 만들어내는 소란 때문에 같이 보내는 몇 시간이 너무나 피곤하고 정신이 없었다. 인수 씨는 그날 아내가 있는 병원에 가지 않기로 했다. 3일 만에 너무 지쳐서 온몸이 젖은 솜처럼 느껴졌기 때문이다.

일찍 퇴근한 인수 씨는 좀 쉬려고 침대에 누웠지만 마음 편히 쉴 수가 없었다. 숙제를 안 해간 큰아이의 담임선생님께서 알림장에 편지를 보냈다. 아이가 숙제도 안 해오고 수업시간에 조는 등 태도가 엉망이라고 했다. 또 급식에 챙겨가야 할 수저도 챙겨오지 않았다는 주의사항이 적혀 있었다. 인수 씨는 담임선생님께 아이의 엄마가 아파서 아이에게 신경을 못 썼다는 짤막한 편지 한 통을 썼다. 그리고 두 아이를 욕실로 들어가 씻도록 하고 밀린 빨래를 돌렸다.

소파에 마구 던져져 있는 양말과 옷가지들, 싱크대에 산더미같이 쌓여 있는 그릇들, 온 방바닥에 뒹구는 과자 부스러기와 봉지들. 이 모든 것을 한꺼번에 빨아들이는 기계가 있다면 모두 빨아들이고 싶다는 생각이 들 정도였다. 해도 해도 끝이 없는 집안일에 인수 씨는 결국 백기를 들었다. 아내가 입원한 지 고작 3일 만이었다. 아무리 닦달해도 달라지지 않는 아이들은 인수 씨를 더욱 지치게 했다.

인수 씨는 솔직히 아내가 집에서 하는 일이 별로 없다고 생각 했지만, 실제로 인수 씨가 해 보니 아내의 일은 한도 끝도 없이 많았다. 인수 씨는 그제야 아내가 하루 종일 일하고 피곤했을 텐데 집안일에 아이들까지 돌보느라 쉴 틈이 없었다는 사실을 깨달았다. 그동안 너무나 무책임하게 아내의 어깨에 얼마나 많은 짐을 올려놓았는지, 미안한 마음이 들었다. 아내에게 좀 더 신경 썼더라면 아내가 쓰러지는 일은 없었을 텐데, 하는 생각이 들자 마음이 아팠다.

이후 인수 씨는 평일이면 술자리, 일요일이면 승진시험 공부를 했지만 틈틈이 아내와 가사를 분담하는 것을 잊지 않았다. 아내가 출근 준비를 할 때면 인수 씨는 큰아이를 챙겨 등교 준비를 시키고 작은 아이에게 밥을 먹였다.

아내의 고통을 들여다보지 못하는 남편은 결국 자신을 포함한 가족 모두의 고통을 불러온다. 아내는 슈퍼우먼이 아니다. 인생의 동반자인 남편이 아내의 짐을 나눠서 하진 못할망정 짐을 더 무겁게 지워서는 안 될 일이다.

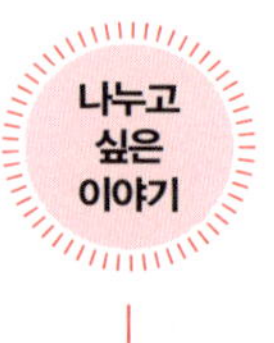

갱년기장애 아내에게 주는 감사패

가족을 위해 헌신한 당신은 우리 가족에게 가장 소중한 사람입니다. '감사 합니다, 진심으로 당신만을 사랑합니다.'

요즘 사람들은 현숙 씨에게 이렇게 묻는다.

"아니, 낮술 마신 사람도 아니고 얼굴이 왜 그렇게 붉어?"

"감기 걸린 모양인가. 더웠다가 갑자기 으슬으슬 춥고 그래."

"이거 큰 병 아냐? 그러지 말고 병원에 가 봐."

결국 병원을 찾은 현숙 씨는 자신이 감기에 걸린 것이 아니라 갱년기 증상이 찾아온 것이라는 말을 듣고 그 자리에 얼어붙었다.

"이제 마흔 일곱인데……."

“갱년기는 45세를 전후로 시작됩니다.”

갱년기라는 단어는 현숙 씨 머릿속에 깊게 자리했다. 남편과 어렵게 살림을 꾸려오고 아이들도 사춘기를 지나서 이제 한숨 돌리고 살겠다고 생각했는데 난데없이 찾아온 갱년기라니. 세 글자가 현숙 씨에게는 마치 여자로서 사형선고와도 같이 마음을 꽉 누르는 기분이었다. 병원을 나서는데 남편에게서 전화가 왔다.

“병원에서 뭐래?”

“응, 그냥 별 거 아니래요.”

“그래? 다행이네. 회사 근처로 와. 내가 점심 사줄게.”

“싫어. 그냥 집에 가서 좀 누워 있을래요.”

가슴 한편이 휑하게 뚫려 바람이 부는 것 같아 그 순간은 아무도 만나고 싶지 않았다. ‘난 뭐지? 이날까지 난 뭘 하며 살았을까?’ 하는 생각이 들었다. 그날 밤 잠든 남편을 바라보며 현숙 씨는 왜 자신이 남편과 결혼했는지 의문이 들었다. 또 자식들 키우며 남편 뒷바라지하며 자신을 잊고 보낸 세월들이 안타까워 눈물이 났다. ‘여자 이현숙’은 오래 전에 죽고 없어진 듯한 절망감이 밀려 왔다.

현숙 씨의 훌쩍이는 소리에 잠을 깬 남편이 놀라 물었다.

“당신, 왜 그래. 자다 말고 왜 울어? 무슨 일 있어?”

“일은 무슨 일……. 그냥 자요.”

“당신이 우는데 내가 어떻게 자. 무슨 일이야? 얘기 해봐.”

“정말 별일 아니야. 그냥 좀 우울해서 울었어요. 울고 나니 시원해요. 자요."

다시 자리에 누웠지만 현숙 씨는 잠이 오지 않았다.

"여보, 난 정말 좋은 엄마였을까? 아니면 좋은 아내?"

"그럼, 당신처럼 좋은 엄마, 좋은 아내는 찾기 힘들어."

"그렇게 말해줘서 고마워요."

"그런데 당신 왜 그래? 병원에서 죽을 병 걸렸대?"

"아니 가을 타나…… 요즘 왜 이렇게 우울한지 모르겠어."

"이번 일 잘 끝나면 내장산에 같이 놀러 가자."

"……여보, 내가 여자가 아니어도 나 계속 사랑해 줄 거죠?"

"갑자기 무슨 뚱딴지 같은 소릴 하는 거야? 어서 잠이나 자."

현숙 씨의 아리송한 질문들에 성일 씨는 그저 돌아누웠다.

날이 갈수록 현숙 씨는 갱년기 증상으로 얼굴이 붉어지고 자신감을 상실해 가고 있었다. 자꾸 슬픈 생각이 들고 매사에 무기력해져서 평소 나가던 도시락 나눔 자원봉사도 나가지 않았다.

"당신 요즘 왜 그래? 별 거 아닌 일에 짜증도 자주 내고……."

"내가 뭘! 짜증낼 만하니까 짜증내지. 당신 내가 집에만 있다고 나 무시하는 거예요?"

"무슨 소릴 하는 거야? 갑자기……. 내가 언제 당신을 무시했다고……."

"그럼 내가 뭐가 이상해졌다는 거예요? 당신이야말로 요즘 바쁘다는 핑계로 항상 늦게 들어오고, 나나 애들한테 전혀 신경도 안 쓰고,

나는 그대론데 뭐가 이상해요?"

"당신 지금 무슨 소리야? 누가 당신 보고 이상하대?"

"됐어요. 듣고 싶지 않아요. 그래. 난 원래 이상한 사람이니까."

"……대체 요즘 왜 그래?"

"나도 몰라요. 내가 왜 이러는지. 화가 나! 주체할 수 없을 만큼, 지나간 젊은 시간이 아까워 화가 나고, 당신하고 아들 동현이만 바라보며 살았던 시간들이 억울해서 미치겠고, 누가 내 시간 좀 다시 돌려줬으면 좋겠어!"

현숙 씨는 어린애처럼 엉엉 크게 울기 시작했다. 당황한 성일 씨는 거실로 나왔다.

"아빠? 엄마 왜 그래요?"

요즘 동현이도 엄마의 변화를 느끼고 있었다.

"그래. 네 엄마 왜 저러는지 아니? 혹시 엄마 친구 중에 누가 벼락부자라도 됐대?"

"아니요, 그리고 엄마는 그런 거에 별로 신경도 안 쓰잖아요."

"그럼 대체 왜 저런다니?"

"아무래도…… 엄마가 무슨 병에 걸린 거 아닐까요? 우리한테 말 못할 병 같은 거……."

"가족들에게 말 못할 병이 어디 있어?"

"영화에서 보면 치료비가 너무 많이 들거나 치료시기가 늦어서 가족을 떠나 혼자 요양원 같은 곳에 들어가는 사람들 있잖아요. 엄마도 혹시 그런 병에 걸린 거 아닐까요?"

"음, 아무래도 이상해. 네 엄마가 분명 뭔가를 우리에게 숨기고 있는 건 확실해."

"아버지, 얼마 전에 엄마가 병원에 다녀오셨잖아요. 아버지가 거기에 좀 알아보세요."

"그걸 어떻게 알 수 있냐?"

"몇 년 동안 지하철 역 앞에 있는 XX병원에만 다니셨잖아요."

"그래. 그곳에 한번 알아봐야겠다."

다음날 성일 씨는 조퇴까지 하고 나왔다. 가슴이 두근거리고 운전하는 내내 손에서 땀이 났다. 이런저런 생각들이 떠올라 어떻게 병원까지 갔는지도 모를 지경이었다.

'혹시 암? 암이면 어쩌지? 초기면 완치도 가능하다던데……. 그래. 아닐 수도 있고, 아닐 거야. 그런데 혹시 진짜면 어떡하지? 동현이 이제 고3인데……나는 어떡하고. 내가 동현이 엄마 없이 살 수 있을까?'

어느새 병원에 다다랐다. 너무 떨린 나머지 약국에 들어가 청심환을 하나 사 먹고 병원으로 들어갔다.

"저, 얼마 전에 이현숙이라는 여자 분 왔다 갔는데요. 저는 그 사람 남편입니다. 혹시 그 환자가 여기서 무슨 병으로 진단받았는지 알 수 있을까요?"

"죄송하지만 보호자라도 본인 동의 없이는 함부로 가르쳐 드릴 수가 없습니다."

"그럼 한 가지만 물어 봅시다. 이현숙 환자가 혹시 죽을병이라도 걸렸습니까?"

놀란 간호사는 아내의 차트를 찾아 꺼내 들고는 진찰실로 들어갔다. 나오더니 성일 씨에게 진찰실로 들어가라고 했다. 성일 씨는 아내를 진료했던 의사와 면담을 했다.

"원래는 환자의 진료내용을 가르쳐드리는 게 아니지만, 이현숙 환자는 가족의 도움이 필요하기 때문에 말씀드리겠습니다. 이현숙 환자는 갱년기장애입니다."

"갱년기장애요? 그런 병도 있습니까?"

"네. 여성이 나이가 들어 갱년기가 되면 여러 가지 변화가 옵니다. 열이 자주 발생하기도 하고 쉽게 피로하거나 몸 여기저기가 아프지요. 두통, 불면증이 오기도 합니다. 그리고 우울증이나 기억력 감퇴 등의 증상이 오기도 합니다. 갱년기장애는 거의 모든 여성들에게 나타나는 증상이지만, 이현숙 환자 같은 경우는 다른 사람들에 비해 좀 예민한 편이라 갱년기장애가 심한 것 같습니다."

의사의 말을 듣고 아내가 심각한 병이 아니라는 사실에 안심했다. 집으로 돌아온 성일 씨는 아들에게 엄마의 증상에 대해 이야기했다.

"갱년기장애요?"

"그래. 그래서 엄마가 그렇게 짜증을 내고 우울해 한다더라. 엄마는 지금 자신감을 잃어버리고 정체성을 의심하고 있는 상태래."

"그럼 우리가 어떻게 해야 하죠?"

"우리가 엄마에게 자신감을 불러일으켜줘서 우리에게 엄마가 꼭 필요한 사람이란 것을 알려줘야 한다더라."

"아버지, 우리 엄마한테 이벤트를 해드리면 어떨까요?"

"이벤트?"

"네. 요즘 이벤트가 유행이잖아요. 감동 주는 데는 최고예요."

성일 씨는 아들 동현이와 이벤트를 하기 위해 머리를 짜냈다.

"엄마한테 감사패를 주면 어떨까요?"

"감사패?"

"네, 지금껏 엄마한테 고맙다는 표현을 제대로 한 적이 없으니, 이 기회에 감사패를 전하는 거예요."

"그래. 그거 좋겠다."

그날 저녁 동현이와 성일 씨는 컴퓨터 앞에 앉아 감사패에 들어갈 문구를 생각해 냈다. 고마운 마음을 전하고 자신감을 줄 수 있는 글이어야 했다.

"시간이 흘러도 언제나 당신을 사랑합니다. 이건 어때요?"

"당신은 우리에게 가장 소중한 사람입니다, 까지 추가하자."

감사패에 들어갈 문구를 정하고 인터넷으로 감사패를 주문했다. 토요일 저녁에 성일 씨는 아내와 함께 외출을 했다. 그사이 동현이가 이벤트를 준비하기로 했다. 현숙 씨는 오랜만에 남편과 단둘이 외식을 하니 기분이 한결 나아졌다. 남편과 불이 다 꺼진 집안에 들어서는데 갑자기 불이 켜지고 폭죽이 터졌다. 깜짝 놀라 남편에게 안겼다가 정신을 차려 보니 집안은 온통 풍선과 꽃들로 장식되어 있었다.

"어머, 이게 다 뭐야? 오늘 무슨 날이에요?"

"오늘은 당신, 이현숙 씨의 날이야."

"지금부터 이현숙 여사님께 감사패를 전달하겠습니다."

동현이가 감사패를 들고 나와 어머니에게 감사패를 전했다.

이현숙 여사

20년 동안 우리 가족의 안위와 행복을 위해 애쓰고

헌신하신 데에 진심으로 감사드립니다. 세월이 흘러 당신의 모든 것이 변한다 해도 당신을 사랑하는 우리의 마음은 변함이 없습니다.

당신은 우리에게 가장 소중한 사람입니다.

사랑합니다.

남편 김성일, 아들 김동현 드림.

감사패를 받은 현숙 씨의 눈에는 눈물이 어렸다.

"고마워요. 요즘 내가 왜 사나 하는 생각까지 들었는데……. 내가 고생한 보람이 있었네."

남편과 아들이 전해준 감사패는 현숙 씨 집 거실에 놓여 있다. 현숙 씨는 전처럼 우울한 기분에 빠지고 지칠 때마다 감사패를 보면서 마음을 다잡았다. 감사패는 현숙 씨의 마음을 뿌듯하게 해 주었다.

아내의 기를 살려 주는 남편의 외조 10가지

1. 사랑한다고 말해 주세요

결혼 전, 맨 처음 고백……. 어떻게 하셨나요? 그때 그 순간의 설렘과 감동을 담아 아내에게 사랑한다고 말해 주세요. 이 세상을 살아가는 데 꼭 필요한 것은 물질적인 풍요가 아니라 내 옆에 있는 사람의 진실한 사랑을 확인하는 일입니다.

2. 아내의 생일을 꼭 챙겨 주세요

아내의 생일, 어떻게 보내야 할지 모르겠다고요? 그렇다면 우선 근사한 식당에 4인석을 예약하세요. 그리고 장모님과 장인어른을 모셔서, 사랑하는 아내를 이 세상에 태어나게 해주셔서 감사하다고 말해 보세요. 감동한 아내가 눈물을 흘릴지도 모릅니다.

3. 하루에 한 번 칭찬해 주세요

아내를 칭찬한 건 언제였나요? 조금 전이라거나 어제라고 대답한다면 당신은 좋은 남편임에 분명합니다. 1년 전이라거나 기억이 가물가물하다고 대답한다면, 당신은 노력이 필요한 남편이라는 사실을 인정해야 합니다. 아내의 소박함이나 알뜰함, 그리고 섬세하고 여린 마음까지도 짚어내어 칭찬해 주세요.

4. 손을 잡아주세요

불안할 때 사랑하는 사람의 손을 잡으면 그 순간 바로 심리적인 안정을 찾을 수 있게 된다는 연구 결과가 있습니다. 육아와 집안일로 지친 아내의 손을 잡아주세요. 그런 작은 일로도 아내는 큰 위로를 받게 됩니다.

5. 부부 싸움을 하고 난 후 더 빨리 말을 거세요

부부 싸움을 하지 않고 살아가는 부부는 없다고 하지요. 싸움이 끝나고 나면 5분 이내에 아내에게 말을 걸어주세요. 그리고 어떤 이유에서 싸우게 됐든 상관없이 이렇게 말해 주세요. "내가 잘못했어. 미안해. 난 당신이 오랫동안 속상해 하는 거 싫어. 우리 그만 마음 풀자."

6. 혼자만의 시간을 가질 수 있게 해주세요

일상에 지친 아내에게 혼자만의 휴가를 즐길 수 있게 해주세요. 한 달에 한 번 서너 시간이라도 좋습니다. 서점에 가서 책을 읽든지, 아니면 영화를 보든지 친구와 만나 수다를 떨든 육아와 가사에서 벗어나는 자유를 누리게 해주세요.

7. 예쁘다고 말해 주세요

아내와 눈이 마주칠 때마다 "당신은 누굴 닮아서 이렇게 예뻐?" 하고 말해 주세요. 처음에는 눈을 흘기며 장난치지 말라고 하던 아내의 얼굴이 일주일쯤 지나면 정말 예뻐져 있음을 발견하게 될 겁니다.

8. 한 달에 한 번 아내와 데이트를 즐기세요

한 달에 한 번 아내와 데이트 하는 날은 그 누구의 방해도 받지 않는 소중한 시간으로 기억하세요. 짧은 시간이라도 둘만 생각하는 시간이 되어야 합니다. 가장 중요한 건 한두 번으로 그치지 않을 수 있게 꼭 지키는 일이지요. 아내와의 데이트는 부부의 사랑을 더욱 깊게 해주고, 그 어떤 시련도 이겨낼 수 있는 깊은 사랑을 키워내게 됩니다.

9. 자녀 교육에 관심을 가져 주세요

아이를 돌보는 일은 아내의 몫이라는 생각에 자녀 교육을 등한시하지는 않나요? 아이들은 엄마 아빠의 사랑을 동시에 받을 권리가 있습니다. 아내에게 육아를 미루지 마세요. 아이를 사랑하고 소중히 여기는 마음을 표현하는 아빠는 아내에게 둘도 없이 사랑스러운 남편이 될 수 있습니다.

10. 꼭 안아 주세요

그냥 이유 없이 아내를 꼭 안아 주세요. 아무 말도 하지 않아도 좋습니다. 그냥 안아 주는 것만으로도 아내는 행복해지고, 남편에 대한 사랑이 더욱 더 크고 깊어지겠지요.

어느 부모든 자녀들만은 잘 키우고 싶어한다.

그러나 이 일이 그렇게 쉽지만은 않다. 자녀들 앞에서의 몸가짐,

말 한마디, 사소한 하나하나의 행동에 이르기까지

자녀들에게 신경쓰지 않으면 안 될 일들이 많기 때문이다.

부모의 말 한마디가 자녀의 인생을 결정한다

- 자녀를 망가뜨리는 말들
- 부모와 자녀 간의 효율적인 대화
- 나는 정말 좋은 아빠인가
- 우리는 몇 점의 부모인가
- 자녀 교육의 수칙
- 아동 학대… 무엇이 문제인가

자녀를 망가뜨리는 말들

부모와 십대의 자녀들 사이에는 일상적인 생활에서 대립과 갈등에 부딪히게 되는 경우를 허다하게 볼 수 있다.

이때에 부모들의 문제 해결 과정에서 나타나는 행동이나 말은 자녀들의 인격 형성에 크게 영향을 미친다. 특히 십대 자녀들이 인격적으로 자라나고 인간다움을 넉넉하게 지닌 사람으로 성장하는 데는 맹목적인 부모의 사랑만으론 충분하지 않다는 점이다. 무심코 던진 부모의 말 한마디가 자녀들에겐 큰 상처를 주거나 또는 평생 아픔을 주는 말 한마디로 남게 된다.

다음은 우리 교회 유치부·청소년반 선생님이 십대의 자녀들을 망가뜨리는 말들을 수집해 놓은 것을 소개한 것이다.

"이 장난감 썩 치우지 못해"

"어디서 말 대꾸야"

"넌, 심부름 하나 제대로 못하니"

"한번만 그따위짓 또 하면 가만 안둘거야"

"쪼그만 놈이 뭘 안다고 나서는 거야"

"엄마 말은 이제 안 중에도 없다 이거야"

"공부도 못하는 것이 까불기는 왜 까불어"

"네 주제에 뭘 안다고 그러니"

"정말 구제 불능이야"

"이 바보야, 이것도 몰라"

"오냐, 오냐 했더니 이젠 부모 머리 꼭대기까지 올라앉아"

"숙제 다 했니? 맨날 놀지만 말고 정신차려"

"컴퓨터 앞에만 앉아 있지 말고 공부 좀 해라"

"망할 계집애, 지금껏 TV 앞에만 앉아 있기야"

"너, 집에 가서 두고 보자"

"부모가 시키면 시키는대로 해야지, 뭔 말이 그렇게 많아"

"꼭 지 애비 닮아가지고 하는 짓도 미워 죽겠어"

"밥 먹여줘, 옷 입혀줘, 뭐가 부족해서 넌 못하니"

이 외에도 자녀들의 마음을 아프게 하거나 망가뜨리는 말은 얼마든지 있다. 문제는 이런 말들을 부모는 무심코 했지만 이 말을 듣고 자라난 자녀들은, 마음속 깊은 곳에 차곡차곡 이런 말들이 쌓이게 되어 은연중에 자신을 비하시키는 생각들이 형성되어 비극이 싹트게 된다는 점이다. 그래서 그 자녀들이 학교에서, 사회에서, 대인 관계를 맺고 생활하는 데 그것들이 큰 장애거리로 등장하게 되어 이 세상을 보는 눈이 부정적일 수밖에 없게 된다.

그러므로 10대의 성장기의 자녀들에겐 부모가 어떠한 말을 하느냐 하는데 따라 그 아이의 품성은 물론 인생이 달라지게 된다.

다음에 참고삼아 자녀에 힘을 주는 부모의 말 한마디를 소개한다.

"노력하면 너도 할 수 있어. 다음에는 더 잘할거야"

"너는 열심히만 하면 공부 잘할텐데"

"힘들더라도 참고 열심히 해라"

"오늘 밤은 외식이다"

"용돈 안 모자라니"

"역시 내 아들이 최고야. 넌 할아버지를 닮았다"

(아빠를 닮았다는 말보다 훨씬 좋다)

"오늘은 일찍 자라. 건강이 중요하지, 공부가 중요하겠냐"

"네 할 일은 네가 알아서 해라. 너를 믿는다"

"같이 볼링치러 가자. 네 덕분에 아빠 체면이 섰다"

"조금만 참아라. 이제 며칠 안 남았다. 최선을 다하자"

"아빠는 네 편이다. 소신껏 밀고 나가라"

"오늘 힘들었지? 좋은 꿈 꾸어라"

"사랑한다. 괜찮아"

"힘들지? 놀면서 해라. 넌 할 수 있어"

"지금부터 시작해도 늦지 않다. 누구 딸인데, 넌 마음만 먹으면 뭐든지 잘할 수 있을 거야. 나는 걱정 안한다. 힘내"

"결과보다는 과정이 중요한거야. 집착하지 말고 여유를 가져라"

"엄마는 너를 믿어"

(늦게 들어갔을 때, 이런 말 들으면 나쁜 짓을 하기가 힘들어진다)

"나도 학창 시절 때 공부 잘하지 못했다. 실망하지 말고 하는 데까지는 열심히 하자"(이렇게 말씀해 주시면 존경스럽다)

"누구나 실수는 할 수 있는 거야. 넌 아직 어리잖니"

다음 실례를 통해 부모의 말 한마디가 자녀에 미치는 영향을 알아보자.

[실례 1] 신발을 아무렇게나 마구 벗어놓은 자녀에게

부모 A ▶ 야, 신발은 똑바로 벗어 놓아야지?

부모 B ▶ 애야, 신발 좀 똑바로 벗어놓지 못하겠니?

부모 C ▶ 애야, 넌 나이가 몇 살인데 신발하나 제대로 못벗어 놓니?

[실례 2] 정서 표현, 행동을 지시하는 말을 했을 때

부모 A ▶ 아빠는 너를 언제나 사랑한단다.

부모 B ▶ 철수는 100점을 맞아왔는데, 넌 허구헌 날 50점이니 엄만 속상해 죽겠다.

부모 C ▶ 어떤 일이 있더라 거짓말은 하지 말라.

부모 D ▶ 전화 오면 아빠 없다고 해라.

위의 [실례 1]에서 부모 A, B, C 모두 다 자녀의 잘못된 행동에 대해 무심코 감정을 그대로 노출한 경우이다. 이런 경우에는 부모님이 감정이 섞인 직접적인 말보다는 속담을 이용하거나, 위인들의 이름, 애정을 표시하는 말투 — **방법 ①, 방법 ②, 방법 ③** — 로 표현한다면 그 말들이 자녀들에겐 훌륭한 보약이 될 것이다.

방법 ① ▶ 우리나라 속담엔 신발을 제자리에 놓는 사람에겐 행운이 뒤따른단다.

방법 ② ▶ 소파 방정환 선생님은 어렸을 적에 신발을 바르게 벗어 놓는 버릇을 들여 나중에 훌륭한 사람이 되었단다.

방법 ③ ▶ 엄마는 우리 승호가 신발을 바르게 벗어 놓을 수 있다고 믿는단다.

위의 [실례 2]에선 부모 A, B는 모두 자신의 감정, 기분까지를 나타내고 있다. 부모 A는 애정을 담뿍 지니고 말했으나, 부모 B는 자녀를 향해 짜증이 섞인 말투로 표현했다. 이때 부모 A의 자녀는 '아, 우리 부모가 나를 사랑하시구나!' 하며 매사를 긍정적으로 보는 명랑한 자녀가 되지만, 부모 B의 자녀는 '부모가 나를 싫어하고 귀찮게 생각하시는 구나'하고 부정적으로 생각하게 된다.

결국 부모 A의 자녀는 '부모가 나를 사랑하고 있다'는 생각 때문에 항상 자신감을 갖고 다른 사람과 문제가 생겼을 때에도 곧잘 풀어나간다. 반면에 부모 B의 자녀는 '나를 낳아준 부모가 나를 싫어한다'는 생각 때문으로 매사에 전전긍긍하게 되며 일이 제대로 될 리가 없다고 생각하게 된다.

또 부모 C와 D는 '이것을 해라' '저것은 하지 말라'식으로 자녀에게 어떤 행동을 하도록 지시하는 말을 표현했다.

부모 C의 경우를 통해서 그 자녀는 '해야 할 것과 하지 말아야 할 것'을 분간할 줄 아는 규범을 터득하게 되어 공중도덕, 예의 범절, 질서 등 최소한의 선악을 분별할 줄 아는 자녀로 성장하게 된다. 하지만 부모 D의 경우에는, 그런 말들을 듣고 자라난 자녀가 나중에 커서 과연 기본적인 도덕률을 지킬 수 있을 것인가 하는데 대해서는 부정적인 생각을 하지 않을 수 없다. 잘못된 말을 듣고 자라면 어른이 되어서도 비뚤어진 마음으로 살 수밖에 없다.

따라서 자녀가 한 사회의 최소한의 규범이나 도덕률을 준수하는 아이로 커 가느냐, 그렇지 못하느냐 하는 것은 부모의 말 한마디에 달려있다 하겠다. 부모가 말을 조심해야 하는 이유도 바로 이 때문이 아니겠는가. '부모의 말 한마디가 자녀의 인생을 결정한다'는 말은 자녀의 성공을 위해서도 매우 중요하다는 경구로 받아들여 마땅하지 않겠는가. 이 말의 뜻을 한번 곱씹어 보았으면 한다.

부모와 자녀 간의 효율적인 대화

사람이 평생을 살아가는 데 있어서 시간을 가장 많이 보내는 곳이 가정, 학교, 직장이라 하겠다.

가정은 다른 어느 곳보다도 기본적이고 중요한 역할을 담당하는 곳이다. 좋은 터전에 뿌리가 깊고 튼튼하게 잘 내린 나무는 비가 오거나 바람이 불고 눈보라가 휘몰아쳐도 쓰러지지 않고 주위 환경의 변화에 견디어 이겨 나아갈 수 있다. 그러기 위해선 부모는 자녀들이 자신의 가정에 대하여 긍지를 가질 수 있도록 그 분위기를 조성해 주어야 한다. 가정은 곧 자녀들을 보호해 주는 울타리와 같은 것이기 때문이다.

언제나 울타리 안으로 들어가고 싶고, 들어가면 들어갈수록 편안해지는 삶의 안식처가 바로 가정이다. 가정이 좋다는 것은 건물이 좋다거나, 돈이 많다거나, 부모가 권세를 가지고 있다는 것을 의미하는 것이 아니라 왠지 집에 가면 따뜻하고 편안하며 즐겁고 자유롭게 어느 정도 마음대로 행동하여도 좋고, 그래서 좋아지는 곳을 말한다.

가정에 풀장이 있고 좋은 음식이 있다 해도 부모의 얼굴을 볼 수 없거나 부모로부터 따뜻한 애정을 받을 수 없으며 쌀쌀한 분위기가 감돌게 되면, 그 가정은 경제적으로 부유한 집일지 모르나, 심리적·교육적으로는 가정이란 보금자리가 될 수가 없다. 또 그런 곳에 대해서는 긍지를 가질 수가 없다.

비록 가난해도 화목하고 단란하며, 풍성하지 못한 음식일지라도 서로 맛있게 나누어 먹으면서 오순도순 대화가 나누어지는 그런 곳이 바로 좋은 가정이 아니겠는가? 이런 가정이 좋은 가정으로 곧 좋은 가정은 항상 부모와 자녀 사이에서, 자녀와 부모 사이에서 격의없는 대화가 이루어지는 법이다.

일반적으로 부모와 자녀 간의 효율적인 대화의 특징을 살펴보면,

"① 상대방의 감정을 억압하거나 무시하도록 애쓸 필요가 없이 오히려 감정을 인정하고, 이해하여 줌으로써 정화작용을 통하여 해소되도록 돕는다. ② 효율적인 대화는 부정적인 감정—분노, 증오, 비애, 좌절감 등의 표현을 두려워하지 않게 한다. ③ 효율적인 대화는 교사와 학생, 부모와 자녀 사이의 인간 관계를 돈독히 한다. ④ 효율적인 대화를 통하여 청소년들은 자율적이고, 책임감 있고, 자주적이며, 창조적인 인간으로 성장할 수 있다. ⑤ 효율적인 대화는 청소년들로 하여금 어른들을 신뢰하고 존경하게 한다."는 것이다.

다음에 아버지와 아들 사이의 주고받는 대화를 통해서 효율적인 대화가 어떤 것인지를 알아보자.

승호네 가족은 가정 형편상 이사를 가지 않으면 안될 형편에 놓여있다. 몇 차례 이사를 하는 바람에 초등학생인 승호가 어떻게 생각할까, 그게 제일 문젯거리로 부딪힌다. 이때 [대화 1] [대화 2]를 통해 아버지의 말이 아들에게 어떻게 미치는가?

[대화 1]

아버지 : 다음 달에 도마동으로 이사가기로 했다.

아　들 : (놀라며) 예! 또 이사를 가요? 전 싫어요. 안갈래요.

아버지 : 뭐라구? 싫으면 그만 둬라.

아　들 : 전 이동네 친구들도 좋구요, 학교도 마음에 들어요. 전 이사가기 싫어요.

아　들 : 친구가 밥먹여 주냐, 이놈아. 이것 팔아서 이사가면 오백만 원이 떨어진다는 것 몰라?

아　들 : (눈물을 글썽이며 일어나 자기 방으로 간다)

[대화 2]

아버지 : 다음 달에 도마동으로 이사가기로 했다.

아　들 : (놀라면서) 예! 또 이사를 가요? 전 싫어요. 안갈래요.

아버지 : 이사가기 싫은 모양이지?

아　들 : 예, 전 이 동네 친구들이 좋구요. 학교도 마음에 들어요. 전 이사 안 갔으면 좋겠어요.

아버지 : 정든 친구들도 있고, 학교도 마음에 들으니 이사가기가 싫겠구나.

아　들 : 그럼은요! 영철이·철수 다 좋은 아이들이에요. 얼마나 서로 친하고 좋아하는데요.학교에서도 애들이 다 나를 좋아하고, 나도 학교가 재밌어요.

아버지 : 좋은 친구들과 헤어질 생각을 하니 네가 마음이 아픈 게로구나.

아　들 : 예, 정말 서운해요. 그 애들과 헤어지기는 싫어요.

아버지 : 그래, 정든 사람들과 헤어진다는 건 섭섭한 일이야. 좋은 친구들과는 나도 늘 함께 있고 싶거든.

아　들 : 꼭 이사해야 하나요?

아버지 : 이사를 안갈 수만 있다면 네가 얼마나 좋아하겠니?

아　들 : (가만히 듣고만 있다)

아버지 : 네 말을 듣고 보니 나도 마음이 아프구나. 학교를 전학을 하자면 당분간 재미가 없을지 모르지. 옛날 친구들 생각도 자꾸 나고……. 그러나 우리 형편도 생각을 해야지.

아　들 : (눈물이 핑돈다)

아버지 : 네가 눈치챈 대로 장사가 잘 안되고 있구나. 그래서 생각다 못해 이 집을 팔고 이사를 하면 한 오백은 떨어지니깐 그걸 보태서 더 좋은 자리에서 장사를 새로 시작하려는 생각이란다.

아　들 : (가만히 듣고만 있다)

아버지 : 우리 이사를 해서 다시 한번 잘해 보자. 그곳은 장소가 좋아서 장사도 잘 될거야. 그래야 네 학비도 잘 대주고 마음놓고 네가 공부할 것 아니냐?

아　들 : 알겠어요. 아버지……. (방안으로 들어간다)

위에서 [대화 1]은 아버지가 십대의 자녀를 교육하는 데 있어서 그들의 감정을 무시한 채 강제적·강압적으로 명령하는 방법이다. 이 방법은 오히려 그들의 감정을 불러일으키고 반항심과 갈등을 유발시키게 되어 비효과적인 방법이다. 그리고 아들의 마음에는 오랫동안 아버지에 대한 반항심과 갈등을 낳게 한다.

[대화 2]에서는 아들의 인격을 무시하지 않고 존중해 주는 범위 내에서 아버지의 의사를 전달하는 확실한 방법이다. 그리고 아들에게 다정한 안내자로서의 역할까지 하고 있다.

나는 정말 좋은 아빠인가

좋은 아빠 테스트 법

다음 표는 어느 〈육아 잡지〉에서 본 '육아에 참여하는 남성들의 모임'이란 자료에서 뽑은 항목이다. 자녀들에게 관심이 있는 아빠라면 아무리 바빠도 만점을 받을 수 있겠지만, 자녀에게 무관심한 아버지는 아무리 시간적 여유가 있다 하더라도 5점 이하를 받을 것이 뻔하다. 반면에 대개의 어머니는 12점 이상을 받을 것으로 나타나고 있다. 그것은 평소에도 자녀에게 관심을 기울이고 있다는 증거가 아니겠는가?

좋은 아빠 테스트 자료

- ☐ 1. 자녀의 생일을 정확히 안다.
- ☐ 2. 자녀가 좋아하는 캐릭터·연예인을 안다.
- ☐ 3. 자녀의 담임 선생님 이름을 안다.

  (유치원 이하인 경우는 아이의 친구 이름 3명 이상)

☐ 4. 한번이라도 책을 잘 읽어준 적이 있다.

☐ 5. 일주일에 한 번 이상 스킨십이 있는 놀이를 한다.

☐ 6. 자녀의 혈액형을 안다.

☐ 7. 자녀의 신장과 체중을 대략 안다.

☐ 8. 자녀가 좋아하는 음식을 안다.

☐ 9. 자녀의 예방접종 여부를 안다.

☐ 10. 모자 보건수첩을 읽은 적이 있다.

[체점 방법] 1~5번은 한 문항에 2점, 6~10번은 한 문항에 1점씩 계산함.

[점수 해설] '육아에 참여하는 남성들의 모임'자료에 의한 것.

0점 : 말이 안나오네요. 정말 딱합니다.

1 ~ 5 점 : 요주의. 자녀에게 지나치게 무관심합니다. 그러다가는 자녀도 아버지에 대한 관심을 잃게 됩니다.

6~10점 : 양호. 아이에게 보다 더 관심을 가지면 자연히 점수가 올라갈 것입니다. 더 성실하게 관심을 기울이세요.

11~14점 : 아버지와 자녀 관계가 딱딱 맞겠군요. 육아나 자녀 교육에 상당히 협력적인 아빠입니다.

15점 : 만점 아빠입니다.

우리는 몇 점의 부모인가

다음에 실린 생활 덕목들은 우리의 십대들이 자기 자신과의 만남에서부터 몸가짐, 가정과 학교에서의 생활, 친구들과의 문제, 공부와 진로 문제 등, 이 험난한 사회 속에서의 바른 자리매김을 하는데 도움을 주는 구체적인 사항들로 구성되어 있다.

자녀 앞에서 삼가할 일 10가지

	100점	70점	50점	30점	10점
1. 부부 싸움을 하지 않는다.	☐	☐	☐	☐	☐
2. 불평·불만을 하지 않는다.	☐	☐	☐	☐	☐
3. '돈·돈' 하지 않는다.	☐	☐	☐	☐	☐
4. 가난을 한탄하지 않는다.	☐	☐	☐	☐	☐
5. 사치·낭비를 하지 않는다.	☐	☐	☐	☐	☐
6. 술 마시고 행패하지 않는다.	☐	☐	☐	☐	☐
7. 외도·탈선을 하지 않는다.	☐	☐	☐	☐	☐
8. 가출·별거를 하지 않는다.	☐	☐	☐	☐	☐
9. 잡기에 몰입하지 않는다.	☐	☐	☐	☐	☐
10. 스포츠·오락에 흥분하지 않는다.	☐	☐	☐	☐	☐

자녀에 대해 유의할 일 10가지

	100점	70점	50점	30점	10점
1. 화내고 고함치지 않는다.	☐	☐	☐	☐	☐
2. 자녀를 때리지 않는다.	☐	☐	☐	☐	☐
3. 폭언이나 극단적인 말을 하지 않는다.	☐	☐	☐	☐	☐
4. 거짓말을 하지 않는다.	☐	☐	☐	☐	☐
5. 협박이나 회유를 하지 않는다.	☐	☐	☐	☐	☐
6. 강압적으로 지시하지 않는다.	☐	☐	☐	☐	☐
7. 성적으로 야단치지 않는다.	☐	☐	☐	☐	☐
8. 자녀를 차별하지 않는다.	☐	☐	☐	☐	☐
9. 부모 생각만을 고집하지 않는다.	☐	☐	☐	☐	☐
10. 붙잡아 일으켜 주지 않는다.	☐	☐	☐	☐	☐

자녀를 위해 실천할 일 10가지

	100점	70점	50점	30점	10점
1. 부모에게 효성을 다한다.	☐	☐	☐	☐	☐
2. 가정의 화목을 이룬다.	☐	☐	☐	☐	☐
3. 예의 범절을 실천한다.	☐	☐	☐	☐	☐
4. 무엇이든 상의할 수 있는 상대가 된다.	☐	☐	☐	☐	☐
5. 아낌없이 칭찬한다.	☐	☐	☐	☐	☐
6. 진지한 토론을 한다.	☐	☐	☐	☐	☐
7. 일찍 귀가하여 시간을 함께한다.	☐	☐	☐	☐	☐
8. 대화 소재를 재치있게 발굴한다.	☐	☐	☐	☐	☐
9. 성교육은 한발 앞서 시켜 준다.	☐	☐	☐	☐	☐
10. 하루를 반성하는 버릇을 기른다.	☐	☐	☐	☐	☐

[계산하는 법] **총점수 합계 ÷ 30 = 나의 점수**

위의 항목 30가지는, 서울지방검찰청 청소년보호관찰소에서 비행 청소년들의 학부모들을 대상으로 교육시킨 내용으로, 매우 교육학적이고 가치 있는 설문으로 평가받고 있다.

평가 결과 100명의 학부모 중 90%가 이에 신뢰할 만한 자료라고 긍정하고 있다.

10점 : 매우 심각	30점 : 심각	50점 : 분발
70점 : 보통	90점 : 훌륭	100점 : 존경

자녀 교육의 수칙

자료 : 청소년 비행 예방위원회 지침

1. 가까운 친구 사이일수록 예절을 갖출 것.
2. 가지고 싶은 것이 있어도 당장 사 주지 말 것.
3. 글씨를 정성껏 쓰게 할 것.
4. 길거리에서 군것질을 못하게 할 것.
5. 나쁜 책을 못보게 하라.
6. 아이의 체면이 깎일 이야기는 하지 말라.
7. 불쾌하게 하지 말라.
8. 남의 물건을 함부로 빌리지 말라.
9. 남의 이야기를 엿듣지 못하게 하라.
10. 어머니는 자식의 비추는 거울이다.
11. 자식의 상담역이 되도록 하라.
12. 때로는 속는 시늉도 하라.
13. 부끄러움을 알게 하라.
14. 물건을 소중히 여기게 하라.
15. 부족한 상태가 좋다는 것을 가르쳐라.

16. 성에 관한 이야기를 죄악시하지 말라.

17. 부모의 하루 일과를 딸에게 말해 주어라.

18. 본분을 깨닫게 하라.

19. 건전한 놀이장(종교 활동이나 캠프 활동 등)에 보내 주어라.

20. 예의 바르고 인사성이 바른 아이가 되게 하라.

21. 주변 정돈과 청소에 힘쓰게 하라.

22. 전력을 다 한 일이라면 결과가 나빠도 칭찬하라.

23. 일의 즐거움을 가르쳐라.

24. 책을 끝까지 읽도록 하라.

25. 칭찬은 나무라는 것보다 몇 배의 효과가 있다.

26. 편지, 일기 쓰는 버릇을 길들여라.

27. 학교에 가는 아이를 울려서 보내지 말라.

청소년 자녀 둔 부모 교육프로그램

자료 : 서울시 청소년상담복지센터 제공
(www.teen1318.or.kr/02-2285-1318)

다음은 서울시가 개관한 청소년종합상담실로 청소년을 자녀로 둔 부모들의 속앓이를 해결해 주는 전문기관이다. '부모-자녀 간의 효과적 의사 소통을 위한 상담' 강좌를 비롯해 컴퓨터 게임에 중독된 자녀 문제, 학습 향상을 위한 부모의 역할 등, 부모를 위한 각종 프로그램 교육이 수시로 열리고 있다.

《강좌 내용의 대표적인 사례》

학부모 : "며칠 전 중학교에 다니는 아이의 학원에 갔더니 아이가 매를 맞고 있다. 화가 머리 끝까지 치밀어오르는데 어떻게 하면 좋겠냐"고 묻는다.

전문가 : "평소에는 아이를 다그치고 야단을 쳤지만 이번에는 아무 일 없었던 것처럼 대해 보라"고 권유한다.

이에 대해 다음과 같은 효과가 나타났다.

중학교에 다니는 아들은 엄마의 달라진 태도에 경계의 눈빛을 보내다가 곧 아무일도 없었던 것처럼 일상으로 돌아갔다. 며칠의 시간이 흐른 뒤 아들은 엄마에게 자신이 잘못을 저질러 매를 맞았고 앞으론 주의하겠다는 다짐까지 했다.

아동 학대… 무엇이 문제인가

아동보호전문기관 : 굿네이버스 (02-6716-4000)
초록우산어린이재단(02-775-0179)

어느 부모든 자녀들만은 잘 키우고 싶어한다. 이 일이 참 쉬울 것 같은데 잘 안 되는 일, 바로 '좋은 부모 되기'이다.

최근엔 끔찍한 '아동 학대 사건'이 연이어 터지고 있다. 그럴 때마다 엄마들은 분노로 치를 떨고 안타까워한다. 이들 사건은 국가적으로도 큰 이슈가 되고 있지만 지금까지 보도되지 않은 사건들이 의외로 많다는 점이 더 심각하다는 현실이다.

왜 이런 사건들이 일어날까?

아동 학대의 가장 큰 이유는 부모의 자녀 양육 기술의 부족이라고 여겨진다. -자녀들 앞에서의 부모의 몸 가짐, 말 한마디, 사소한 하나하나의 행동에 이르기까지 자녀들에게 신경쓰지 않으면 안 될 일들이 많기 때문이다.

다음은 굿네이버스 김정미 아동권리본부장의 인터뷰(조선일보 3.29 D1) 내용의 발췌문을 소개한 것이다.

"…(생략)… '내가 아빠니까, 내가 엄마니까, 너는 내 말을 들어야 해'라고 생각하지는 않나요? 아이를 존중해주셔요. 내가 화났다고 함부로 아이한테 퍼붓는 것, 부부 싸움 하고 나서 아이한테 감정 쏟아내는것, '너 때문에'라고 아이 탓하는 것은 아이들 마음에 큰 상처를 줍니다. …(생략)… '솔직하게 얘기하기', '약속했으면 지키기', '잘못했으면 사과하기'."

가정은
희망의 공장

1판 1쇄 인쇄 2016년 4월 11일
1판 1쇄 발행 2016년 4월 22일

엮은이 이재석
펴낸이 임종관
펴낸곳 미래북
등록 제 302-2003-000326호
주소 서울시 용산구 효창동 5-421호
마케팅 경기도 고양시 덕양구 화정동 965번지 한화 오벨리스크 1901호
전화 02)738-1227(대) | 팩스 02)738-1228
이메일 miraebook@hotmail.com

ISBN 978-89-92289-83-2 13810

값은 표지 뒷면에 표기되어 있습니다.
잘못된 책은 구입하신 서점에서 바꾸어 드립니다.